DORES E AMORES NA PARENTALIDADE

Blucher

DORES E AMORES NA PARENTALIDADE

Caminhos de elaboração da tristeza materna

Cristiane da Silva Geraldo Folino

Dores e amores na parentalidade: caminhos de elaboração da tristeza materna

Publisher Edgard Blücher
Editores Eduardo Blücher e Jonatas Eliakim
Coordenação editorial Andressa Lira
Produção editorial Ariana Corrêa
Preparação de texto Catarina Tolentino
Diagramação Guilherme Salvador
Revisão de texto Ana Maria Fiorini
Capa Laércio Flenic
Imagem da capa iStockphoto

Blucher

Rua Pedroso Alvarenga, 1245, 4º andar
04531-934 – São Paulo – SP – Brasil
Tel.: 55 11 3078-5366
contato@blucher.com.br
www.blucher.com.br

Segundo o Novo Acordo Ortográfico, conforme 6. ed. do *Vocabulário Ortográfico da Língua Portuguesa*, Academia Brasileira de Letras, julho de 2021.

Dados Internacionais de Catalogação
na Publicação (CIP)
Angélica Ilacqua CRB-8/7057

Folino, Cristiane da Silva Geraldo

Dores e amores na parentalidade : caminhos de elaboração da tristeza materna / Cristiane da Silva Geraldo Folino. – São Paulo : Blucher, 2024.

280 p.

Bibliografia

ISBN 978-85-212-2104-3

1. Parentalidade 2. Maternidade I. Título

23-6237 CDD 306.874

Índice para catálogo sistemático:
1. Parentalidade

Quando pressentimos, ainda que uma só vez,
a imensidão da aventura humana, podemos nos
perguntar qual é a força que nos mantém na estreiteza.

Andrée Chedid, *Visage Premier*

Agradecimentos

Um livro, uma escrita, uma vida. Como agradecer por todas as experiências que venho tendo e pessoas que me inspiram permanentemente na vida e na pesquisa, bem como na formação e clínica psicanalítica que alimentaram a tessitura deste livro?

Ele é fruto, uma representação, dos bordados da vida, e sinto que gostaria de agradecer a cada um que me ajudou a chegar aqui, é uma tarefa de grande envergadura e talvez até impossível. Assim, agradeço a tudo aquilo e a todos aqueles que me trouxeram até este momento. Começando pelos mestres e autores que me precederam. Alguns estão já referenciados no final do livro, mas outros estão internalizados e fazem parte de mim, orientam meu olhar e escuta. Eles têm meu respeito e gratidão.

Um terno e especial agradecimento a Audrey Setton Lopes de Sousa, bem como a Maria Cecília Pereira da Silva, Nelson Ernesto Coelho Junior, Rogerio Lerner e Rosa Miranda Resegue. Também a Mariângela Mendes de Almeida por sua parceria sempre fecunda em consistência.

Agradeço de maneira geral, mas sem tirar nenhum milímetro do valor inestimável e da particularidade de suas contribuições, a cada colega, aluno, paciente, amigo, familiar e analista ao longo da vida e, em especial, nesses últimos tempos que estive envolvida com a organização do material contido no livro. Sem esquecer das ricas e potentes trocas e interlocuções que retroalimentam minha vida. E que de uma maneira ou de outra fazem parte da minha "corrente sanguínea", transpassando minhas experiências e vertendo na minha escrita.

Devo enorme gratidão às mulheres às quais dou voz neste escrito, que me permitiram chegar perto e que dividiram sua intimidade comigo, me transformando numa "presença testemunha" de suas dores e amores. Elas e seus bebês me deram uma excelente oportunidade de transformar tudo aquilo que vivenciei na substância deste livro, além de fertilizarem de maneira especial cada nova experiência que tenho na clínica.

Sou imensamente grata pelas oportunidades preciosas que tenho tido ao me tornar mãe a cada dia.

Penso que este livro é um representante de um percurso. Assim estou imensamente agradecida pelo caminho percorrido e pelas inspirações e companhias que fizeram parte dele.

Prefácio

Mariângela Mendes de Almeida[1]

Este livro de Cristiane Folino nos chega em muito boa hora. Há muito, nossa ativa autora e colega se debruça sobre esse tema. Seu percurso de trabalho clínico e suas participações em equipes de transmissão e compartilhamento de experiência na área de saúde mental, intervenção na relação pais-bebês, atenção e cuidado a mães em condições sensíveis sempre impressionaram pela intensidade do investimento. Como tudo que faz Cristiane, este material foi escrito com muita dedicação e atenção à forma de melhor comunicar sua longa experiência com o tema, advinda de instigações, inquietações, pesquisas acadêmicas e aprofundamento no contato clínico. A teoria conceitual comparece atualizada a partir de contribuições importantes dos estudos originais no campo da sensibilidade materna. Entrelaçam-se assim questionamentos pessoais de longa data, investigações clínico-conceituais encarnadas, aprofundadas em

1 Psicanalista da Sociedade Brasileira de Psicanálise de São Paulo (SBPSP), mestra pela Tavistock Clinic, doutora em Ciências Aplicadas à Pediatria e coordenadora do núcleo de atendimento pais-bebês na Universidade Federal de São Paulo (Unifesp).

experiência psicanalítica e consistentes sistematizações em mestrado e doutorado baseadas em contatos ao vivo no território das vivências psíquicas de mulheres que emergem aqui coadjuvantes da narrativa em diálogo com o leitor.

O roteiro do livro reflete a densidade de sua empreitada e nos contempla com um detalhado contato direto e constante com depoimentos de dentro da experiência, oferecendo substância às inquietações de Cristiane compartilhadas com o leitor. Ela nos leva junto nessa "gestação" que abre espaço para dúvidas, movimentos complexos e ambivalentes, ressonâncias sentidas a partir de vivências diretas e processadas de maneira nada simples... Mas um dos numerosos méritos desta contribuição de Cristiane é justamente oferecer continência e expressividade aqui na escrita à vivência caleidoscópica desses estados e períodos frutíferos que acompanham as relações iniciais.

O ritmo, outro grande interesse "histórico" no percurso de Cristiane. Organizador que nos facilita a integração desde os primórdios do desenvolvimento na relação pais-bebês, está presente de maneira estruturante neste livro. As temáticas centrais nas vivências dessas mães, bebês e famílias emergem do material à disposição da sensibilidade, capacidade de registro e sistematização da autora, mobilizadas pelas vozes das mulheres acompanhadas e presentes em vivas vinhetas salpicadas no decorrer do livro. Tal presença viva em raiz e a oferta generosa de articulações densas, mas em aberturas não saturadas do diálogo investigativo com a autora, fazem do leitor um parceiro ativo na contínua possibilidade de articulação e aprofundamento do tema. Após considerações panorâmicas nos capítulos 1, 2, 3 e 4, contextualizando os temas gestação, maternidade, parentalidade, nascimento e *baby blues*, o "ritmo" das categorias emergentes em reincidências em quatro momentos de contato ao vivo com mulheres que compartilham sua própria experiência norteia e facilita o mergulho do leitor nesse rico universo. Aqui, a sensibilidade é sempre legitimada e a vulnerabilidade em compartilhamento é autorizada como ingrediente constitutivo do desenvolvimento. Como leitores, conhecemos e revisitamos de maneira rítmica ao longo dos capítulos 5, 6, 7 e 8, centrais e viscerais na obra, os organizadores da transmissão da experiência de Cristiane com as mulheres desde a gestação ao longo de outros três encontros. A polissêmica dupla *dores e amores* emerge como interessante organizador temático central, trazendo também expressivos recorrentes organizadores em trans-formação: susto, vínculo, entorno, presença da autora/pesquisadora/profissional e caminhos da tristeza. Tais organizadores temáticos reiteram a relevância da continência que pode ser oferecida em escuta e acompanhamento nesse território psíquico, outra enorme contribuição dessa obra a famílias, estudantes e profissionais como potenciais destinatários desse endereçamento. Os capítulos 9 e 10 alinhavam a aventura conjunta oferecida ao leitor na companhia da autora e das mulheres acompanhadas como protagonistas nessas vivências.

A leitura deste livro, uma experiência implicitamente coletiva com convite à participação, nos remete à noção de círculos concêntricos de continência, em que uma experiência de continência evoca outra, que suscita outra, que possibilita mais outra... como a pedrinha que no contato com a água forma círculos de delicados movimentos visíveis de crescente expansão e ressonância... ou cenas de arte de inspiração surrealista em que uma paisagem se descortina em uma porta ou janela que dá visão a uma outra paisagem com outra porta e janela e assim infinitamente... O livro e sua empreitada já são em si um exercício de continência de experiência, narrando também o processo de acolhimento psíquico de aspectos sensíveis nem sempre autorizados e que buscam legitimação. É fascinante considerar como esse processo pode potencializar em vários níveis, para indivíduos em natural vulnerabilidade ou profissionais em disponibilidade de escuta, a propagação crescente dessas ressonâncias, em criativos elos de retorno. Esperamos que a leitura deste livro instigue o leitor a ser tocado por essa propagação, como a autora foi tocada inicialmente para produzir toda essa experiência e fazer nascer esse tão esperado bebê.

Conteúdo

1. Gestando o tema: construindo um caminho para a introdução ao campo 15
2. Esperando uma nova vida: gravidez, maternidade e parentalidade 41
3. Os impactos e os destinos do nascimento 59
4. *Baby blues*: que ritmo é esse? 75
5. Gestando dores e amores no encontro gestacional: um bebê crescendo no ventre e na alma 107
6. Dores e amores no primeiro encontro após o nascimento: o que trazem as águas do parto? 145
7. Dores e amores no segundo encontro após o nascimento: reverberações e sedimentações? 187
8. Dores e amores no terceiro encontro após o nascimento: ruptura dos ritmos e novas cadências 217

9. Tecendo e bordando os ritmos da parentalidade: tramas continentes 249

10. Considerações finais 257

Referências 267

1. Gestando o tema: construindo um caminho para a introdução ao campo

Há algum tempo tenho me interessado pelo universo envolvido no tornar-se mãe, nas relações iniciais pais-bebê e na constituição psíquica da criança. Eu conjecturava que a maternidade simbolizava uma experiência de importância ímpar e parecia ser emblemática do desenvolvimento psíquico que o processo de gestar poderia representar para uma mulher; dar à luz e cuidar de um filho quando fruto de um desejo genuíno de ser mãe.

No dia a dia do processo de ajudar o bebê a viver e crescer, ir apresentando e dividindo com ele suas experiências no mundo faria a mulher crescer e se desenvolver, como seu filho, e essa relação seria atravessada pelo compartilhamento de um prazer.

Inicialmente, empenhei meus esforços no sentido de compreender o que diziam sobre o tema os autores psicanalíticos. Alegrei-me ao encontrar aportes teóricos para minhas impressões, o que, num primeiro momento, permitiu que eu me aventurasse ainda mais no tema da maternidade e suas reverberações.

Por outro lado, comecei a encontrar autores que, apesar de não negarem efeitos positivos, introduziam elementos que tornavam mais complexa a trama do gestar e do cuidar.

Nesse caminho, algumas questões vieram expandir e, de certa forma, até complicar o campo, culminando numa inquietação acerca das dificuldades ou impossibilidades de se vivenciar a vinda de um filho e o ser mãe como uma experiência de qualidade eminentemente fértil. Assim, a outra face do fenômeno começou aos poucos a se revelar, até fazer parte das minhas indagações: o que poderia nos ensinar o sofrimento de algumas mulheres que se tornavam mães?

Em um momento posterior, integrei a equipe responsável pelo projeto "Diagnóstico da evolução de recém-nascidos de baixo peso no Hospital do Campo Limpo antes a após a implantação do Método Canguru", realizado pelo Instituto de Saúde, Secretaria Estadual de Saúde do Estado de São Paulo (SES/SP), com apoio da Agência de Cooperação Internacional do Japão (Japan International Cooperation Agency, JICA), em 2004/2005. Essa pesquisa investigou o impacto da implantação do Método Canguru – um projeto de humanização hospitalar (Feliciano et al., 2007).

Ao acompanhar essas mulheres, compreendi o que pode ser para os pais a outra face da vinda de um filho. Defrontei-me com a angústia causada pelo risco que correm os bebês nascidos prematuramente, constatando a dor e o sofrimento das mães que temiam pela vida de seu bebê e a dificuldade de muitas de se apropriar de seu filho e ajudá-lo a superar suas dificuldades iniciais.

Por outro lado, essa experiência revelou a importância do acolhimento das angústias maternas no período perinatal e como ela pôde ajudar as mães a voltarem a se vincular com seu bebê, oferecendo-lhes um *colo psíquico*, fundamental nesses primeiros tempos de vida.

A primeiríssima infância, da gestação até os 3 anos de vida da criança, é considerada um período sensível para o pleno desenvolvimento do ser humano. Em função de o bebê nascer de certa forma prematuro, ele depende no início exclusivamente de quem cuida dele. Até para poder usar seu potencial herdado precisa contar com o amparo de um outro humano, e de certa forma ser despertado nas relações consistentes com seu cuidador primordial. É na ligação emocional com certa qualidade, estabelecida com esse(s) adulto(s) que serão constituídos alicerces fundamentais para sua vida. O período logo após o nascimento é um momento delicado, e fundamental para essa construção.

Nesse trabalho, percebi que, para além dos efeitos na dupla mãe-bebê, a escuta psicanalítica podia ser um instrumento valioso para a equipe de saúde, visando à melhoria dos cuidados da família, pois os próprios profissionais que se encontram na linha de frente são impactados emocionalmente de forma recorrente em suas práticas em torno dos bebês e suas famílias.

Meu percurso na literatura apontava para a compreensão de que, a partir da gestação, a mulher vivia estados psíquicos sensíveis, pela necessidade de se vincular e se conectar ao bebê nos primeiros tempos de vida. Ficava sujeita à regressão psíquica e à identificação tanto com o bebê quanto com sua própria mãe, especialmente em seu papel materno. Além disso, os conteúdos inconscientes ficavam mais acessíveis, devido a um afrouxamento da repressão que normalmente impedia seu acesso à consciência.

Compreender esses estados foi essencial para refletir que, além de poder ser um período muito rico para a mulher, a gestação seria também fonte de dificuldades, justamente pela particularidade de seu psiquismo nessa fase.

O tema me intrigava cada vez mais e me impelia a investigar as dificuldades maternas após o nascimento do bebê, para entender como elas transcorriam e qual seria sua importância na relação entre eles. Foi assim que surgiu a necessidade de me dedicar ao tema da depressão pós-parto em uma pesquisa de mestrado realizada no Instituto de Psicologia da Universidade de São Paulo (IPUSP), por seus efeitos na relação mãe-bebê. Como representantes dos profissionais mais próximos da família no início da vida do bebê, entrevistei pediatras e, a partir de seus depoimentos, identifiquei os elementos de que dispunham e como os utilizavam para diagnosticar depressão materna (Folino, 2008).

Obtive elementos fundamentais da ótica desses profissionais sobre as mães de que tratam e do que mais lhes chama atenção no cuidado com seus bebês. Paralelamente, observei que alguns dos pediatras entrevistados tinham já algum conhecimento psicanalítico, o que me levou a constatar a marcante contribuição da psicanálise somada aos conhecimentos em pediatria, permitindo-lhes um olhar mais amplo e uma atitude clínica integral. Isso se refletia, por exemplo, numa capacidade de entender as filigranas da relação primordial e do estado sensível em que a mulher se encontra no pós-parto.

Introduzir na consulta pediátrica um olhar permeado pela contribuição psicanalítica sobre a relação da mãe com seu bebê se mostrou muito útil para a avaliação e a abordagem da depressão pós-parto nas consultas de puericultura, auxiliando o pediatra a ter uma visão mais abrangente dos elementos em jogo na *perinatalidade*, o período próximo do nascimento, que o antecede e o precede

Outro aporte interessante advindo desses profissionais foi para a identificação de uma das características da depressão puerperal: a de ser fugidia e confundir-se com um quadro comum após o nascimento, nomeado na literatura como *baby blues,* ou sentimento de tristeza decorrente das intensas mudanças na vida da mulher, ao lado das oscilações hormonais que acompanham esse período.

Compreendi que, em alguns casos, a linha entre a sensibilidade normal característica do *baby blues* e o estado de depressão propriamente dito é bastante tênue. Torna-se difícil diferenciar a depressão materna com característica ansiosa do estado "normal" da mãe, uma vez que não se extinguem nela os cuidados com o bebê. Por vezes, é difícil para toda a família distinguir um prolongamento do estado frágil da mulher de outro quadro mais preocupante, que demanda cuidados interventivos, o que, em alguns casos, gera um clima familiar de insegurança em relação à puérpera.

Outra contribuição fundamental dos pediatras instrumentalizados pela psicanálise é o fato de estarem muito sensíveis para perceber sinais de que algo não vai bem com a dupla mãe-bebê, pois, exceto por uma manifestação velada, a depressão puerperal nem sempre surge como queixa manifesta nos consultórios pediátricos.

Neste ponto, é importante dizer que, em alguns casos, a depressão que acomete a mulher se mostra num quadro mais definido e mais facilmente detectável pelos profissionais e por todos, mas, mesmo assim, os achados dessa pesquisa evidenciaram uma ocorrência bastante reduzida de diagnósticos (Folino, 2008).

Uma contribuição interessante de alguns médicos mais sensíveis me despertou grande interesse: eles observaram que o *baby blues* pode gerar angústia e sofrimento na mulher num momento em que ninguém – nem ela – esperam nada próximo desse estado.

O que aprendi nesse estudo me levou a pensar na importância de se conhecer melhor os dois estados, para favorecer a detecção, e o acompanhamento daqueles mais preocupantes. E acabei por me deparar com um universo muito frutífero.

Primeiramente, eu acreditava que deveria me concentrar na investigação de uma espécie de discriminação mais fina de um estado de entristecimento que pode se transformar num quadro depressivo mais sério, com efeitos potencialmente deletérios se não for diagnosticado e tratado a tempo. No entanto, ao longo da pesquisa, o próprio *baby blues* se revelou um solo fecundo das vivências psíquicas do puerpério, aproximando-me, ao mesmo tempo, do ponto inicial, sobre a depressão puerperal.

Estas constatações reverberaram profundamente no meu olhar para os fenômenos envolvidos no gestar e no cuidar e me impulsionaram a compreender melhor os aspectos envolvidos no *baby blues*, por acreditar que ele seria uma espécie de chave para a compreensão dos estados depressivos no pós-parto.

Assim, fui instigada a me debruçar em uma pesquisa de doutorado, também realizada no Instituto de Psicologia da Universidade de São Paulo (IPUSP), que se propôs a investigar mais de perto os fenômenos psíquicos do período puerperal, no qual normalmente o *baby blues* é observado.

Dessa maneira, cabe lembrar que o conteúdo de que me utilizo neste livro se deve em grande parte ao material coletado e analisado nessa pesquisa, bem como é fruto da reflexão dos contatos com mulheres grávidas e puérperas em outros lugares, um deles é a clínica psicanalítica.

É curioso, e isso sempre me surpreende e encanta, que, quando alguém sabe que me interesso por esses temas, há sempre uma conversa interessante que se desenrola a partir deles, mesmo que seja um pequeno testemunho de como está vivendo ou viveu a gestação e/ou os primeiros tempos com os filhos (entre outros) e o puerpério.

Parece difícil as pessoas ficarem alheias a temas como gestação, nascimento, puerpério, bebês, relação pais-bebês, *baby blues*, depressão pós-parto e construção da parentalidade. Frequentemente, alguém tem uma história para contar que tangencia esses assuntos, ou a curiosidade de saber mais sobre, quando ainda não experimentou ser mãe ou pai.

Não me parece que isso ocorra apenas porque exerço a docência com grande entusiasmo: percebo que esses temas costumam ser mobilizadores e geralmente despertam um enorme interesse, reverberando em trocas férteis. E em alguns momentos também aparecem manifestações que portam alguma preocupação, e certa angústia.

De qualquer maneira, essas questões são fundamentais, uma vez que esses temas tangenciam a origem da vida, suas renovações e os impactos que traz a chegada de um bebê.

Ingredientes do impacto: ecos nas mídias sociais

Nossa cultura tem uma visão ainda idealizada da maternidade, dificultando a expressão e a continência da ambivalência de sentimentos despertados quando do nascimento de um filho.

É importante lembrar que, ao longo do meu percurso e trabalho nessas questões, percebo um enorme deslocamento de interesse a respeito da maternidade, seja no meio popular ou acadêmico. Não costumava ser comum discutir em larga escala as agruras na vinda de um filho; era reservado à maternidade um lugar, de um lado, idealizado, e, de outro, a partir das manifestações de certas perturbações psicopatológicas. Mas mesmo essas discussões eram reduzidas, já que podiam ser frequentemente interpretadas de maneira estigmatizante.

Por outro lado, foi chamando especial atenção uma transformação paulatina desse universo, e já há algum tempo a *web* passou a ser um meio do qual mães e pais se valiam no momento da perinatalidade. Ela começou a ilustrar, com o movimento que os blogs iniciaram, um fenômeno duplo: de um lado, as falhas dos mecanismos de continência social para esse período e, de outro, a tentativa de criá-los primeiro pelo movimento nomeado de *blogosfera materna*.

Os blogs, entendidos como expressão do pensamento ou da opinião de um autor, eram semelhantes a um diário pessoal; já a *blogosfera* é entendida como a representação de um fenômeno social mais abrangente, fruto de interconexões entre blogs, criando uma espécie de cultura própria.

Na *blogosfera materna*, o que parecia estar em jogo era justamente a possibilidade de, nas palavras dos usuários, "saber que não estamos sós", dividir e compartilhar dúvidas, angústias, medos, alegrias e aprendizados. Geralmente, a motivação para criar um blog na esfera materna era poder conversar com pessoas que estavam passando por situações semelhantes, desde a questão da infertilidade até a perda de um bebê, passando pela trabalhosa construção da parentalidade.

O adjetivo "materna" não excluía os pais, o que me levava a pensar na abrangência do fenômeno. Vendo-se entre iguais e protegidos pela virtualidade da *blogosfera*, os *pais da web* se sentiam mais à vontade para pedir ajuda e expor suas dificuldades e dúvidas, mas a necessidade maior parecia mesmo ser a continência das angústias.

O compartilhamento da angústia no grupo era interessante e certamente indicava uma demanda, mas, se em alguns casos o acolhimento do grupo virtual podia ajudar, em muitos outros, acredito que não dispensava o necessário aporte profissional e/ou do ambiente próximo, e os pais seguiam e continuam a seguir sem cuidados efetivos, eventualmente com o prolongamento de sua angústia e de estados emocionais mais preocupantes sem a devida intervenção. De certa forma, era já naquele momento um canal de expressão para se sair da extrema solidão, e uma manifestação genuína das dificuldades na construção da parentalidade, dando voz a ela no meio social e interpelando a idealização da maternidade.

Com o incremento e a sedimentação das redes sociais que se seguiram, esse movimento sofreu uma mudança de perspectiva. O que ficava concentrado nos blogs dirigidos às mães e pais, com o estrondoso crescimento das redes, se transformou em um *boom* de testemunhos e relatos.

Um divisor de águas foram as repercussões de um post publicado na rede social Facebook em fevereiro de 2016, o que rendeu, além de discussões, grande interesse da imprensa. A revista *Veja*, uma publicação conhecida e de grande circulação naquela época, publicou uma reportagem intitulada "Chega de padecer no paraíso", para a qual fui chamada a contribuir, em função das profundas reverberações que se somaram.

A partir de um desafio lançado para se compartilhar fotos felizes da maternidade, Juliana de 25 anos, optou por testemunhar sua experiência real, descrevendo-a como dolorosa e cansativa: "Quero deixar bem claro que amo meu filho, mas odeio ser mãe", disse, num trecho. O que se seguiu a isso penso ser uma caixa de ressonância de fenômenos importantes, pois rapidamente seu post alçou a categoria de viral. Vieram milhares de comentários de apoio a essa mãe, mas principalmente críticas à sua postura, e alguns deles afirmando que a jovem estaria sofrendo de depressão pós-parto. Na mesma velocidade, seu perfil foi denunciado e, em seguida, bloqueado pela referida rede social, o que produziu um profundo choque e decepção para a mãe, uma vez que ela se sentiu silenciada (Nascimento, 2016).

Juliana encontrou um meio para não permanecer calada. Escolhi reproduzir suas falas, pois me parecem bastante representativas e portadoras da força de um discurso que não podia ser dito abertamente, aparecia apenas nas intimidades, seja dos encontros com participantes das pesquisas, seja das salas de atendimentos psicanalíticos.

> *EU NÃO VOU ME CALAR! VOCÊS NÃO VÃO CALAR AS MÃES!*
>
> *Uma amiga postou um texto lindo que eu quis compartilhar, mas eu não tive tempo e nem a resposta se ela me autorizava. Até agora eu não sei se foi com intuito*

> *de me criticar ou de me apoiar, mas isso NÃO importa. No texto ela fala que tem uma diferença entre ser mãe e ter filho. Que ser mãe requer entrega, sacrifício, doação total e amor. Ter filho muita gente tem. E é a mais pura verdade. Quando eu decidi ter esse bebê, eu decidi ser mãe. Só que quando eu me tornei mãe, a Juliana de antes morreu e eu ainda estou de luto por essa morte. Ainda sinto falta de mim, do que eu era antes, de como as coisas eram mais fáceis... Enfim, o fato de eu estar detestando essa fase não implica no meu amor pelo meu filho, ele é muito bem cuidado. E eu decidi ser mãe porque eu o amo tanto que estou disposta a fazer o que eu "detesto" pro que melhor é melhor pra ele. (Nascimento, 2016)*

O post publicado por Juliana que serviu como resposta:

> *Desafio NÃO aceito! Me recuso a ser mais uma ferramenta pra iludir outras mulheres de que a maternidade é um mar de rosas e que toda mulher nasceu pra desempenhar esse papel. Eu vou lançar outro desafio, o desafio da MATERNIDADE REAL. De tudo o que as mães passam e as pessoas não dão valor, como se toda mulher já tivesse sido programada pra viver isso. Postem fotos de desconforto com a maternidade e relatem seus maiores medos ou suas piores experiências pra que mais mulheres saibam da realidade que passamos. Dizem que no final sempre acaba tudo bem, mas o meio do processo por muitas vezes é lento e doloroso.*
>
> *Primeiramente eu quero deixar bem claro que eu amo meu filho mas tô detestando ser mãe. E acho que isso não*

vai melhorar nem quando ele tiver a minha idade atual. Primeiro a gravidez. "Nossa que barriga enorme pra 7 meses", "esse bebê não vem não?", "Vicente! Mas porque você escolheu esse nome coitado!". Pessoas, entendam que grávidas não são patrimônio público! Se o que vocês pensam não vai acrescentar positivamente na vida dela façam o favor de não falarem NADA!!! Até se acrescentar positivamente você deve pensar mil vezes antes de falar. ELA está grávida então ela já se informou sobre o que pode ou não comer e se ela está comendo problema é dela! Não se metam!

Mas aí, a pobre da mulher pensa que quando nascer vai melhorar, conta os dias até o parto chegar, esses dias que demoram mais do que toda a gestação junta. E quando a hora chega, nada sai como esperado. No meu caso, que sempre defendi com todas as forças o parto normal, afinal, meu corpo foi projetado pra isso, não tive um corpo tão bem projetado assim. Os médicos falavam que o colo do útero estava fechado e o bebê muito alto e que a cesárea seria a opção mais segura. Tudo o que eu precisava pra me sentir um lixo de mulher que não conseguiu fazer o tão raçudo parto normal. Mas quando o parto chega ao fim eu percebi que não é um mar de rosas ter a cesárea (Sinto algumas dores até hoje com 40 dias da cirurgia).

Mas nada disso importa mais, tô de frente pro amor da minha vida! (oi?) Tudo que eu senti foi uma tremedeira descontrolada que eu não sabia se era medo ou frio. E quando a médica perguntou o que eu achei do bebê, eu não tive coragem de dizer que tinha sido o bebê mais feio que eu já tinha visto e só perguntei se ele era perfeito. Quando ela disse que sim eu apaguei e quando despertei aquela criança cinza não estava mais perto de mim. Meu filho só voltou pra mim depois de algumas horas e com ele vieram mil regras e informações que eu tinha que absorver em minutos (tudo isso partida ao meio e sem poder me mexer). Mas agora estamos em casa. Aqui eu vou poder curtir meu filho. Errado de novo! Mais gente querendo se meter de como você deve fazer as coisas. E você, recém-operada e cheia de dores, onde encontra as forças pra debater? E nos dias que ele simplesmente grita aos prantos, a mãe tem meio que uma obrigação de saber o que ele tem. "É cólica? É refluxo? É manha? Mas como assim?! vc que é mãe tem que saber!"

E por último, mas não menos importante: a amamentação! "Mãe que é mãe tem que amamentar! Tem que sentir a maravilha que é ser o alimento do seu filho". Hoje eu consigo amamentar com um pouco menos de dor, mas não torna as coisas mais fáceis. Meu filho mama TODA hora. E às vezes por uma hora inteira. "Mas seu leite não deve estar sustentando!" Nas horas que eu ouço isso eu sinto um anjo me segurar pra não voar em quem falou! Meu leite sustenta sim, obrigada! E quem não amamenta, ou pq não quer ou pq não conseguiu não é mais ou menos mãe do que eu ou do que vc que amamentou seu filho até os 30 anos de idade. Eu admito que reclamo disso tudo de barriga cheia. Tenho muita ajuda, não preciso fazer comida, cuidar da casa, lavar e nem passar roupa. Mas mesmo assim passo muitos dias sem nem pentear o cabelo, substituindo biscoitos por refeição e agora cada segundo de sono é

> *o que me faz ter um mínimo de sanidade mental. Eu aplaudo de pé todas as mães, sem exceção, mas acho irracional e sadomasoquista gostar dessas coisas. Então, sim, detesto ser mãe. Até porque, passamos por isso tudo pra ainda chegarem pra você e falarem que seu filho é a cara do pai! (Nascimento, 2016)*

Essa manifestação pôs em relevo nas redes sociais, as vivências da maternidade, suas implicações e a enorme dificuldade implicada nessas experiências, tanto quanto o necessário acolhimento.

Atualmente, vemos cada vez mais a parentalidade estar no foco nas mídias e nos estudos acadêmicos, e o movimento maternidade real ganhou envergadura, e palco para sua expressão. Muitas mães se tornaram *influencers* nessa seara. O que penso ser um movimento complexo, apesar de refletir a demanda por contorno em uma experiência que abala e na qual se perdem as fronteiras identitárias, talvez banalize a especificidade de uma escuta e acompanhamento terapêutico qualificado para determinados sofrimentos.

O fato de falar ou escrever um post em qualquer rede social, ou fazer e assistir *lives* e podcasts, não garante que a pessoa seja verdadeiramente escutada, acompanhada e contida em suas mais profundas angústias. Parece-nos fundamental ter uma companhia especial com a qual possa compartilhar as devidas emoções, a fim que, com o tempo e certa consistência na relação, possa ser possível uma real transformação.

O método ou o caminho para atingir um fim: contribuições psicanalíticas

Seguindo esse trajeto, dediquei-me a aprofundar o contato com as vivências psíquicas da mulher no puerpério, com especial destaque para os aspectos referentes ao que a literatura denomina *baby blues*, mas que aqui serão enfocados mais especificamente como lutos e sinais de sofrimento psíquico também presentes no caminho da construção da parentalidade a cada nova gravidez que aconteça na família. Além disso, este trabalho pretende subsidiar os profissionais da saúde que atendem mães, separadamente e/ou com seu bebê. Acredito que os elementos apresentados podem auxiliar e favorecer um pensamento mais abrangente no cuidado à família, dando a conhecer mais profundamente as vivências em jogo na parentalidade.

A clínica psicanalítica, os fatos sociais, as teorias ou questões pelas quais o pesquisador se interessa configuram um campo fértil, trazendo aspectos para serem profundamente pensados, nutrindo e retroalimentando a pesquisa acadêmica. Ela tem o mérito e a função de contribuir para a ampliação de um campo do conhecimento e oferecê-lo para a melhoria das condições de saúde e de vida da população. Assim, entendemos que é estritamente necessária a discussão de políticas públicas que visem a uma rede de apoio maior para a gestante, a puérpera e a família, uma vez que, em pesquisa anterior, verificamos que os pediatras, profissionais fundamentais nos primeiros tempos da vida da criança e da família, não são, em geral, instrumentalizados para perceber quando algo não vai bem na relação dos bebês com sua mãe, especialmente no que tange à percepção de sinais de depressão pós-parto, seja no bebê, na mãe ou na relação entre eles.

Como vimos, a esfera idealizada da maternidade pode contribuir para as negações envolvidas na expressão e a continência da ambivalência de sentimentos despertados na ocasião do nascimento de um filho. Assim, negligenciam-se aspectos fundamentais, que podem acarretar prejuízo tanto para a mulher como para o bebê, para a relação entre ambos e para a família como um todo.

Em função disso, exploramos aqui as questões envolvidas nesse momento e suas possíveis reverberações, a partir de uma pesquisa científica cuja questão central é: o sofrimento conhecido pelo nome de *baby blues*, entendido como um sentimento normal que acompanha a experiência das mulheres logo após o parto, pode ser visto como um representante do processo de elaboração das vivências do período puerperal? Como o instrumental psicanalítico pode concorrer para uma melhor compreensão da especificidade desse momento da vida de uma mulher?

Esse trabalho está apoiado numa pesquisa que se utilizou de uma metodologia qualitativa, na qual se enfatiza a compreensão do objeto de estudo ou do fenômeno escolhido. Portanto, o destaque maior não está propriamente nos resultados, mas no caminho percorrido e nas observações que se fizeram no percurso, ou seja, mais propriamente no processo do estudo (Rey, 2002). E é essa trajetória que se evidencia aqui.

Penso ser importante dizer que a metodologia qualitativa não busca estudar o fenômeno em si, mas compreendê-lo como expressão de um significado – individual ou coletivo – para a vida das pessoas, uma vez que ele tem uma função organizadora para o ser humano (Turato, 2005). Esse ponto me parece essencial num trabalho. Outra particularidade é que a pesquisa se dá no ambiente natural do sujeito, sendo o pesquisador seu próprio instrumento de pesquisa. Nesses termos, a validade dos dados coletados se prova sólida, pela proximidade do pesquisador à essência da questão em tela. Por fim, não se generalizam resultados, mas sim os conceitos construídos e/ou o conhecimento original produzido: "Caberá ao leitor e consumidor da pesquisa usá-los para examinar sua plausibilidade e utilidade para entender casos e *setting* novos" (Turato, 2005, p. 510).

Nesses termos, pensamos que a postura de um pesquisador qualitativo se assemelha à de um psicanalista em seu ofício. Quando escolhemos nos servir da psicanálise como balizador teórico deste trabalho, valemo-nos dela como um enquadre pelo qual observamos os fenômenos que se nos apresentam. É por meio dela e de seus instrumentos que nos debruçaremos sobre o material e sobre a experiência vivida nas entrevistas com as participantes da pesquisa em dois momentos: na gestação e após o nascimento do bebê.

Psicanálise e pesquisa estão intrinsecamente enlaçadas desde as origens do movimento psicanalítico e estão presentes no fazer de todo psicanalista, seja ou não um pesquisador vinculado a algum programa de pós-graduação (Mezan, 2006; Herrmann, 2004; Figueiredo & Minerbo, 2006; Naffah Neto, 2006).

A expressão *pesquisa em ciência* pode ser compreendida como uma tentativa de se obter conhecimentos novos e de apresentá-los de modo a que sejam incorporados ao que já existe, como complemento ou como uma nova perspectiva ao tema abordado (Mezan, 2006). Especificamente em relação à psicanálise usada como método em pesquisa acadêmica, segundo Mezan (2006), "todos os autores identificam uma questão e a investigam com os meios conceituais oferecidos pela psicanálise. Com frequência, as noções empregadas para estudar o problema escolhido saem revigoradas do embate com aquilo que foram convocadas a esclarecer" (p. 233).

Como psicanalistas e pesquisadores dedicados a compreender os fenômenos que se nos apresentam, de modo a ampliar o olhar sobre um campo de conhecimento, estamos fazendo ciência e, para isso, precisamos contar com alguns instrumentos. A atenção flutuante e a associação livre são as "ferramentas básicas" (Naffah Neto, 2006, p. 279) de que dispomos para ter acesso ao que está ocorrendo na cena que se manifesta e que é vivida no espaço intersubjetivo da transferência-contratransferência.

O pesquisador passa a ser um elemento fundamental nesse espaço intersubjetivo que se abre ao se considerarem o sujeito da pesquisa e quem a conduz. Nesses termos, esse tipo de pesquisa considera a presença de dois sujeitos que se inter-relacionam e afetam reciprocamente. Cabe ao pesquisador, no entanto, ao longo do trabalho, gradativamente encontrar sentidos e formar tecidos de compreensão de suas possíveis respostas contratransferenciais frente ao que o participante vai imprimindo à cena.

Colhendo dados numa entrevista ou observando como a mãe se relaciona com seu bebê, recolhemos mais do que dados objetivos sobre aquilo que ela nos conta, pois sua própria forma de falar conta mais do que a princípio ela acredita ter dito. Apesar de fazer parte dos procedimentos do estudo, essa ação de coletar e reunir já nos fornece elementos preciosos sobre como se revela aquele sujeito único. No entanto, para que isso venha a integrar o universo da pesquisa, devemos dar prioridade a alguns estados, que destacaremos a seguir.

A qualidade do espaço mental do pesquisador é fundamental na relação que estabelece com o que se quer estudar. A *mobilidade psíquica* é a atitude central do pesquisador psicanalítico, que deve ser capaz de uma atitude mental de fluidez para poder acolher e desvendar os fenômenos que também se apresentam fluidos:

> *A apreensão de fenômenos sutis em Psicanálise exige uma abertura para níveis de contato profundos com eles. Deve-se conseguir a libertação do espaço interno do pesquisador e a ampliação de seu nível de consciência, a fim de que esta se torne ressonância para emergências de toda natureza. (Trinca, 2002, p. 196)*

Assim, o autor compara lindamente o pesquisador a um "rio caudaloso que recebe o imenso fluxo de vida".

Quando há mobilidade psíquica, normalmente emerge um ou alguns focos nodais do material como um todo, e Trinca (2002), citando Bion (1966), os compara ao *fato selecionado*. Para que uma pesquisa psicanalítica seja viável a partir desse modelo, há que se somar outra condição à mobilidade psíquica: num segundo momento, separado da investigação aberta e livre, aplicamos o pensamento sistemático, pelo qual o trabalho tem dois momentos que se complementam e enriquecem – intuição e organização são os dois operadores desse modo de pesquisar:

> *a pesquisa psicanalítica comporta dois lados, a saber: a mobilidade psíquica e a organização do pensar, a intuição e a razão, o conteúdo do estado de experiência e a forma do pensamento, o aspecto inestrutural e o aspecto estrutural dos fenômenos. (Trinca, 2002, p. 201)*

Assim, somando-se a intuição à organização, o estudo não só é mais eficiente e profundo como tem mais pulsação, se torna mais vivo, ao acompanhar de perto os movimentos internos e as manifestações extremamente sutis seja dos sujeitos da pesquisa, pessoas que participam do estudo, seja de seu impacto no "pesquisador-sujeito".

Outro importante aspecto a realçar é o caráter interventivo do olhar psicanalítico. Desde Freud, curar e investigar (Freud, 1926, como citado em Mezan, 2006) sempre formaram um todo, e a psicanálise não parece se propor a separar esses dois campos. Dessa forma, pensamos que, ao desenvolver uma pesquisa dentro da universidade, devemos ter em mente que, apesar de esse não ser o objetivo primário do pesquisador, alguma intervenção terá havido em seu trabalho de investigar e pesquisar, seja pela própria natureza de seu "objeto" de pesquisa, seja por sua relação com esse "objeto".

Não é preciso interferir intencionalmente para que a intervenção aconteça. A esse respeito, é esclarecedora a seguinte afirmação:

> *A entrega do "pesquisador" ao "objeto", o deixar-se fazer por ele e, em contrapartida, construí-lo à medida que avançam suas elaborações e descobertas faz desta*

> *"pesquisa" um momento na história de uma relação que não deixa nenhum dos termos tal como era antes de a própria pesquisa ser iniciada. Isso é mais óbvio em uma situação "terapêutica", mas a atitude clínica pode se manifestar em outras condições e sempre terá como efeito a transformação das partes em jogo, o "objeto" e o "sujeito" da pesquisa. (Figueiredo & Minerbo, 2006, p. 260)*

Apesar de muitas vezes a intervenção não ser o objetivo prioritário de uma pesquisa, decorre da especificidade do encontro humano – mesmo num universo de pesquisa científica – alguma interferência no campo que se está investigando. Não podemos deixar de levar em conta esse aspecto, uma vez que nossa própria forma de enxergar o fenômeno humano – a partir do referencial psicanalítico – é matizada por elementos que tentam ver, ouvir, entender e sentir para além do que a princípio está dado. Essa questão se dará a ver nas discussões que veremos mais adiante.

Interpretar é olhar o fenômeno de forma não habitual: "O olhar do psicanalista é um olhar fora da rotina, que *desopacifica* o objeto. Ele ressurge diferente, desconstruído, transformado. O sujeito também se transforma, na medida em que se torna capaz de ver coisas que não via antes" (Figueiredo & Minerbo, 2006, p. 260).

E a transformação não se limita ao sujeito, mas muitas vezes atinge de forma contundente aquele que pesquisa. Assim, parece desenvolver-se um fenômeno correlato no pesquisador, como pessoa e como profissional, pois ele também é permanentemente implicado e modificado no processo que se desenrola no decorrer de seu trabalho de pesquisa. "Aqui desaparece a respeitosa distância entre 'pesquisador' e 'referencial teórico' para dar lugar a um corpo-a-corpo do qual a psicanálise, Deus seja louvado, não sairá tal como entrou" (Figueiredo & Minerbo, 2006, p. 259).

Para promover algum acréscimo ao campo de conhecimento, esse embate entre a psicanálise e o pesquisador é não só necessário como desejável para quem empreende um caminho de pesquisa pelo método psicanalítico. Em última instância, parece intrínseca à pesquisa a possibilidade de um alargamento do campo que ela se propõe a estudar.

Coerentemente com o método psicanalítico, aplicamos instrumentos que acreditamos pertinentes e necessários para obtermos elementos que nos conduzissem aos objetivos do estudo.

Com as entrevistas semidirigidas, pretendemos delimitar alguns temas que julgamos fundamentais e também dar às participantes alguma liberdade durante os encontros, de forma a garantir que o campo das entrevistas se configurasse por suas características de personalidade (Bleger, 1985). Nessa perspectiva e aplicando a psicanálise como fundamento, podemos também conhecê-las melhor. As entrevistas semidirigidas dão ao entrevistado certa liberdade para expor questões e, ao entrevistador, a possibilidade de intervir para esclarecer pontos importantes (Ocampo, 1986). No presente caso, ao falar sobre tais pontos, acreditamos ter tido acesso a elementos preciosos da dinâmica psíquica das participantes frente à maternidade e do impacto da vinda de um filho em seu psiquismo. Em princípio, essas entrevistas se limitam a desnudar questões relativas à maternidade e suas reverberações, mas acreditamos serem capazes também de fornecer elementos mais amplos da dinâmica das entrevistadas.

A entrevista psicológica nos parece um instrumento privilegiado de acesso à dinâmica psíquica inconsciente das participantes, a partir da forma como elas falam sobre determinado tema, o que escolhem dizer e do caminho que percorrem para falar das questões. O mesmo vale para minha resposta contratransferencial, ou seja, as reverberações emocionais que capto no encontro.

A escolha desse recurso privilegia a possibilidade de o entrevistado configurar em grande medida o campo do encontro a partir de suas próprias variáveis psíquicas, e a flexibilidade do entrevistador, aliada a seu compromisso de não o matizar demasiadamente com suas próprias condições (Bleger, 1985), lhe permitirá uma escuta a partir da qual conhecerá seu sujeito.

> *A regra básica já não consiste em obter dados completos da vida total de uma pessoa, mas em obter dados completos de seu comportamento total no decorrer da entrevista. Esse comportamento total inclui o que recolheremos aplicando nossa função de escutar, porém também nossa função de vivenciar e observar, de tal maneira que ficam incluídas as três áreas do comportamento do entrevistado. (Bleger, 1985, p. 13)*

Nesses termos, a entrevista é um instrumento importante; uma porta de entrada ao psiquismo da mulher que queremos conhecer para elucidar como maneja seus recursos psíquicos quando espera um filho e como elabora a chegada dessa criança em sua vida.

A partir da análise das entrevistas individualmente, e posteriormente em seu conjunto, e considerando todos esses aspectos, foi possível verificar satisfatoriamente a forma como se foi configurando a relação de cada dupla mãe-bebê e os estados psíquicos de cada mãe após o parto.

Grande parte do material reunido foi dividida nos momentos nos quais se deram os encontros com as mulheres e seus bebês. A ideia proposta é que esses encontros, pelo menos um, se dessem no final da gestação, e três no pós-parto, com uma semana, um mês e dois meses. Com algumas duplas, não foi possível seguir rigorosamente esse calendário, mas, apesar disso, os encontros foram realizados e se tornaram matéria-prima preciosa para as reflexões e discussões que se seguiram, as quais estão apresentadas nos capítulo 4 a 8.

Nesses capítulos faremos uma discussão a partir do percurso realizado no trabalho conduzido após os encontros, suas análises e respectivas reflexões. Para enriquecer e ilustrar mais propriamente toda a dimensão implicada, usaremos vinhetas representativas, dando voz, assim, às emoções e movimentos ecoados nesses encontros com as mulheres e seus bebês.

Do trânsito que surgiu após a análise do material, emergiram cinco categorias temáticas que se repetiram nos quatro momentos em que ocorreram os encontros: antes da gestação, uma semana após o nascimento, no final do primeiro mês e no final do segundo mês de vida do bebê.

Apesar das categorias se repetirem em cada um desses momentos, abarcam diferentes tonalidades, de acordo com a particularidade de cada um deles. A saber: susto e suas nuances; vínculo com o bebê e suas representações; entorno e seus vértices; minha presença nas dores e amores e caminhos da tristeza.

No seio da parentalidade: a presença do pai

Ao longo do meu percurso investigativo e clínico, o próprio uso das palavras, ao me referir aos conceitos e aos sujeitos envolvidos, sofreu transformações. Ocorre no texto certo deslizamento, seja nos termos mulher e mãe, seja no termo pais. Esse deslizamento se dá também ao redor de *maternidade, tornar-se mãe, tornar-se pais*, ou *parentalidade*, que, por sinal, aparece ilustrando o título deste livro.

Vale lembrar que, logo que comecei a me interessar por esses temas, fazia uso do significado corrente da palavra maternidade, para aos poucos pensá-la como algo que integra completamente a dimensão psíquica. Algo bastante próximo, talvez, do neologismo cunhado nos anos 1960 pelo psicanalista Paul-Claude Racamier, que propôs o termo *maternalidade*, aludindo aos processos psicoafetivos que se desenvolvem na mulher por decorrência da maternidade (Silva & Solis-Ponton, 2004). O autor propôs ainda outro termo, *parentalidade, ou o processo de se tornar pais*, que já há algum tempo tem ganhado maior representatividade em nosso meio.

Quando compreendi mais intimamente a natureza desses processos, que incluem um complexo e intenso trabalho psíquico, convocando vários níveis tanto conscientes quanto inconscientes de funcionamento mental, a expressão *tornar-se mãe* me pareceu a melhor forma de traduzir o caminho envolvido. Processo infinito, inacabado, não se esgota nos primeiros tempos, sofrendo transformações ao longo da vida da mãe e do desenvolvimento do filho. Assim, *ir se tornando mãe*, uma vez que não é um processo acabado, se transforma a cada nova fase.

Essas questões tangenciam não apenas a mulher, envolvem todo o universo da parentalidade, englobando o pai, com sua presença e a forma como ela se dá ou não se dá. Podem ser uma marca da sua ausência ou de outras especificidades dessa figura, e toda a dimensão aí incluída, que vai entrando em relação com a mulher e tingindo as relações com o bebê. Incluem-se aí as inúmeras particularidades que envolvem a parentalidade na atualidade.

O campo é dinamicamente relacional, havendo nele uma implicação mútua em que um elemento afeta o outro. Talvez essa seja uma das razões pelas quais acabo em muitos momentos usando o termo parentalidade, que, além de ser mais representativo, indica melhor a importância do campo no qual as trocas se dão. Vamos acompanhar mais adiante como as mulheres, e seus *tornarem-se mães*, estão intimamente ligados à qualidade da presença do entorno[1]

1 Refiro-me às pessoas (e experiências) ao redor da mulher e do bebê nesse período que antecede e precede o nascimento do bebê e à forma como a mãe sente essas presenças.

nesse início, e quanto o pai do bebê, no processo também de ir se tornando pai, vai ser um ponto marcante no atravessamento dessa experiência no momento da perinatalidade. Tanto nos encontros quanto nos desencontros entre eles.

Partimos da hipótese de que o nascimento de um bebê é um processo que inclui muitos ganhos e muitas perdas – nem sempre consideradas na gestação, devido a uma certa dose de idealização, necessária para forjar um lugar para o bebê no psiquismo dos pais.

Como disse, minhas inquietações a respeito desse universo de questões incluem os ecos dos encontros que venho tendo com as mulheres no processo de irem se tornando mães, fruto das pesquisas acadêmicas, da docência, da clínica e da vida. Apesar de ter me debruçado sobre o contato com as mulheres, penso que os homens não atravessam esses momentos sem serem intimamente afetados. Talvez apenas expressem o impacto de forma diversa da delas.

Não é nova a discussão na literatura a respeito da *síndrome de couvade*, na qual o homem experimenta modificações em seu corpo, algumas expressões involuntárias de sintomas físicos, durante o período gestacional de suas parceiras. A função dessas modificações seria gestar seu papel de pai (Raphael-Leff, 2017; Maldonado, 2002). Esses sintomas podem aparecer na ausência do resguardo, um rito cultural que ajuda no reconhecimento do bebê e de si mesmos enquanto pais, mas claramente em declínio nas sociedades industrializadas (Raphael-Leff, 2017). Há também a referência ao homem grávido já na década de 1980 (Maldonado, 2002).

No entanto, no início dos anos 1970, a psicanalista argentina Raquel Soifer, em seu trabalho *Psicologia da gravidez, parto e puerpério*, que se tornou um clássico, já discute muitas questões que foram se ampliando e complexificando ao redor de todos esses temas. Uma delas é o acúmulo intolerável de ansiedade que aparece no homem, que pode acarretar transtornos psicossomáticos, a busca de relações extraconjugais, ou a dedicação excessiva ao trabalho (Soifer, 1992). Junto a essas questões aparece também a discussão um pouco mais recente sobre a depressão pós-parto paterna.

Dessa maneira, apesar de não examinar em específico os homens, vamos acompanhar mais adiante, por meio das vinhetas e da discussão que se segue, a presença deles, seja um pai que concretamente esteve nos encontros comigo, junto de sua esposa, e depois com o bebê, após seu nascimento, seja a partir dos testemunhos das mulheres a respeito de seus companheiros e de como estes lidaram com a construção da parentalidade, desde a gestação. Sem intervir ativamente, acabei por acompanhar, na minha pesquisa de doutorado, companheiros que moravam juntos e que planejaram o nascimento de seus filhos.

Para além do meu percurso de pesquisa, os temas deste livro foram fertilizados nas experiências que me instigaram ao longo do tempo. Estas vivências estão ligadas à clínica, mas são retroalimentadas pela formação psicanalítica e pela docência nas instituições às quais estou vinculada: Instituto Sedes Sapientiae; Instituto Durval Marcondes, da Sociedade Brasileira de Psicanálise de São Paulo; Sociedade de Pediatria de São Paulo; núcleos de depressão entre crianças e adolescentes; e núcleo de saúde mental. Este há algum tempo me acolheu devido ao meu interesse pela depressão puerperal, em virtude dos potenciais efeitos deletérios no desenvolvimento das crianças.

É a partir desses olhares que este trabalho reúne elementos para se fundamentar e se construir, buscando ultrapassar as estreitezas que a vida nos impõe, como nos ensina o poema que abre este livro.

2. Esperando uma nova vida: gravidez, maternidade e parentalidade

Antes de nos determos mais especificamente nos lutos que envolvem a construção da parentalidade e que podem figurar como pano de fundo nas depressões pós-parto ou nos casos de *baby blues*, discutiremos os acontecimentos físicos e psíquicos da gestação.

A gestação não só gera um novo ser e modifica fisicamente os órgãos e os contornos da mulher, mas também pode ser entendida como um modo de prepará-la psiquicamente para a complexa tarefa de se tornar mãe.

Ao ouvir mulheres que estavam no final da gestação, tivemos contato com o caminho que percorreram antes mesmo da concretização da gestação. Nesse período, cada mulher faz um percurso até vir a engravidar. Para algumas delas houve uma série de adiamentos e desvios, e, uma vez já grávidas, algumas intercorrências. Alguns discursos indicam perdas nesse percurso, marcando de determinada forma a história dessas mulheres e o processo de se tornarem mães, e nos ensinam que já aí se põe em movimento um delicado exercício de elaboração de perdas e ganhos para os pais no projeto de um filho.

Algumas mulheres que acompanhei tiveram certa dificuldade de engravidar quando gostariam – uma delas fala a respeito de um sapatinho que fez quando começou a investir na vontade de ser mãe e do adiamento da entrega aos avós até saber que realmente estava grávida. A "esperança contida no sapatinho" exemplifica parte do processo que inclui idas e vindas, esperanças e dúvidas, pressupondo sucessivas elaborações e novos reinvestimentos até a concretização.

Por outro lado, uma outra mulher indica as perdas e mudanças às quais ficou sujeita assim que a relação com seu marido ganhou um estatuto mais sério, tendo que renunciar à sua liberdade pessoal e mudar de país. Parecia sinalizar que as relações impõem uma necessidade de investimento e que dão certo trabalho; deve-se renunciar a algumas coisas para obter ganhos nesse espaço compartilhado que representa a relação com um outro.

Outras mulheres contam que a segunda gestação remete, de certa forma, à história da primeira. A necessidade de repouso absoluto que tiveram que fazer e o parto traumático que uma delas vivenciou deram à experiência atual uma aura de preocupação e atenção, marcando a história dessas mulheres e suas gestações.

Alguém crescendo dentro de si

O que acontece com a mulher quando ela engravida? Que alterações sofrem seu corpo e seu psiquismo? Do ponto de vista físico, a gravidez é um processo extremamente complexo, que envolve a síntese de vários hormônios em momentos específicos.

Desde a concepção, para se unir, um espermatozoide e um óvulo devem vencer inúmeros obstáculos e enfrentar uma árdua jornada, que pode também malograr. Quando todo esse caminho se dá a contento e o encontro entre óvulo e espermatozoide logra êxito, cria-se a matriz de uma única célula que contém toda a informação genética dos dois parceiros.

A concepção depende da sincronia entre um óvulo maduro pronto da mulher e um espermatozoide sadio do homem que chegue à tuba uterina. A vida útil dos espermatozoides dentro do corpo da mulher é, em média, de quatro dias; depois disso, eles morrem e não são mais capazes de fertilizar um óvulo. Alguns espermatozoides podem chegar à camada externa do óvulo, outros podem atravessar uma segunda camada, mas normalmente apenas um é capaz de chegar ao núcleo e fundir-se a ele, formando-se imediatamente uma barreira química a seu redor, para impedir a entrada de qualquer outro espermatozoide.

Após a fusão, o espermatozoide perde a cauda e sua cabeça aumenta; no interior da célula, mesclam-se os cromossomos de uma única célula com 46 cromossomos de informação genética, sendo 23 de cada um dos genitores, e, em algumas horas, depois da divisão, haverá duas células, junto com a replicação do ácido desoxirribonucleico, o DNA. A rápida divisão será concomitante ao caminho que o embrião segue até o útero, onde se implantará e se desenvolverá o feto, se tudo ocorrer bem (Taborda & Deutsch, 2004).

Após a concepção, a mulher passa por profundas mudanças corporais: seu corpo se ajusta à nova tarefa de formar e alimentar um bebê. Tais mudanças são tanto externas quanto internas: ganho de peso, seios mais volumosos, alterações nos cabelos e na pele, entre outras. As internas tangem à multiplicação de vários hormônios que já existem, bem como à produção de novos, próprios da gestação, como é o caso da gonadotrofina coriônica humana (HCG). Também conhecida como "hormônio da gestação", é ela que aparece no exame de sangue que confirma a gravidez. Essa substância é a responsável por preservar a gestação e evitar que a mulher menstrue, mas também contribui para os enjoos matinais. Outros hormônios envolvidos são a progesterona, que tem uma importante função na preservação da gravidez, o estrogênio, a somatotrofina coriônica humana, a calcitonina, a tiroxina (T3 e T4), a relaxina, a insulina, a ocitocina, a eritropoietina, o cortisol e a prolactina. A gestante sofre ainda alterações na circulação, na pressão arterial, na respiração e no metabolismo (Taborda & Deutsch, 2004).

Na literatura médica, alguns autores descrevem essas alterações hormonais e fisiológicas como "tsunamis" no corpo feminino, e essa metáfora parece ser emblemática para descrever o que se passa física e psiquicamente com uma mulher que engravida. A gestação engendra uma verdadeira revolução do ponto de vista orgânico, bem como do ponto de vista psíquico, ainda muitas vezes negligenciado e mesmo desconhecido. Ao gestar um bebê, a mulher também deve forjar um espaço psíquico para seu filho e se preparar para a construção em seu psiquismo de um lugar para si como mãe e para seu companheiro como pai desse bebê. Assim, a gravidez enseja diversos níveis de experiência, e o que ocorre no corpo é só uma parte do que ocorre em todo o ser de uma gestante.

Ao gerar um bebê, não só o corpo da mulher se transforma como todo seu psiquismo passa a se preparar para constituir outro ser e para se reconstituir em função de seu papel materno. Apesar de ser possível entender essa etapa como preparatória para a maternidade, não há garantias de que uma gravidez *bem vivida* engendre todas as condições de um puerpério igualmente *tranquilo*. Este parece depender muito das condições nas quais a mulher faz um deslizamento entre seu narcisismo inicial, ou seja, a maneira como ela representa a si mesma – posto à prova novamente e, depois do parto, flagrantemente –, e sua capacidade de ver um bebê como um outro diferente de si mesma.

Consideramos a importância de incluir nesta discussão a dimensão da experiência interior que toda mulher atravessa ao tornar-se mãe, ou seja, o contato com seu mundo interno, repleto de afetos inconscientes pouco conhecidos, e dizem respeito a esfera psíquica da gestação e da maternidade, algo que é tratado no meio médico e em nossa cultura como natural, inerente à vida da mulher, e com uma forte carga de idealização (Stern & Bruschweiller-Stern,1998; Raphael-Leff,1997; Bydlowski, 2002).

A maternidade é fruto de um intenso trabalho que cada mulher realiza de forma singular e que resulta num psiquismo materno, reflexo de uma experiência íntima e profunda. O nascimento psicológico de uma mãe pode demorar mais tempo e atravessar algumas fases para além do parto em si. A organização psíquica da maternidade só toma forma a partir da experiência contínua de cuidar e alimentar o bebê (Stern; Bruschweiller-Stern,1998).

O discurso social sobre a mulher grávida é idealizante, idealizador e redutor, criando um viés no que deveria ser uma compreensão mais ampliada do fenômeno da gestação e, acreditamos, da maternidade como um todo. Pode-se incorrer numa clara banalização dos processos envolvidos em torno das particularidades das experiências vividas, uma vez que há uma metamorfose em curso (Szejer, 2002).

Pressionada por uma sociedade que glorifica a maternidade – negando, assim, sua ambivalência –, a mulher é compelida a ocultar a todo custo os sentimentos negativos referentes à experiência de ter um filho (Raphael-Leff, 1997). Mesmo tratando-se de um filho, a ambivalência que subjaz à presença desse outro em seu corpo e em seu mundo psíquico não pode ser significada de modo a obrigar a mulher a fazer uma separação radical entre aquilo que experimenta e aquilo que pode dizer e mostrar às outras pessoas e a si própria.

A idealização da gravidez, da maternidade e das crianças em nossa cultura dificulta a escuta dos fenômenos que envolvem o gestar e o maternar por meio de uma visão extremamente parcial e frequentemente cega.

Considerar perfeito gestar e ter um filho impede que os ouvidos e o coração aceitem que, como todas as demais, essa experiência humana também envolve ambiguidades, ambivalências e dúvidas e, implicando um não saber, deve ser vivida para ser conhecida de fato. Em particular, ela não só é *imperfeita* como é altamente complexa para quem a atravessa e para quem está próximo; o próprio pai do bebê pode viver um fenômeno análogo, revisitando, de certa forma, sua infância e seu papel de filho. Além disso, os profissionais da saúde que atendem a mulher e a família também são envolvidos por esse discurso, uma vez que nossa pesquisa anterior verificou que seu olhar e sua escuta parecem atravessados por essa idealização da gestação e da maternidade (Folino, 2008).

Para além da idealização, devemos realçar o caráter de encantamento presente nessa experiência de gerar e contribuir para a constituição de um novo ser que nos sucede na cadeia geracional, tornando-nos um elo entre gerações. Na medida em que o encontro entre um óvulo e um espermatozoide pode engendrar a criação e o destino de um ser humano diferente dos progenitores – mas intrinsecamente ligado a ambos e à história individual de cada um e, em última instância, à história ou à precariedade de sua história como casal –, há aí algo mágico e surpreendente. Além disso, a potencialidade da vida e seu vigor podem ser deflagrados nessa experiência de gerar e cuidar de um fruto do próprio ventre.

Gerar e transmitir a vida podem ser representados como um bem maior, como resultado de uma força vibrante da natureza, principalmente se tudo caminha sem tantas intercorrências e se o filho chega no momento da vontade e do desejo dos pais, considerando as esferas tanto conscientes quanto inconscientes envolvidas nessas escolhas.

Podemos supor que o caminho que vai do projeto de filho ao filho real pode ser considerado um percurso semeado de emboscadas.

Tornando-nos pais, tomamos nosso lugar na cadeia geracional, o que implica que aceitemos o caráter finito da vida, o que pode anunciar simultaneamente nosso desaparecimento, nossa morte (Debray, 1988).

Percebemos, assim, como esse tema é intrincado e pode resvalar em várias questões. A cada novo nascimento, há na mulher uma multiplicidade de impressões, angústias, sensações e vivências que podem não ser favorecidas em sua emergência, compreensão e continência, caso se deparem com um olhar apressado.

A gravidez é uma experiência extremamente complexa, propiciadora e mobilizadora de profundas angústias. Leva a uma verdadeira revolução dos papéis desempenhados pela mulher até então e é também profundamente afetada por mudanças sociais. Atualmente, na grande maioria das vezes, a mulher precisa conciliar uma vida profissional intensamente investida com o desejo de ter um filho, questão que está longe de ser simples e sem conflitos decorrentes.

Há certa especificidade do psiquismo materno no ciclo gravídico puerperal. Sabemos que a mulher que engravida regride a etapas anteriores de seu desenvolvimento psíquico, identificando-se com sua mãe, em suas tarefas maternas, e com o bebê que carrega no ventre, por se sensibilizar com suas necessidades (Langer, 1986). Essa dupla forma de identificação é específica da maternidade: a mulher desempenha e elabora papéis e atributos da mãe e do bebê baseando-se na convivência que teve com a própria mãe quando era bebê (Brazelton & Cramer, 1992).

Há algum tempo algumas autoras psicanalistas já haviam observado na mulher grávida que, concomitante ao fortalecimento da consciência das sensações corporais, havia agitação e a revitalização de antigas ansiedades e emoções antes adormecidas (Deutsch, 1944; Bibring, 1959; Kestenberg, 1976; Pines, 1972, citados em Raphael-Leff, 1997).

É esperado que ao longo e sobretudo no final da gestação, perdurando às vezes até os primeiros dias do bebê, a mulher desenvolva um estado psicológico especial: a *preocupação materna primária*. Considerado uma sensibilidade amplificada, esse estado seria considerado uma doença se não houvesse uma gestação em curso. Ele faz a mulher ser capaz de se identificar intimamente com seu bebê e oferecer-lhe aquilo de que ele necessita na hora propícia (Winnicott, 2000a).

A *preocupação materna primária* pode ser considerada um estado de retraimento ou até de dissociação; espera-se que a mãe seja capaz de atingi-lo e de recuperar-se dele quando essa ligação mais íntima com o bebê não for mais estritamente necessária. Como esse estado exige muito de quem o atravessa, nos deparamos em inúmeras oportunidades com uma resistência ou dificuldade de a mulher entrar em *preocupação materna primária*; em alguns casos, isso se manifesta numa maneira um tanto operativa, ilustrada por atividades frenéticas. A mulher aparenta ter certa dificuldade de entrar em contato com os estados emocionais mais frágeis, que realmente podem assustar, mas são importantes de serem vivenciados para que possam acompanhar bem seu bebê nesse tempo. A regressão e a identificação são dois aspectos do exercício da maternidade no início da vida do bebê.

A gravidez é um reflexo de toda a vida da mulher anterior à concepção, e o ressurgimento da relação com sua própria mãe é um processo que se desenvolve com grande intensidade (Brazelton & Cramer, 1992).

Por outro lado, essa regressão, também chamada de "armadilha da maternidade real", em virtude das angústias decorrentes da experiência do parto, da amamentação e das necessidades regulares que um bebê impõe, pode motivar a completa regressão da mulher ao papel de mãe, afastando-a de seu lugar de mulher (Dolto, 1996).

A vida interior das mulheres durante a gravidez muda naturalmente; há uma *transparência psíquica*, fenômeno caracterizado por uma permeabilidade maior nas fronteiras psíquicas, no qual os elementos do pré-consciente e do inconsciente chegam com facilidade à consciência (Bydlowski, 2002).

O processo consiste no levantamento da repressão da gestante, deixando emergir conteúdos e conflitos inconscientes que normalmente não são acessíveis à consciência. Esse contato relativo com tais conteúdos emersos de um psiquismo em transparência pode, por si só, deflagrar estados extremamente sensíveis nesse momento delicado da vida de uma mulher.

Sabemos que a gravidez representa uma crise psíquica que se assemelha à crise da adolescência, é um período repleto de conflitos e considerado uma crise maturativa, porque, na ocasião do nascimento do primeiro filho, opera-se uma mudança de geração, que é irreversível e que mobiliza um excesso de energia psíquica que, por sua vez, exige do psiquismo um trabalho complexo (Bydlowski, 2002).

Simultaneamente ao nascimento de um bebê, espera-se que nasça uma mãe, mas, na verdade, o que acontece é um aparecimento progressivo tanto ao longo da gestação como principalmente no contato com o bebê real.

Nessa perspectiva, o tempo da gravidez pode ser entendido como propício para haver, concomitantemente ao crescimento do bebê no ventre materno, a constituição de uma mãe para esse bebê. Assim, é preciso construir um espaço psíquico para a criança, ao mesmo tempo que vai se construindo um papel materno. Por isso, o tempo da gravidez é importante, tanto para o bebê quanto para a mãe e para o pai, ou parcerias, considerando as novas configurações familiares, que acompanharão externamente as mudanças que vão se operando. As transformações físicas observadas na gravidez prenunciam outras, mais drásticas, que sobrevirão ao nascimento do bebê. Já na gestação, a mulher deixará de ser apenas mulher e passará a ser também mãe, o que pode provocar certa distância do companheiro. Além disso, em casos de mulheres que já tiveram filhos, há ainda a importância de o filho mais velho ir construindo a ideia de que não será mais o único.

Antes de nascer, a criança é sobretudo imaginária, e se supõe que ela deve cumprir, reparar e preencher tudo: lutos, saudades, destinos e sentimento de perda (Bydlowski, 2007).

O investimento dos pais no bebê provém da revivescência e da reprodução do narcisismo abandonado por eles e que será revivido na relação com o filho. A partir do narcisismo parental, os pais poderão investir libidinalmente no filho; nessa perspectiva, desejar um filho é renascer no corpo desse bebê, perpetuar-se e transmitir a vida, mas, em contrapartida, é também admitir a finitude da vida. Ao ter um filho, nos deparamos com a morte; assim, nascimento e morte são as duas faces de uma mesma moeda – o começo remete ao fim, e eles parecem se retroalimentar (Freud, 2010a).

Ressaltamos o lugar e a importância da construção mental do bebê imaginário naquela que o gesta. É igualmente necessário que a mãe possa se identificar progressivamente com seu bebê, ao mesmo tempo que vai construindo um espaço psíquico para ele (Winnicott, 2000a). Os meses de gestação são uma oportunidade de preparação psicológica para os pais, e não apenas corporal (Brazelton & Cramer, 1992). Esse tempo é fundamental para a construção da representação do bebê no imaginário materno, e a previsão da duração da gravidez vai progressivamente marcando internamente para a mulher o crescimento do bebê dentro dela (Aragão, 2011).

Instala-se gradativamente uma relação que é representada por um *corpo imaginado*, que acompanha e precede a criança de fato, um corpo unificado e completo no qual se espera que haja os investimentos afetivos dos pais. Assim, uma história e uma imagem de um corpo precedem o bebê em sua chegada ao mundo (Aulagnier,1990).

> *A gravidez... pode representar uma prova psiquicamente perigosa, pelo fato de que ela vai reativar e remobilizar todo um passado relacional mais ou menos ultrapassado, que elas (as mulheres) deverão reviver sob forma inversa. (Aulagnier, 1999, pp. 38-39)*

Destacamos a vulnerabilidade psíquica da gravidez e da criança das ilusões narcísicas da mãe; o bebê imaginário investido durante a gestação sofrerá um posterior afastamento da mãe, que então deve proceder ao investimento do bebê real. Parece ser este o jogo deflagrado pelo parto: no momento em que nasce o bebê real, seu representante imaginário, fruto do narcisismo dos pais, precisa perder gradativamente a força pelo desinvestimento materno, cedendo lugar em parte às relações que passam a transcorrer com o bebê de carne e osso que agora nasce.

No entanto, importa considerar que não existem linhas demarcatórias tão claras entre o "bebê de dentro" e o "bebê de fora"; a prova é que, na gestação, espera-se que a mãe possa se relacionar com o bebê, antecipando-o. Ao ser antecipada, a criança pode ser pensada pela mãe, o que pode indicar um investimento da criança como outro, e não como prolongamento materno. E isso pode ser considerado um bom sinal de saúde mental da mulher, e favorecedor do estabelecimento do vínculo com o filho.

Em termos de antecipação da criança ocorrida no decorrer da gravidez, a mudança no discurso dos pais de *dois* (casal ou núcleo parental) para *três* (protagonistas parentais mais o bebê incluído) pode ser um indicativo importante da qualidade de seu acolhimento à criança. Especialmente entre o quinto e o fim do sétimo mês, a gestante sente os movimentos do feto em seu ventre, o que pode favorecer o incremento do apego primordial, bem como o fenômeno da antecipação[1] (Missonier, 2004).

Esses movimentos são a primeira contribuição da criança para o relacionamento com os pais, dando sinais de que é um ser separado, o que possibilita o incremento de sua relação com eles (Brazelton & Cramer, 1992).

Está claro que as nuances do narcisismo parental matizarão o psiquismo, o corpo e as relações com o filho que chega. Propõe-se qualificar o narcisismo materno como "transvasante", porquanto, sem se esgotar na mãe, ele "transvasa" para o filho; alimentando-o com seu próprio narcisismo, a mãe possibilita a alternância geracional (Bleichmar, 1994).

A gravidez pode ser considerada uma preparação para o ser mãe, mas o evento disruptivo que o parto pode representar parece não garantir em todos os termos que o exercício da maternidade ocorra sem uma dose de desestabilização, disparada pela saída do bebê do ventre materno. Além da mudança devido à regressão no funcionamento psíquico da mãe, iniciada na gestação, há após o parto uma verdadeira revolução, com a emergência de uma nova demanda de trabalho psíquico para a mulher.

O nascimento do bebê como trauma para a mãe

Com a vinda de um bebê, a mãe "troca de pele", e deverá constituir uma nova identidade, uma vez que perde sua antiga. O encontro com o bebê propõe à mãe uma experiência única, traumática, em certo sentido, que demanda um remanejamento total (e imediato) de

1 É importante que uma criança seja pensada, investida imaginariamente, pelos pais antes do nascimento. E seus pais pensados também como pais dessa criança.

todo o seu funcionamento psíquico (Prat, 2008). Ela não sabe mais quem ela é, e, além dessa perda ser muito dolorosa e trazer confusão, soma-se à tomada de consciência de sua total responsabilidade em relação ao bebê (Magagna, 1992, como citado em Prat, 2008). O impacto do nascimento de um filho está relacionado à descoberta da dependência absoluta do bebê em relação a ela, e essa experiência é brutal pois não é algo experimentado de forma paulatina. Há um abalo sísmico com a chegada do bebê (Prat, 2008).

A mãe entra em contato com essa nova realidade em aspectos muito concretos da vida com seu filho, na satisfação de suas necessidades vitais. No entanto, descobre que isso é apenas parte de um todo muito maior; além disso, há a absoluta dependência psíquica do bebê em relação a ela – ele depende de seus cuidados para se constituir psiquicamente.

A combinação desses dois fatores – dependência física e psíquica – cria uma situação completamente nova e singular, na qual há uma profunda metamorfose do psiquismo parental, que a partir dessas experiências se transformará radicalmente e, consequentemente, ficará diferente do psiquismo daqueles que não são pais (Prat, 2008).

Assim, pode-se compreender o possível caráter traumático do nascimento para os pais, especialmente para a mãe, devido às intensas transformações a que fica sujeita, não só físicas – com o advento da gravidez e, depois, com o da "barriga murcha" que muitas vezes o puerpério representa –, mas também psíquicas, caracterizando-se uma crise psíquica, com uma mudança radical de posição sem equivalentes no percurso da vida de uma pessoa.

Podemos compreender que, com a presença do bebê real no cenário materno, deflagrada no parto, que parece ser um divisor de águas, a mulher pode ter uma experiência traumática. Ela deve elaborar várias perdas, mas, fundamentalmente, tem que lidar com uma espécie de "perda de si mesma", e a perda de parte de sua identidade anterior exige um intenso trabalho do psiquismo.

Podemos pensar que um dos vértices do caráter traumático das experiências se configura em termos econômicos, por um afluxo intenso de excitações à capacidade do indivíduo de tolerar, dominar e elaborar psiquicamente tais excitações (Laplanche & Pontalis, 1986).

A mulher deve lidar com certo excesso. Já assoberbado com a regressão peculiar desse período e as decorrentes *transparência psíquica* e *preocupação materna primária*, o psiquismo sofre um impacto. O *trauma* característico do nascimento de um filho experimentado no puerpério reverbera intimamente na maneira como a mulher consegue dar um destino a esse impacto – trata-se, portanto, de se organizar da maneira que for capaz.

Diferentes desejos e tempos: de engravidar, de ter filho e de ser mãe (tornar-se)

Uma leitura apressada pode levar a um tipo de cilada, pois, embora possa parecer que lidamos com o mesmo desejo, quando nos aproximamos, somos confrontados com algo diverso.

Apesar de poderem experimentar alguns desconfortos físicos, muitas mulheres vivenciam a gestação de forma bastante prazerosa, se sentem completas e animadas com a possibilidade de gerar uma criança dentro de si, levando-as a uma sensação de serem potentes. Pode haver aí a concretização de que podem engravidar, que seu interior pode ser um lugar frutífero.

Engravidar e ter um filho saudável na idade adulta pode significar para a mulher a "recriação do mundo todo", uma possibilidade de reparação das fantasias agressivas vivenciadas pela menina. Trata-se de algo que pode ser vivido como uma oportunidade de restauração ao corpo materno e, também, como uma prova de que o interior de seu próprio corpo foi reparado, o que lhe permitiria sentir-se restaurada, inteira. Essa experiência poderia desencadear um intenso impacto emocional de qualidade positiva para a mulher (Klein, 1932/1997). É possível pensar, seguindo Melanie Klein, que o nascimento de um filho saudável pode ser compreendido simbolicamente como fertilidade do ponto de vista psíquico, e pode causar reverberações em todos os âmbitos da vida da mulher.

A gestação mobiliza forças narcísicas importantes para serem investidas no filho, mas pode haver dificuldade nessa passagem para o investimento do filho em si. Assim, o desejo de engravidar, ou de estar grávida, é diferente do desejo de ter filhos, que também precisa ser diferenciado do processo de tornar-se mãe.

Gestar e ser mãe são processos que se sucedem, mas não são sinônimos. Distinguem-se quanto ao tempo em que se processam e à natureza de cada um; não há continuidade entre a gravidez e o exercício da maternidade, mas uma ruptura que se opera com o nascimento do bebê (Labaki, 2008).

Tornar-se mãe parece acontecer em um registro diverso do narcísico, pois pede uma força contrária, de desprendimento de si e de perda narcísica, ao mesmo tempo que ocorre investimento no objeto-filho (Labaki, 2008). Assim, *é preciso perder para tornar-se mãe*. Talvez essa seja uma das razões pelas quais há um enorme impacto psíquico, pois geralmente costuma ser muito difícil abrir mão de algo que está ligado ao registro narcísico, embora se conte com ganhos no horizonte.

Há aí uma tensão entre duas forças que se põem lado a lado, são vizinhas, mas não correspondem – nem representam – a mesma coisa: o desejo de ter filhos e o desejo de ser mãe. Parece ser no resultado dessa vetorização que o puerpério se desenrola: a possibilidade de um desejo se verter no outro.

Ter um filho remete a uma demanda de retorno e revivescência do narcisismo materno, ao passo que ser mãe impõe um radical descentramento de si, a necessidade de investir libidinalmente o filho como outro, mas estranhamente próximo e familiar.

Com a distinção entre o desejo de ter filhos e o desejo de ser mãe – e o que implica para a mulher a mudança de um para outro (Labaki, 2008) –, podemos nos aproximar mais propriamente de uma questão central: a experiência de tornar-se mãe e o que esse percurso representa psiquicamente. Tornar-se mãe estaria no registro da separação e da perda, e não necessariamente do ganho, pois, para ter um filho, "ganha-se o bebê", mas, para ser mãe, devem-se perder algumas ilusões narcísicas, o ideal, como o perfeito, o lugar de filha, alguém como complemento e até mesmo o "poder de fazer viver o bebê".

Ocorre, dessa maneira, um aumento das ansiedades profundas:

> *Os primeiros tempos de um primeiro filho são uma situação limite, traumática, cujo saldo não depende apenas do equilíbrio psíquico prévio da mulher que atravessa essa experiência, senão também das intervenções simbolizantes e continentes daqueles que a rodeiam. (Bleichmar, 1994, p. 17)*

Assim, na maternidade, parece haver uma imposição necessária de dois movimentos: primeiro se separar para depois perder o "forte amor da imagem refletida no espelho" (Freud, 2010a) e seus desdobramentos, para doar não só um lugar em seu corpo, mas também uma porção do próprio psiquismo àquele que chega. Parece que, ao se desprender de si mesma, o que a mulher perde na experiência da maternidade é exatamente essa porção de si que é endereçada ao filho e assim a ele transmitida.

Podemos pensar que a gravidez é um tempo importante não só para a mulher construir espaço para o bebê que virá e a representação do bebê que carrega, mas também para prepará-la para perder a imagem ideal do bebê: "A espera de um filho, durante a gravidez, bem como o investimento de desejo no filho que será adotado, deveria dotar a mãe dessa capacidade de perda da imagem ideal do bebê, sem a qual a criança não se subjetivaria" (Labaki, 2008, p. 282).

O tema das perdas volta intensamente ao cenário. Que elementos ou condições deve ter uma mulher que lhe permita fazer um intenso trabalho de elaboração psíquica?

3. Os impactos e os destinos do nascimento

Penso ser fascinante perceber que em suas origens a psicanálise se serviu da investigação dos modos *comuns* de expressão do psiquismo para, paralelamente, examinar os modos *não tão comuns*. Com isso, não só iluminou o terreno dos quadros psicopatológicos como os aproximou de maneira brilhante de fenômenos cotidianos como sonhos, atos falhos, lapsos e o luto, indicando que, além de um *desconhecido de base*, há em nós as manifestações do inconsciente e que não há fronteiras tão sólidas entre o que se pode considerar *normal* ou *patológico*. Há, talvez, uma linha tênue que os separa.

Tomando a especificidade da vida humana como pano de fundo e considerando que, nos primeiros tempos, todo ser precisa de alguém que o ampare – tamanha é sua prematuridade intrínseca –, devemos ter em mente que esse alguém que ampara foi também cuidado por um outro ser, nos seus primeiros tempos. Esteve na posição que agora seu filho ocupa, também está atravessado por questões, conteúdos, conflitos de toda espécie, muitos dos quais vêm transmitidos por gerações precedentes.

Nesse contexto, soma-se a contribuição de Freud em relação à revivescência do narcisismo dos pais na relação com os filhos, assinalando uma continuidade na vida psíquica entre as gerações (Correa, 2003).

Transmitindo psiquismo entre as gerações

A fim de compreender o significado dos termos *transmitir* e *transmissão*, recorremos a sua etimologia: derivados do latim, significam, respectivamente, "mandar de um lugar para outro, ou de uma pessoa para outra", e "transferência de coisa, direito ou obrigação" (Ferreira, 2008, p. 787).

Dessa maneira, pode-se compreender a *transmissão psíquica* como aquela que enseja modos de passagem de um lugar (psiquismo materno, paterno e psiquismo das gerações anteriores) para o bebê que nasce, para compor-se com seu psiquismo. É, assim, um meio de propagação das histórias e também dos conflitos de uma geração a outra.

Fundamentalmente, cada ser vem ao mundo no contexto de uma (pré-)história desenvolvida pelas gerações anteriores, de modo que os termos mais pertinentes não têm ligação com a culpa por possíveis *disfunções* ou *desvios* no filho. Partindo da premissa de que os fenômenos humanos são tingidos por determinações inconscientes e que uma mãe, um pai e outros membros da família são inevitavelmente afetados por esses conteúdos que não estão facilmente acessíveis – e menos ainda elaborados –, devemos considerar que eles muitas vezes imprimem nos indivíduos certas formas de ser e/ou de reagir ao contato com o outro e com tudo o que ele traz.

A *transmissão psíquica* pode ser *intergeracional*, relativa à transmissão de pais para filhos, e *transgeracional*, de avós para netos. Ela é particularmente importante nos casos de *transmissão de conflitos inconscientes* e pode acontecer por meio do que Lebovici, Solis-Ponton e Barriguette (2004) chamaram de "mandato transgeracional", eventualmente bloqueando o desenvolvimento do bebê. Os autores consideram esses dois tipos de transmissão a herança psíquica do ser humano.

O vínculo mãe-bebê e o grupo familiar formam o berço psíquico do sujeito, constituído por uma tecelagem psíquica grupal que atravessa outras gerações. Os processos de transmissão demandam um importante trabalho psíquico do qual participam mecanismos de identificação junto a uma série de projeções-introjeções (Correa, 2003)

Na transmissão psíquica intergeracional, o que está em jogo é um trabalho matizado por ligações e transformações. O contrário se dá na transmissão transgeracional, na qual não foi possível haver uma modificação e os elementos são transmitidos aos descendentes em estado bruto, sem terem sido contidos, e, devido à impossibilidade de inscrição psíquica nos pais, podem ficar depositados na criança: "os lutos não realizados, objetos desaparecidos sem traço e sem memória, a vergonha, as doenças e a falta" (Correa, 2003, p. 36).

O nascimento expõe e reatualiza questões antigas a respeito de conteúdos que não foram metabolizados pelas gerações precedentes. Pela repetição, mostram que merecem uma atenção para além da aparente e um cuidado essencial nesse momento de inícios, seja da vida de um dos membros, seja da família que recebe esse novo ser.

Assim, tomando por base a especificidade da vida humana e considerando que, desde a gestação, o psiquismo materno assume um estado de *transparência,* compreendemos que o nascimento de um filho reativa não só o narcisismo dos pais, mas toda uma série de conflitos e lutos não suficientemente elaborados, que o filho faz ressurgir, com sua necessidade de ser investido e amparado. Em uma palavra, ele traz à tona o desamparo de seus pais.

Ao longo da obra de Freud, o desamparo remete a uma variedade de questões. Primeiramente, o autor tratou o tema como resultado da total incapacidade concreta do recém-nascido de satisfazer suas necessidades mais vitais, para depois retomá-lo e elaborá-lo em termos da teoria da angústia (na qual esse estado remeteria a um caráter traumático). No fim, passa a marcar uma diferença radical: a de que o desamparo seria a dimensão essencial do funcionamento psíquico, reiterando sua total falta de garantias (Pereira, 2008).

O desamparo não aparece num momento específico da vida, mas marca profundamente a condição do ser e nunca é superado, apontando a precariedade da existência humana. Com o amadurecimento, podem-se angariar recursos psíquicos cada vez mais elaborados para fazer face a essa condição de base, e ele pode também representar a condição de abertura para o outro (Pereira, 2008).

Compreendemos o espectro freudiano do desamparo, que vai desde os primórdios, em razão da insuficiência das condições de o pequeno ser manter-se vivo sozinho, passando pela vivência de seu eventual caráter traumático e chegando à noção da falta de garantias inerente à tessitura da vida psíquica – em suma, da vida inteira.

O desamparo parece oferecer-se como um solo psíquico, sempre presente, e às vezes mascarado por recursos que o indivíduo vai adquirindo com a possibilidade oferecida pelo contato com um outro. Mas, em determinados momentos, pode emergir e se apresentar com toda a sua força excessiva e transbordante, como parece acontecer – em diferentes intensidades – com os pais na ocasião do nascimento de um filho. Assim, o estado de desamparo do bebê – seja porque ele não se pode cuidar sozinho, seja pelo que há de traumático e excessivo nessa experiência – não só clama por cuidado e investimento, como parece ressoar, de certa forma, o desamparo dos pais. Talvez pela possibilidade de se identificar com o filho nesse estado os pais possam oferecer amparo cuidadoso, mas reverberando também algum sofrimento, pois a premência de cuidados e a necessidade de garantir a vida da criança – a mesma vida que não tem garantia nenhuma – trazem à tona o desamparo, e às vezes o fazem de forma brutal.

As vivências de angústias muito primitivas que não puderam ser contidas podem reaparecer na vinda de um filho, remetendo seus próprios pais aos primórdios de suas estruturações psíquicas.

Então, sobre esse pano de fundo, podemos compreender a complexidade das questões envolvidas na vinda de um filho e no exercício da parentalidade. O tecido que se forma nesse entrelaçamento aponta a necessidade de se metabolizarem essas várias forças, especialmente no que tange às transformações que as demandas de um filho impõem ao psiquismo dos pais. O processamento necessário na passagem do desejo de terem um filho para o desejo de serem pais envolve um trabalho psíquico – que podemos chamar de *trabalho da parentalidade*. As questões da depressão pós-parto, em sua abrangência, e mesmo a tristeza saudável, fruto do impacto que o filho traz, poderiam fazer parte desse cenário. Veremos essa questão mais detalhadamente a seguir.

A depressão e seus matizes

O tema da depressão é extremamente complexo e abrangente, pois pode representar uma infinidade de estados muitos diferentes entre si. Sabemos que, hoje, qualquer tristeza um pouco mais prolongada é frequentemente diagnosticada como depressão e medicada com antidepressivos, negligenciando-se completamente o fato de que, muitas vezes, essa tristeza condiz com uma dor decorrente de perdas importantes, além de ser necessária para a elaboração desses lutos.

Nossa cultura desenvolveu uma intolerância absoluta à tristeza, e, para debelar essa verdadeira "inimiga pública", buscam-se, a todo custo e de forma idealizada, estados *plenos de felicidade*. Em contrapartida, se repele tudo o que remeta a perda, dor ou reação natural de tristeza.

As contrariedades tornaram-se insuportáveis, transformando o sofrimento psíquico em doença mental. Por outro lado, vem tomando corpo a discussão sobre os efeitos da sua magnitude e do impacto da medicalização da sociedade e da patologização da vida, o que pode ser uma tentativa de se opor a essa imperiosa tendência (Ceccarelli, 2010).

Entretanto, não devemos subestimar o sofrimento gerado por um estado depressivo, menos ainda quando este irrompe no puerpério, considerando todo o universo de reverberações a que todos da família ficam sujeitos, e num momento em que o sentimento socialmente autorizado e esperado é o de júbilo.

Evidentemente, há casos e circunstâncias específicas em que não se pode negligenciar a importância de um medicamento antidepressivo, cujo uso deve ser cuidadosamente acompanhado por um profissional competente e fará diferença para o sujeito. No entanto, muitas vezes prescreve-se esse tipo de medicamento sem as devidas precauções, numa total indiscriminação entre uma necessidade real, e uma tentativa de fugir da dor, em casos de perdas inerentes à vida, nos quais a tristeza invariavelmente sobrevém.

A isso se soma que um quadro depressivo pode ser apenas a ponta do *iceberg* e que, mesmo bem administrado e acompanhado, o medicamento pode apenas amenizar os sintomas, a ponto de a pessoa retomar minimamente a direção de sua vida, mas sem mudar sua posição subjetiva. As questões de base, ou pelas quais a depressão sobreveio, podem continuar da mesma forma.

Cabe lembrar que o termo *psicopatologia* remete às paixões da alma e ao sofrimento psíquico, o que implica compreender esse sofrimento e suas reverberações. No entanto, este tem servido muitas vezes para "patologizar a normalidade", como "um discurso gerador de regras sociais e normas de conduta que são utilizadas para classificar, etiquetar e às vezes punir" (Ceccarelli, 2010, p. 126).

Essa é uma questão de suma importância e pode abarcar o risco de também virmos a *patologizar a maternidade* e a construção da parentalidade. Não devemos perder de vista a complexidade desses processos, o que demanda um olhar cuidadoso e que não equacione rapidamente dificuldades no exercício da maternidade à depressão pós-parto. Inicialmente, sabemos que ela pode acarretar prejuízos para a própria mulher e marcar sua relação com o bebê, com a possibilidade de isso também reverberar na família como um todo, o que, de saída, exige uma maior compreensão dos impactos do nascimento de um filho para o psiquismo materno e paterno.

Em função dessas e de outras questões, sabemos da importância de a família estar acompanhada por profissionais que possam estar sensíveis a essas filigranas das relações estabelecidas entre o bebê e a família, e cabe a todos servirmos de rede de sustentação para acompanharmos de forma mais consistente a família, bem como os profissionais na lida com elas, uma vez que o saber sobre essas especificidades não está dado a priori (Folino, 2008).

Uma característica que torna a discriminação da depressão que surge no pós-parto uma tarefa delicada é o fato de ela se apresentar latente e mascarada por sofrimentos somáticos e pela astenia (Kreisler, 1999; Golse, 2003a), representada por uma perda ou diminuição das forças, algo próximo à perda do vigor. Em função disso, pode passar despercebida e se prolongar. A especificidade desse tipo de depressão materna é que a mãe se comporta como se estivesse desconectada de seu filho, talvez emocionalmente ausente, agindo quase mecanicamente (Golse, 2003a; Mazet & Stoleru, 1990; Kreisler, 1999; Green, 1988).

Também há casos em que – apesar de alguns sinais claros – um quadro depressivo mais definido passa sem o devido cuidado, ou seja, apenas medicado, sem outro amparo que permita compreender a situação específica daquela mulher em particular e ajudá-la a elaborar essa dificuldade, para suscitar uma mudança subjetiva de fato. Finalmente, pode acontecer de não haver nem medicação e nem sequer diagnóstico, e o sofrimento não só se prolongar como se tornar crônico, reverberando também de outras formas nos filhos, no casal etc.

Vale lembrar que as pessoas podem ter fragilidades psíquicas que, ao longo da vida, se manifestam de determinadas maneiras, mais ou menos sutis. As vulnerabilidades, no entanto, podem encontrar no puerpério um terreno propício para uma expressão mais livre, devido às exigências às quais o psiquismo dos pais ficam sujeitos. E é nesse momento que se pode deflagrar um estado depressivo mais claro.

Freud não abordou especificamente o tema da *depressão*, pois, em sua época, o conceito não existia como se o conhece hoje. O termo *depressão* apareceu gradativamente em sua obra para descrever uma e outra patologia. Paralelamente, ele concebeu os fenômenos depressivos como próprios do existir humano. Em "Luto e melancolia", Freud (2010b) fez uma aproximação e uma tentativa de elucidar a diferença entre as emoções que colorem as manifestações normais frente às experiências de luto e as disposições que apareceriam no que ele demonstrou ser uma dificuldade na elaboração normal do luto. A isso ele denominou *melancolia*, o que criou a possibilidade de se compreender as diferentes reações a uma perda significativa, abrindo uma importante trilha para outras contribuições ao tema.

Na elaboração normal da perda – o luto –, estariam inclusas grande parte das manifestações que se costuma chamar de depressivas – o choro, um certo recolhimento, a tristeza –, mas como parte de um processo que permitiria ao enlutado abandonar o objeto amado e aceitar sua perda, liberando-o para investir em outros objetos.

No caso da melancolia, Freud acusa a presença das mesmas manifestações, acrescidas do que ele chama de "autoincriminações" – um rebaixamento do amor-próprio que o indivíduo não sente vergonha de expressar diante dos outros – e uma dificuldade de aceitar a perda do objeto amado (Freud, 2010).

Assim, vemos, como é comum, em Freud, uma aproximação que mostra uma espécie de delicado *continuum* entre saúde e doença e que só um estudo mais acurado poderá discriminar.

Por outro lado, com as elucidações de Melanie Klein (1996a) sobre a *posição depressiva*, a *depressão* é deslocada para um ponto de importância ímpar: como constitutiva do desenvolvimento psíquico.

A *posição depressiva* é concebida como uma fase do desenvolvimento na qual o bebê reconhece e se relaciona com um objeto total, com aspectos bons e maus. Ele começa a perceber que suas experiências boas e más procedem da mesma mãe, acarretando uma tristeza que a autora chamou de *ansiedade depressiva*, uma espécie de culpa arcaica e angustiada, fruto de sentimentos ambivalentes dirigidos ao mesmo objeto-mãe. A fantasia de ter destruído ou danificado o objeto impele o bebê a mobilizar esforços no sentido de *reparar* o que sente ter sido danificado, destruído e perdido. Seu ímpeto agora é proteger e reparar o objeto bom internalizado (Klein, 1996a). "A ansiedade depressiva é o elemento decisivo dos relacionamentos maduros, a fonte dos sentimentos amorosos e altruístas que são devotados ao bem-estar do objeto" (Hinshelwood, 1992, p. 152).

O trabalho da posição depressiva assemelha-se ao trabalho do luto, e na vida adulta o luto arcaico é revivido inúmeras vezes, sempre que o pesar for novamente experimentado. Quando termina o trabalho do luto, a pessoa enlutada reincorpora a pessoa que perdeu, bem como reintegra seus próprios objetos bons (pais amados) (Klein, 1940/1996b).

A posição depressiva é um marco no desenvolvimento psíquico humano. Vivê-la possibilita ao bebê integrar aspectos bons e maus do objeto e do próprio ego e favorece o aparecimento não só da culpa, mas da necessidade de reparar os objetos, fazendo com que o bebê se mobilize rumo a um contato maior com a realidade, deslocando-o, portanto, do mundo de fantasias onipotentes. Assim, a idealização pode gradativamente ceder espaço aos aspectos mais reais da experiência e dos objetos.

As contribuições da posição depressiva favorecem a formação simbólica na criança, preparando o terreno para a construção do pensar, usando a capacidade de vincular e abstrair. Portanto, enriquecem o psiquismo infantil, na medida em que o bebê passa inúmeras vezes por experiências de luto e reparação – com as quais constrói sua confiança em sua capacidade de reter e recuperar objetos – e toma contato com a crença em seu próprio amor e em seu potencial de ter experiências boas e gratificantes.

Por outro lado, para Winnicott (2005a) a depressão pode ser concebida como uma capacidade, simbolizando que a passagem pelo desmame foi bem-sucedida, e o sentimento de perda e a capacidade de preocupação atravessaram a desilusão advinda do desmame. Para o autor, a depressão pode ser entendida como uma condição comum dos seres humanos integrados, os quais se responsabilizam por seu ódio e sua crueldade e cuja capacidade de amar vive lado a lado com esses sentimentos. “Por vezes, o sentimento de sua própria maldade as abate. Se considerarmos a depressão dessa forma, veremos que são as pessoas realmente valiosas deste mundo que se deprimem” (Winnicott, 2005b, pp. 75-76).

Ao caracterizar a crise depressiva, entende-se que a depressão é uma espécie de reavaliação interna que se faz quando há uma nova experiência de destrutividade face à presença do amor. O humor depressivo e sua resolução é uma questão de combinação entre elementos internos bons e maus (Winnicott, 2005b).

Apesar do acento no caráter valioso da depressão, pois ela traria o "germe da recuperação", não se pode negligenciar o sofrimento e o risco que correm as pessoas deprimidas, no entanto é importante salientar a vinculação da depressão à capacidade de sentir culpa e à possibilidade de fazer o trabalho do luto, o que entendemos como um sinal de maturidade pessoal (Winnicott, 2005b).

Para Winnicott (2000b), quando o bebê consegue se deprimir, é porque ultrapassou a *posição depressiva*. Quando ela foi plenamente estabelecida, a reação frente à perda será dor ou tristeza, mas se houve alguma falha no pleno estabelecimento da posição depressiva, a depressão será a consequência.

Há uma *depressão saudável* que se espera que a criança possa viver diante dos impulsos inconscientes agressivos, poder se recolher em seu mundo interno para se reorganizar momentaneamente, junto da "sobrevivência" da mãe à essa agressividade (que ela não retalhe a criança, e possa estar presente). A criança poderá ter a chance de vivenciar *ciclos benignos*, experimentando diferentes tons emocionais: agressividade, ódio, seguidos de culpa e desejo de reparação, e que possa integrá-los paulatinamente favorecendo seu desenvolvimento emocional saudável (Winnicott, 1950; Winnicott, 1960; Naffah Neto, 2022).

Caso essas experiências não puderem ser sustentadas pelo entorno, a criança poderá desenvolver um intenso medo a tudo o que for significado internamente por ela como impulso agressivo. Com essa não integração no eu, poderá haver certa inibição na qual os impulsos tornam-se fracos. E tal incapacidade pode dificultar a elaboração de lutos, pois há neles também um componente agressivo (Winnicott, 1950; Winnicott, 1960; Naffah Neto, 2022). Com essa dificuldade na elaboração dos lutos, poderá haver impedimentos nas transformações recorrentes e necessárias ao longo da vida.

Assim como Klein (1996a), Winnicott (2005b; 2005c) parece situar a depressão em dois pontos: no campo da psicopatologia e no processo maturacional do ser humano. O autor considera que ela pode se arrastar por uma vida, de maneira severa e incapacitante, bem como pode indicar, em indivíduos menos comprometidos, um humor passageiro, vinculando-se ao processo de luto e à capacidade de sentir culpa, de modo que eles possam ter ganhos após o esvaecimento desse estado, e recuperar sua saúde mental.

Em torno da ideia de *posição depressiva* de Klein, Fédida (2002) introduziu o termo *depressividade* ou *capacidade depressiva*, que está ligada à emergência do psiquismo e ao contato sensível da pessoa com seu mundo interno, sem os excessos originados pelos transbordamentos traumáticos. Essa capacidade pode auxiliar na tolerância de diversas nuances emocionais, desde sofrimentos e dores, até prazeres e alegrias. Pode ser considerada essencial para a vida ser experimentada verdadeiramente. Ela aponta eminentemente para o tecido do qual o psiquismo é feito (Fédida, 2002; Cintra Ulhôa, 2002).

A *depressividade* é propulsora do sentir, pode ser facilitada e profundamente trabalhada na experiência analítica:

> *As cores, os sons, as tonalidades, as texturas, os aromas, os gostos são, agora, percebidos com crescente vivacidade. O sonho e a fantasia se fazem presentes, marcados por sentimentos, por afetos, as manifestações do erotismo fazendo parte da sensorialidade. (Berlinck & Fédida, 2000)*

É importante lembrarmos que nas depressões, enquanto manifestação psicopatológica, a *depressividade* se encontra prejudicada.

Torna-se essencial distinguir o conceito de *posição depressiva*, descrito por Klein, do de *depressão patológica*. A posição depressiva é considerada um movimento depressivo saudável e fundamental para uma vida mais madura, mais responsável do ponto de vista afetivo, fornecendo subsídios essenciais para o crescimento emocional.

Entrar em contato com as dores, que são inerentes à experiência humana, pode ser fundamental para a paulatina integração dos vários aspectos envolvidos nas situações, o que pode vir a favorecer a elaboração de experiências difíceis e o encontro de uma maneira mais interessante e viva de seguir vivendo.

O trabalho do luto como trabalho de elaboração: o que a dor da perda pode favorecer?

O luto pode ser compreendido como reação à perda de uma pessoa amada ou de uma abstração que ocupa seu lugar – a pátria, a liberdade, um ideal etc. Embora possa levar a um sério afastamento da conduta normal da vida, o luto não pode ser considerado um estado patológico. Sua superação demanda um certo tempo – que pode variar muito – para que se processe a perda (Freud, 2010b).

Foi interessante saber que a proximidade das ideias de luto e de tristeza é, em alemão, mais evidente do que em outras línguas (Freud, 1917/1992; Freud, 2010b). Na tradução feita por Marilene Carone, de 1992 (Freud, 1917/1992), ela afirma que *Trauer* significa "tristeza profunda pela perda de alguém", enquanto "luto", é compreendido no sentido das marcas externas desse estado (vestir-se de luto, a duração do luto etc.).

Fundamentalmente, o que nos parece relevante sublinhar é o caráter de tristeza profunda pela perda que subjaz à palavra "luto". A perda e a tristeza consequente impõem ao psiquismo um trabalho específico chamado de *trabalho do luto.*

O *trabalho do luto* é descrito como um processo intrapsíquico que se segue à perda de um objeto de amor e pelo qual o indivíduo consegue se desapegar progressivamente dele. Considera-se, assim, que o luto é o trabalho de elaboração da perda: "A noção de trabalho de luto deve ser aproximada da noção mais geral de elaboração psíquica, concebida como uma necessidade para o aparelho psíquico ligar as impressões traumatizantes" (Laplanche & Pontalis, 1986, pp. 662-663).

A perda significativa gera tristeza, junto de uma necessidade de absorver e metabolizar os excessos dessa experiência, exigindo um trabalho não só para lidar com o excesso, mas para encontrar modos possíveis de digerir a experiência e ultrapassá-la. É por meio da elaboração da perda que há renovação.

> *a elaboração psíquica resulta do alcance da posição depressiva, da possibilidade do exercício do princípio da realidade pressuposto nesta posição. Entendo que a elaboração é psíquica e que resulta do desenvolvimento da capacidade de olhar para si com a ajuda do analista. Entendo que a noção de elaboração caminhou em direção às ideias de digestão, contenção, transformação; ressignificação, transitoriedade e insaturação. Na análise, a elaboração resulta de um trabalho de investigação feito a dois. (Cymrot, 1997, pp. 187-188)*

Podemos pensar que o *trabalho do luto* opera um processo de digestão emocional, fundamental para a vida seguir transformada, depois de perdas e impactos que fazem parte do viver, deixando o passado para trás e se abrindo para novos investimentos, e, dessa maneira, para o futuro. Apesar da reatualização dos lutos antigos, o trabalho psíquico envolvido no luto contribui para a produção de subjetividade. Uma vez que não há futuro psíquico sem tramitação das perdas, ele é considerado o protótipo de toda transformação (Hornstein, 2008).

Quando se nega a perda ou não se acolhe verdadeiramente as emoções envolvidas nela, quando algo se extravia no processo de elaboração da perda e não se torna possível uma integração, uma simbolização, e nem uma transformação de fato, uma depressão patológica poderá se tornar presente (Klein, 1940/1996b; Dunker, 2021).

É importante considerar que a possibilidade de experimentar as dores presentes no trabalho do luto, e sua metabolização, pode promover uma integração da personalidade, o que pode ser considerado sinal de saúde mental (Klein, 1960/1991) e fator de resiliência (Montagna, 2019). Ou de alguma maneira ficar na base do psiquismo, como um fator de vulnerabilidade e que poderá se sobressair em determinados momentos da vida do sujeito. Penso que após o nascimento de um bebê é um período propício para isso ocorrer, pela particularidade do psiquismo e pelas altas demandas impostas pela realidade.

O desligamento do investimento realizado em um objeto afetivamente significativo para a pessoa é um processo muito penoso e que demanda tempo, em virtude justamente da realidade externa e porque seus objetos vão também estar investidos com os tons dos objetos internos, podendo obscurecer significativamente a consciência da pessoa sobre o que ela verdadeiramente perde quando perde alguém ou algo importante.

Podemos pensar que o trabalho do luto mais propriamente é aquele da tristeza, numa tentativa de processar as dores que as perdas acarretam e criar uma possibilidade de digerir e transformar a experiência do sujeito que as vive, o que exige um tempo que pode variar bastante. Nesses termos, o trabalho de elaboração das perdas presente no luto (tristeza) pode ser um avanço e uma possibilidade de desenvolvimento psíquico que seria impossível sem o necessário confronto com as dores.

Com a capacidade de se enlutar, a pessoa estaria, portanto, mais próxima da vertente da saúde psíquica ou mental. Na própria acepção da palavra "trabalho" está incluída a ideia de dor, pois *travaglio* em italiano quer dizer "dor". Além disso, "as transformações requerem e implicam trabalho" (Coelho Junior & Figueiredo, 2012, p. 30). Por outro lado, a depressão poderia indicar uma dificuldade de processar as perdas e transformá-las, ressignificando-as na experiência.

4. *Baby blues*: que ritmo é esse?

Vamos à dança

Para compreender as forças envolvidas na vivência da mulher no nascimento de um filho, percorreremos a literatura a respeito do estado denominado *baby blues*. Como mencionado anteriormente, em virtude de grande parte de meus interesses teóricos e clínicos estarem amplamente vinculados ao período da perinatalidade, no qual se dão as relações iniciais de um bebê na família, na aurora de seu psiquismo, bem como nos encontros e desencontros que podem figurar nesse momento com seus pais, e em especial com sua mãe, a depressão pós-parto converte-se em um importante vértice de meu olhar, e o *baby blues* entrou mais tarde no meu foco de interesse.

Inicialmente, parti da acepção mais amplamente conhecida de que o *baby blues* é considerado um estado depressivo benigno, transitório, presente na vivência da maioria das mulheres que se tornam mães, e que geralmente surge após o terceiro dia, podendo perdurar por alguns dias após o parto. A tristeza e o choro aparecem de forma intermitente e podem ser a tradução de um estado de hiperemotividade, fragilidade e de falta de confiança em si e em sua capacidade de cuidar do bebê. Trata-se de um tempo no qual a mulher percebe que o bebê é um outro diferente de si mesma (Szejer & Stewart, 1997).

> *Junto com essa emoção do parto, de... ficar superfeliz, né? Colocar uma coisa dessa no mundo . . . mas, junto com essa sensação de felicidade, tudo, vem essa insegurança: "será que eu vou dar conta, será que eu vou estar sempre fazendo o melhor pra ele?". Porque é uma sensação... é um serzinho que depende de você.*

Fomentada pelas experiências que se foram apresentando, sendo uma parte delas representada pela fértil parceria com os profissionais vizinhos no cuidado à família nesses primeiros tempos de um bebê, me vi intrigada e insatisfeita em ficar somente com a ideia inicial do que o *baby blues* representaria.

Pressupus primeiramente que o *baby blues* seria uma espécie de chave para compreender melhor a depressão pós-parto. Simultaneamente, permanecia em mim a noção de que o aparecimento dele no puerpério imediato, além de surpreender, causava certa preocupação para as mulheres e seu entorno, pois ninguém espera uma tristeza, ou algo próximo a um sofrimento nessa ocasião. Fiquei intrigada por algumas questões, uma das quais é que parte da literatura que trata do tema, apesar de entendê-lo como um estado benigno e transitório, o vê como parte da psicopatologia do puerpério, junto com as depressões e as psicoses puerperais.

Ao mesmo tempo, fiquei com a impressão de que ele não era considerado algo a ser levado muito à sério, uma vez que não parecia acarretar muitos danos. Pelo menos era isso que os escritos abordavam de maneira breve. Colocava-me mais uma questão: então por que ele era considerado um quadro psicopatológico?

Outro ponto intrigante é que o fenômeno *baby blues* não era abordado com profundidade e abrangência em trabalhos científicos, com poucas exceções. Na época em que comecei a estudá-lo, havia apenas estudos estrangeiros que tratavam de forma mais extensiva do tema. Além disso, alguns dos pediatras que entrevistei na minha pesquisa de mestrado me alertaram para o fato de que muitas vezes não há clareza quando um estado mais próximo do *baby blues* torna-se algo mais sério, podendo apontar para uma depressão pós-parto.

Com essas inquietações me vi interessada em conhecer melhor o que ele poderia representar, e vi no nome "*baby blues*" um bom começo para seguir no meu caminho de indagações.

O que esse nome representa?

A história e a origem de um nome podem nos surpreender ao conhecermos o caminho de construção de seu significado. Nesse sentido, a etimologia das palavras pode iluminar e contribui para um enriquecimento do campo, como é o caso aqui. Os nomes são imbuídos de potencialidades, pois portam uma representação, aludindo muitas vezes a significados implícitos. Não me parece ser menos precioso sabermos a respeito do nome *baby blues*.

Inicialmente, me intrigou a multiplicidade de formas pelas quais se utiliza o termo *blues* na literatura: vários substantivos definem o mesmo estado. Depois, me perguntei o motivo de tantas terminologias diversas: por que sua denominação não é consensual? Além de *baby blues*, encontramos *blues* do pós-parto, *blues* materno ou da maternidade, *blues puerperal*, síndrome transitória, síndrome da tristeza pós-parto, melancolia do pós-parto ou puerperal, *o blues*, síndrome do terceiro dia, disforia do terceiro dia e síndrome de hipersensibilidade emocional, entre outros.

Os vários nomes que designam um único quadro parecem indicar certa dificuldade para um consenso sobre o que o *blues* representa. Ele parece ser visto de diversas formas, mas pensamos que é interessante primeiro nos aproximarmos do termo *blues* e de suas origens.

Além de *blue* significar a cor azul em língua inglesa, *blues* se aplica informalmente a pessoas ou condições como sinônimo de "triste" e "sem esperança" e dá nome a um gênero musical lento e marcado pela melancolia e nostalgia, do sudeste dos Estados Unidos, tocada pelos negros de New Orleans. Por fim, também informalmente, descreve o estado de tristeza (Longman Dictionary of Contemporary English, 1978).

O *blues* pode ser lembrado por sua forte ligação com o jazz e graças a alguns nomes importantes conhecidos por muitos de nós, como: Billie Holiday, BB King, Ella Fitzgerald e Ray Charles.

Em inglês e alemão, "o azul é a cor da tristeza e do sombrio. O equivalente em francês será o negro" (Dayan 1999, p. 52).[1]

A palavra *blues* tem origem num ritmo musical e é bastante controversa. O gênero musical teria surgido em torno do fim do século XIX e início do XX, entre trabalhadores negros africanos que entoavam as *work songs* nas lavouras de algodão durante o trabalho na região próxima ao Delta do Mississipi, no chamado Cotton Belt (Herzhaft, 1989, como citado em Alves, 2011).[2]

É interessante aproximar as *work songs* do trabalho psíquico, ou melhor, o trabalho de elabora(ação) que o *baby blues* veio a representar, como abordamos no decorrer desse livro.

---

1 Neste capítulo, os excertos de Ben Soussan (2013), Bydlowski (2007; 2013), Cooper e Murray (1997), Dayan (1999; 2008), Drossart (2004), Faisal-Cury (2008), Henshaw (2003), Jouppe (2007), Pitt (1968; 1973), Rochette (2003; 2005; 2007a; 2007b; 2010), Rohde et al. (1997) e Yalom et al. (1968) são traduções nossas.

2 Herzhaft, G. (1989). *Blues*. Papirus.

O *blues* surgiu como um gênero poético declamado e cantado por escravos, sem acompanhamento harmônico (Giddins & Deveaux, 2009, como citado em Palmeira, 2011), e com uma tendência melódica descendente (Palmeira, 2011). A *blue note* é uma característica essencial desse ritmo e pode ser entendida como uma nota mais expressiva, semelhante a um lamento, normalmente interpretada como melancólica.

Além de ter inspirado o surgimento de vários outros gêneros musicais nos Estados Unidos, fruto da miscigenação de culturas, o *blues* é considerado por alguns, mais que apenas um ritmo musical, a representação de um estado que arriscaríamos descrever como emocional. Estudiosos do tema consideraram-no um estado de espírito ou o meio pelo qual se expressa esse estado (Oliver, 1978, como citado em Alves, 2011).

O termo *blues* também evoca a saudade que os escravos sentiam da terra natal, "da mãe África perdida" (Bydlowski, 2007, p. 185), o que nos dá elementos interessantes para pensarmos o *blues* que acomete as mulheres no pós-parto.

Penso ser fascinante saber que o *blues* é ritmo, "música" que representa um estado emocional saudoso, triste, um lamento. E remete a perda de uma mãe. De sua parte, o *baby blues* parece traduzir um lamento e uma "elabora-ação".

Um pouco mais de história...

Há também certa controvérsia sobre como se teria descrito inicialmente o quadro de *baby blues*. Foi Savage que, em 1875, o mencionou como um leve transtorno puerperal sem necessidade de internação, associado à banal "febre do leite" (Jouppe, 2007).

É preciso cautela ao se equivaler o *blues* do pós-parto com a apojadura, que corresponde ao afluxo volumoso dos seios que se enchem de leite, popularmente conhecida como a descida do leite. Foi Marcé, em 1858, que apontou para uma suscetibilidade de certas mulheres durante o puerpério (Dayan, 1999; 2008). Pensamos que essa aproximação talvez se deva ao período, em torno do terceiro ou quinto dias após o nascimento, em que frequentemente aparecem tanto a apojadura quanto o *blues*.

Em 1952, Moloney chamou o quadro de *blues do terceiro dia*, e Victoroff o denominou *blues da maternidade*; Hamilton (1962), por sua vez, propôs *síndrome transitória do terceiro dia*, uma vez que compreendia o quadro para além do sentimento do *blues*. Ampliando a descrição do fenômeno, incluiu afetos de euforia, que também podem acompanhar o estado (como citado em Dayan, 1999).

A expressão "depressão atípica após o parto" foi usada para descrever um quadro diverso do *blues*, que seria a depressão puerperal, entendendo o *blues* como uma *depressão típica* e normal após o parto (Pitt, 1968).

> *Embora esteja associada a uma fase crítica do ciclo de vida, a disforia curiosamente ocorre após o parto, em um momento em que se poderia esperar que as mulheres estivessem se sentindo alegres. (Yalom et al., 1968, p. 16)*

É curioso que, no mesmo ano de 1968, os dois trabalhos tenham discutido dois quadros clínicos vizinhos, ambos considerados transtornos psíquicos no pós-parto. Esses artigos podem ter lançado no cenário de pesquisa certa confusão conceitual entre as noções de *blues* e de depressão puerperal (Bydlowski, 2013).

Por outro lado, Deutsch em 1944, Bibring em 1959, Kestenberg em 1976 e Pines em 1972 – todas elas mulheres psicanalistas – observaram há bastante tempo a revitalização de ansiedades antigas e emoções adormecidas nas gestantes, como foi anteriormente mencionado (Raphael-Leff,1997). O mesmo aconteceu com o *blues*: talvez o termo tenha começado a ser gestado em algum momento pela psicanalista pioneira Helene Deutsch, que em 1944 escreveu uma obra inaugural intitulada *The psychology of women* [A psicologia das mulheres] editada em dois volumes, um dos quais dedicado inteiramente à maternidade. Seguiram-na mais tarde as argentinas Raquel Soifer e Marie Langer.

Apesar de não nomear o quadro como *baby blues*, Soifer (1980/1992) aponta para uma manifestação de característica indicativa de *blues* que ela nomeia de estado depressivo. A autora salienta que as angústias presentes no puerpério gravitam em torno do que foi perdido – a gravidez – e do que foi adquirido – o filho. Está em jogo, ao mesmo tempo, uma delimitação a ser feita entre devaneio, fantasia inconsciente e realidade. Tudo isso exige um processo de elaboração lento e gradual com tons depressivos. Nesse estado pode haver o surgimento de fantasias de esvaziamento, ansiedades de carência materna e de autodepreciação, e concomitantemente reportar aos mecanismos maníacos e a uma certa euforia. Suas manifestações podem aparecer nos choros, ciúmes, aborrecimentos e impaciência, entre outras.

Soifer ainda cita Marie Langer ao falar sobre o estado depressivo que se complica no terceiro dia com a descida do leite, como uma mãe testemunha em seu relato:

> *Mas é difícil, né? Esses três primeiros dias de hospital... Acho que os hormônios dão uma baixada. Lá, teve um dia em que eu vi que eu tava bem mal, mal no sentido de... Nossa, como mudou, como... Não sei explicar, mas essa sensação do... tá sendo mais difícil do que eu imaginava, por causa da questão física.*

Langer (1978/1986), por sua vez, vai indicar que a separação que o parto precipita pode ser traumática para a mulher, visto que todo o sistema de angústias primitivas entra em jogo nesse momento e pode ocasionar nela uma depressão, pois a faz reviver sua própria separação do corpo materno.

Afinal, o que é o blues *materno? Um percurso na literatura*

Para melhor compreender a natureza do *blues* materno, proponho traçarmos um percurso pela literatura.

Além do *blues* aparentar ter um caráter enigmático, alguns autores acreditam que ele pode ser um preditor de um quadro mais sério, como a depressão puerperal, e ainda pode lançar luz sobre a etiologia dos distúrbios de humor (Kennerley & Gath, 1989).

O quadro não parece ter características consensuais. Além disso, apesar de ser um achado bastante comum, sua ocorrência pode variar de 15% a 85%, variação possivelmente devida à diversidade de métodos diagnósticos utilizados (Dayan, 1999).

Costuma-se descrever que o blues se manifesta no terceiro dia após o parto e pode chegar até o décimo, e alguns autores sugerem que pode durar apenas algumas horas ou alguns dias. Já na prática sabemos que esse tempo sofre variações muito mais expressivas, podendo perdurar por um tempo maior, indicando um estado de certa forma fronteiriço. De modo geral, parece haver um pico de intensidade em torno do quarto ou quinto dias depois do nascimento (Kennerley & Gath, 1989), e há parturientes que experimentam um *blues* agudo (Yalom et al., 1968; Pitt, 1973).

Há relatos de choros e depressão transitória no puerpério imediato (Pitt, 1968; 1973), e outros de uma reação depressiva branda envolvendo fadiga, desânimo, dificuldade de pensar claramente e choro sem motivo aparente (Moloney, 1952, como citado em Pitt, 1973; Henshaw, 2003).

Entrevistadas com seus bebês por enfermeiras, novas mães relataram fadiga, choro, ansiedade, confusão, dor de cabeça, insônia, hipocondria e hostilidade com o marido (Hamilton, 1962, como citado em Pitt, 1973; Henshaw, 2003).

No mesmo ano, Robin (1962, como citado em Henshaw, 2003) entrevistou mulheres no oitavo ou nono dia após o parto e encontrou como queixa frequente a labilidade emocional e uma "depressão de curta duração".

Por outro lado, há autores que não concordam que a depressão faça parte do espectro do *blues* (Kennerley & Gath, 1989), e Cox, Connor e Kendell (1982, como citado em Hershaw, 2003) e Yalom et al. (1968) pensam que a mulher não está necessariamente deprimida quando chora. No entanto, o que parece ser importante é a labilidade emocional. Algumas mulheres relatam experimentar tristeza e alegria ao mesmo tempo, e as alterações podem acontecer algumas vezes por dia (Hershaw, 2003).

O *baby blues* pode se apresentar como uma leve depressão ou como lágrimas que podem durar o dia todo, mas difere da depressão clássica, aproximando-se mais de um estado de fragilidade e hiperemotividade acompanhado de tristeza e choro intermitentes, seguidos de humor bem próximo do habitual (Szejer & Stewart, 1997).

Quanto às características arroladas pelo estudo sobre o tema, Dayan (1999) cita o trabalho de Stein (1982), que oferece descrições mais detalhadas. Passaremos a elas a seguir.

O choro é o sintoma mais frequente. Algumas mulheres têm um sentimento de despersonalização acompanhado de algumas lágrimas ou de uma verdadeira crise. Essas crises de choro são precipitadas por pequenos desconfortos ou decepções, como atitudes do marido e dificuldades de alimentação do bebê. "Os choros não são necessariamente acompanhados de uma expressão de tristeza, porém mais frequentemente de ansiedade, irritabilidade ou mesmo exaltação, alegria ou sentimento de despersonalização" (Dayan, 1999, p. 55).

O humor depressivo pode ser considerado muito mais um sintoma do que uma depressão clínica, uma vez que as mulheres exprimem um sentimento de fadiga e abatimento (Dayan, 1999).

A exaltação do humor manifesta-se por certa euforia (Martinet, 2008), e "há uma difícil distinção a fazer entre uma 'exaltação adaptada' e uma sintomatologia". Em alguns casos, pode haver um estado de hipomania (Dayan, 1999, p. 56).

Há certa controvérsia a respeito da labilidade de humor. Alguns autores descrevem "a alternância entre choro e excitação como muito frequente", sendo o sintoma prevalente, mas há outros, como é o caso de Kennerley e Gath (1989), que, segundo Dayan (1999, p. 56), descrevem "as crises de choro como sintoma prevalente".

A confusão pode ser acompanhada de perturbações da memória e distração (Dayan, 1999; Martinet, 2008).

Há também o surgimento de uma certa despersonalização:

> *As mães sentem-se estranhamente separadas de seu bebê e manifestam culpa no caso de humor deprimido ou crise de risos motivada por sentimentos bizarros; no caso de humor expansivo, este parece refletir a sensação de estranhamento que sentem em relação ao seu próprio corpo e de seu bebê. Quando essa característica ocorre entre o quarto e o sétimo dia após o parto, pode sugerir um* blues *mais severo. (Dayan, 1999, p. 57)*

Apesar do sono no puerpério ser frequentemente perturbado devido às demandas do bebê e à diminuição das horas de sono tranquilo, ele pode aparecer ainda mais agitado por sonhos com afetos intensos e pesadelos (Dayan, 1999; Martinet, 2008).

Há ainda sintomas como irritabilidade (associada à tendência depressiva), agitação (que acompanha os estados de exaltação e os estados mistos) e esgotamento. A manutenção desse estado pode estar associada a uma depressão de humor, anorexia, angústia, cefaleias e tendências ao esquecimento (Dayan, 1999).

Rohde et al. (1997) pesquisaram o *blues* materno em brasileiras e verificaram que os sintomas mais característicos são a hipersensibilidade e a emotividade exacerbada. Em decorrência disso, sugerem que a síndrome pudesse ser chamada de *síndrome de hipersensibilidade emocional*, em vez de *blues da maternidade*. Ainda levantam um ponto importante: acreditam que é difícil autoavaliar a tristeza e a depressão quando se acaba de ter um bebê – e o instrumento de pesquisa foi um questionário autoaplicado, uma observação que me parece bastante pertinente.

Parece haver concordância no que tange à labilidade emocional, essa instabilidade que faz com se passe com certa frequência pela alternância entre um estado de alegria e tristeza, experimentada pelas mulheres, enfatizando a hipersensibilidade, o que pensamos sugerir um estado fronteiriço.

É interessante perceber que o quadro é explorado pela psiquiatria, mas, como vimos, foi também estudado de certa forma pelas psicanalistas pioneiras, Deutsch, Langer e Soifer, para depois ser resgatado mais recentemente por alguns psicanalistas contemporâneos, os quais veremos adiante.

Outra forma de se conhecer o blues

Como vimos, os autores da psiquiatria convergem para o fato de que o *blues* é uma síndrome, ou seja, um conjunto de sinais, com característica aguda, transitória, breve e comum, e que não parece ser um problema sério na prática clínica (Kennerley & Gath, 1989). O estado não deixa muitas consequências negativas, e há autores que acrescentam que ele não prejudica a capacidade da mãe de cuidar do bebê (O'Hara, 1997).

Muitas pesquisas defendem a importância de se conhecer melhor o quadro. Para tanto, por meio de escalas e entrevistas clínicas, vários estudos rastrearam o quadro e muitos usaram escalas criadas originalmente para detectar sintomas depressivos (Nott et al., 1976; Handley et al., 1980; Ballinger et al., 1982; Manley et al., 1982; Cutrona, 1983, como citado em Kennerley & Gath, 1989). No entanto, não é consensual que os sintomas depressivos façam parte do *blues*.

Outras escalas foram desenvolvidas especificamente para medir o *blues* (Pitt, 1973; Stein, 1980; Kendell et al., 1981, como citado em Kennerley & Gath, 1989), mas não por métodos psicométricos sistematizados, o que levou Kennerley e Gath (1989) a desenvolverem um questionário que as mães se pudessem autoaplicar diariamente por certo período, posto que os pesquisadores consideram essencial a avaliação diária nos dez primeiros dias, devido à rapidez das mudanças de humor ocorridas no puerpério imediato, o que nos parece uma especificidade desse período.

Outra questão intrigante é que, na única escala que foi sistematicamente desenvolvida e validada, a de Kennerley e Gath (1989), o sentimento mais frequentemente identificado não foi *depressão*, mas *desânimo*. Os autores entendem que uma possível explicação é que as mulheres entrevistadas usaram o termo *depressão* para se referir a um estado de mal-estar severo, e não era esse o caso do sentimento ao qual se referia a grande parte delas. Isso converge com as minhas ideias a respeito desse estado que a mulher experimenta.

Tentativas de conhecer ainda mais o blues *materno*

Por considerarem-no uma depressão "típica" e "normal" do puerpério, vários autores atribuem sua causa às drásticas mudanças hormonais comuns desse período. Outros o entendem não como uma resposta específica ao parto, mas como uma "reação final" que pode decorrer de qualquer estressor físico (Yalom et al., 1968, como citado em Iles et al., 1989), semelhante ao movimento depressivo que persiste depois de uma prova importante ou intensa, seja de natureza intelectual ou esportiva (Bydlowski, 2007). Há ainda os que entendem os sintomas com momento e intensidades particulares, específicas do *blues* materno (Iles et al., 1989).

Em face dessas duas visões conflitantes, Iles et al. (1989) pesquisaram dois grupos de mulheres: um depois do parto e outro depois de cirurgias ginecológicas. Aplicando a ambos o questionário de *maternity blues*, de Kennerley e Gath (1989), encontraram resultados diferentes: as mulheres no pós-operatório tiveram resultados significativamente mais altos nos dez dias após a cirurgia, que diminuíram de forma constante do segundo para o décimo dia, enquanto as mulheres no pós-parto tiveram um pico de prevalência dos sintomas no quarto ou no quinto dia.

Esses resultados levaram os autores a concluir que as mulheres no pós-parto têm uma condição específica, e não uma resposta genérica a uma experiência estressante, e que sua causa ainda é desconhecida, uma vez que ainda está por ser confirmada, mesmo com pesquisas cuidadosas, a associação entre as alterações de humor e as mudanças hormonais de estrógeno e progesterona ocorridas no puerpério (Iles et al., 1989).

Faisal-Cury et al. (2008) alertam para o fato de que também não há consenso sobre os riscos de a mulher desenvolver o *blues*, e um dos critérios diagnósticos tem sido a duração e a intensidade dos sintomas.

Parece haver uma forte indicação de que, apesar de próximos, o *blues* e a depressão puerperal são quadros distintos (Lanzick; Brown & Stump, 1992, como citado em Faisal-Cury et al., 2008), uma vez que as pacientes com depressão apresentam sintomas mais intensos e duradouros do que as com *blues*. Um indício de discriminação importante, no entanto, deve vir acompanhado de observações cuidadosas ao longo do puerpério.

Os autores enfatizam ainda a importância de novas pesquisas, especialmente em psicologia, que esclareçam o diagnóstico, a etiologia e o prognóstico, favorecendo medidas preventivas, uma vez que a prevalência do quadro e sua possível associação com a depressão puerperal podem acarretar prejuízos para a mulher e, portanto, para a família como um todo. Eles salientam ainda a dificuldade de obstetras e ginecologistas diagnosticarem e lidarem com essas questões (Faisal-Cury et al., 2008).

Tal observação é bastante pertinente e convida o auxílio do olhar psicanalítico, pois aponta para a substância da qual a clínica se faz, a especificidade e sensibilidade envolvida na escuta particular no trabalho clínico, alimentando o fértil diálogo com a teoria, tão vital para os avanços no campo.

Uma revisão dos estudos sobre as perturbações de humor no puerpério constata não haver consenso entre os autores sobre a relação entre o *blues* e uma subsequente depressão puerperal (Henshaw, 2003).

O blues *materno e os hormônios*

Muito discutida também é a associação entre o *blues* puerperal e as drásticas mudanças hormonais do momento após o parto, sem precedentes em nenhuma outra circunstância da vida da mulher, tamanhas são sua rapidez e magnitude. Esses hormônios devem voltar a seus valores anteriores à gravidez em poucos dias após o parto (Wieck, 1996; O'Brien & Pitt, 1994, como citado em Figueiredo, 2003), de modo que, tendo levado nove meses para atingir certo patamar até o fim da gestação, decrescem vertiginosamente no puerpério.

Basicamente, no puerpério imediato, há redução drástica da progesterona e estrogênio, hormônios que foram gradativamente aumentando ao longo de toda a gestação, e há também um súbito incremento da prolactina, essencial para a amamentação, e, no final da gravidez, da ocitocina, fundamental para as contrações uterinas no momento do parto, bem como para a secreção do leite materno (Gyton, 1986, como citado em Figueiredo, 2003).

Sobre a etiologia do *blues* materno e das variações hormonais, alguns autores afirmam que estes se devem principalmente à queda da quantidade de progesterona (Gelder, 1978; Nott et al., 1976, como citado em Figueiredo, 2003) e de estrógenos (Appleby, 1990, como citado em Figueiredo, 2003; Kennerley & Gath, 1989) e ao incremento da prolactina (George; Copeland & Wison, 1980, como citado em Figueiredo, 2003). Há ainda a possibilidade de haver a interferência dos altos índices de cortisol na ocasião do parto (Taylor et al., 1994, como citado em Figueiredo, 2003).

Junto a outros pesquisadores (Miller & Rukstalis, 1999; Nonacs & Cohen, 1998, como citado em Figueiredo, 2003, p. 528), Figueiredo também vincula a aparição do *blues* a uma maior reatividade emocional da mulher aos estímulos, o que seria um facilitador de sua aproximação do bebê, garantindo sua sobrevivência "na expressão subjetiva da ativação puerperal do sistema biológico que promove a ligação afetiva da mãe ao bebê". O que, no entender da autora, concorre para a vinculação materna ao bebê parece-nos próximo à noção de apego de Bowlby (2006). Assim, a resposta biológica refletida pelas alterações hormonais no puerpério estaria a serviço da vinculação primária da mãe com seu filho.

Em virtude de seu caráter fugaz, o *blues* não tem recebido muita atenção dos terapeutas, sendo interpretado como um modelo de manifestação psíquica secundário às alterações hormonais que se seguem ao parto. Apesar de numerosas, as pesquisas nesse sentido não permitem nenhuma conclusão formal (Dayan, 1999).

Por sua vez, embora não negue que ela possa produzir efeitos, Szejer e Stewart (Szejer & Stewart, 1997; Szerjer, 2002) se opõe veementemente à hipótese hormonal para a causa do *blues*, oferecendo como argumentos dois fatos observados: as mães que dão à luz um bebê prematuro não fazem um quadro de *baby blues* nos dias que se seguem ao nascimento, mesmo tendo uma alteração hormonal após o parto; e, ainda mais surpreendente, mulheres que adotam uma criança, mesmo sem terem gestado e sem que haja bruscas alterações hormonais, sofrem a imposição do *blues* nos dias que se seguem à chegada do bebê em casa.

Essa ideia nos parece bastante interessante. É inquestionável que as intensas alterações hormonais se fazem presentes, mas, paralelamente a elas, há na mulher modificações psíquicas que ocorrem para fazer frente às experiências que se apresentam a ela nesse período. Essa especificidade penso ser o ponto alto na abordagem desse campo.

Tramas e ritmos do blues *materno: olhares psicanalíticos contemporâneos*

Como vimos anteriormente, as psicanalistas pioneiras no estudo dos temas tratados aqui, e mais especificamente dos estados depressivos no puerpério, e do *baby blues*, abriram caminhos importantes para o aprofundamento dos olhares mais recentes na literatura psicanalítica.

Farei o recorte de algumas ideias sugeridas por esses autores psicanalíticos contemporâneos, em suas abordagens do *blues*, que possam nos ajudar a iluminar o significado dessa experiência para a mulher no puerpério. Mas antes o testemunho vivo de uma mulher:

> *É assim, né? É aquela preocupação constante com o bem-estar da criança. Onde eu estava com a cabeça quando disse que queria ter filho? porque dá muito trabalho, né? Agora... Agora já foi, né? [risos] agora tá aí, é uma paixão e tal, eu amo... muito! Mas... gente, é loucura isso!*

Myriam Szejer: reatualização dos lutos e separações não simbolizados e o bebê como um outro

Aprofundando a visão de Myriam Szejer, já citada anteriormente, foi especialmente interessante tomarmos conhecimento de que, no início de seu trabalho com bebês, ela começou a estudar o *baby blues* num grupo de reflexão sobre o tema e elaborou, em conjunto com outros profissionais, um questionário para mães que, na época, foi aplicado em consultórios particulares de ginecologistas. A recorrência de algumas respostas chamou a atenção dos pesquisadores, especialmente uma: as mulheres diziam que aceitariam conversar com um profissional a respeito dos problemas que tiveram após o parto. Parecia existir uma demanda por esse tipo de cuidado (Szejer, 1999a).

Pensamos que essa questão é de suma importância para nossas reflexões neste trabalho, pois acreditamos que, na realidade atual brasileira, estamos longe de oferecer um cuidado desse tipo a quem acaba de ter um filho, apesar das inúmeras evidências da necessidade fundamental desse tipo de assistência.

Podemos pensar que é a presença do bebê que provocaria o *blues* materno: é ele que impõe um "remanejamento psicológico", e são simultâneos o aparecimento do *blues*, o ganho de peso do bebê (aumento de sua curva ponderal, após uma queda) e o surgimento do leite materno. Com a chegada do bebê, cada membro da família deve encontrar um novo lugar, e suas demandas impõem inapelavelmente à mãe a "responsabilidade e a dor da separação, que tem ecos muito fortes em seu inconsciente" (Szejer, 2002, p. 204).

A mulher já foi bebê um dia, e lida nesse momento do nascimento de seu filho com esse fundo inconsciente. Ela própria precisou se separar do corpo de sua mãe, e talvez tenha experimentado de forma dolorosa essa separação.

> *abriu-se a torneirinha do choro... Algumas vezes, o pai teve que acudir a mãe e o filho: se o bebê começava chorar, ela também chorava.*

Simbolicamente, o *blues* representaria a maneira como a mulher transmite a seu filho uma herança, que, com sua tristeza, ficaria "menos poderosa e menos presente" quando seu filho ganha um "lugar", dado por ela, e "força para existir" (Szejer, 2002, p. 204). A autora alerta ainda para o fato de que, nesses momentos da chegada de um novo membro na família, há uma "agitação dos cadáveres", concernente a conflitos e lutos não elaborados.

> *O* baby blues *pode ser entendido como uma reatualização dos lutos e separações não simbolizados de sua história. É como se as portas de todos os armários de sua história se abrissem simultaneamente. (Szejer, 1999b, p. 20)*

O tempo do surgimento do *blues* materno parece representar o reconhecimento do bebê como um outro ser, um indivíduo único, diferente de tudo o que se imaginava (Szejer & Stewart, 1997), e diferente da própria mãe.

A experiência mais intensa após o parto é justamente a consciência da separação de seu filho e suas repercussões. Os primeiros dias do pós-parto são um período de transição e de dificuldades, nos quais sua vivência é de profundo descentramento. Durante os meses de gestação, o bebê parecia manter seu "centro de gravidade", e o parto precipitou um desequilíbrio no corpo e no psiquismo materno (Szejer & Stewart, 1997, p. 276).

A autora considera esse tempo fundamental para que a mulher tome consciência da real presença de seu filho, de sua "alteridade", e que saia de certa forma de seu "espanto" (Szejer & Stewart, 1997, p. 301). Veremos no material e na discussão que se segue o quanto as mulheres se assustam com a presença desse novo integrante da família, mesmo quando ele foi profundamente desejado e planejado.

Há dois momentos fundamentais para o recém-nascido: o nascimento propriamente dito e o acesso à vida simbólica, seu nascimento como sujeito, que deve vir banhado de palavras. É esse momento a posteriori, que é o tempo "crucial" do *baby blues*, concomitante ao nascimento simbólico do bebê, que deverá operar um corte simbólico que faz com que os pais não tomem o bebê como prolongamento de si mesmos, mas lhe destinem um lugar na linhagem familiar que vai além deles. Nesses termos, Szejer inclui também o pai no fenômeno do *baby blues* (Szejer ,1999a, p. 158).

Esse momento delicado é fortemente marcado pela aceitação por parte dos pais de uma *perda irreversível* e de uma *renúncia*: a mãe precisa de tempo para mentalizar a distância entre ela e o filho, que "o corpo do filho era locatário do seu, mas nem por isso ela é sua proprietária" (Szejer, 1999a, p.162).

Myriam Szejer aponta para as questões que impactam o psiquismo da mulher, e mostra que se configura um desafio para esse período em termos da exigência de trabalho psíquico. O *baby blues* seria esse estado suscetível a uma reorganização em função da série de questões que ele agita e faz surgir na mulher e na família.

Monique Bydlowski: tradução emocional da perda da gestação e do objeto interno

Outra autora que nos auxilia num conhecimento maior do campo é Monique Bydlowski. Para ela, foi Paul-Claude Racamier que, com seu trabalho pioneiro sobre psicose puerperal, lançou luz sobre uma concepção psicodinâmica e psicanalítica dos transtornos na maternidade. Ele cunhou o termo *maternalidade* e levou à ideia de que mesmo a psicopatologia puerperal mais grave, como é o caso da psicose puerperal, seria "a evolução conflitiva de processos normais" (2007, p. 185). Racamier define *maternalidade* como "o conjunto dos processos afetivos que se desenvolvem e se integram na mulher por ocasião da maternidade" (Silva, 2004, p. 9).

É importante salientar que a gravidez traz de certa forma o inaugural reencontro da mulher consigo mesma.

O "abatimento" puerperal que o *blues* representa é motivado por algumas questões; além das alterações hormonais em curso, há ainda a hipótese – já mencionada aqui – de que o movimento depressivo seja inerente a qualquer evento muito intenso, como uma prova física ou intelectual (Bydlowski, 2007).

O *blues* seria a "tradução emocional" de um duplo fenômeno: uma sensação de perda da gestação, ou o luto por um objeto interno que acompanhou a mulher por alguns meses; e o estado particular do seu psiquismo, de "desnudamento psíquico", que lhe permite estar em conexão próxima com o filho nesses primeiros tempos. Esse abatimento seria, então, reflexo da desorganização do eu materno em curso desde a gravidez, o que explicaria sua universalidade (Bydlowski, 2007, p. 185).

> *É, a gente fica muito emotiva, né? Muito... mas... principalmente no... acho que na primeira semana, agora, não...*

A autora evidencia o caráter necessário do *blues* trazendo uma importante contribuição: relegando seu caráter patológico, o que nos parece essencial e comum ao entendimento dos autores psicanalíticos, e recolocando-o no cenário das mudanças esperadas com a vinda de um filho, e não pelo viés puramente biológico, sem, entretanto, negá-lo (Bydlowski, 2007). Ela ainda alerta para o fato de que ninguém ao redor da mãe sabe como reagir a esse enigmático estado. Anteriormente, já havíamos alertado para o fato de que o *blues* pode gerar sofrimento na mulher e no entorno num momento em que ninguém espera (Folino, 2008). Há apenas uma banalização, comentada por outros autores, como é o caso, por exemplo, de Patrick Ben Soussan (2003).

Patrick Ben Soussan: o *baby blues* não existe

O autor declara que o *baby blues* não pode ser considerado uma doença depressiva, e que não pode ser considerado de forma nenhuma uma patologia. Alerta para o fato de que não se deve patologizar a parentalidade, e que esse é um evento tão comum que não mereceria destaque especial (Ben Soussan, 2003).

> *Isso certamente não significa que não devemos prestar atenção a ele. Muito pelo contrário. Argumentar que o* baby blues *não existe é apostar na escuta e no apoio a todos os pais em potencial, pois pai e mãe, cada um à sua maneira, são afetados. É firmemente acreditar que*

> *a gravidez e a parentalidade são fontes de perturbações íntimas e de transformações tanto físicas quanto psíquicas, que devem ser ouvidas e acompanhadas. (Ben Soussan, 2003, p. 47)*

A estimagmatização do *baby blues* pode equivaler a negar o sentimento de violência experimentado nesses primeiros dias da presença do bebê na família:

> *E simplesmente esquecer que a visão cartesiana do mundo – mente e corpo, corpo e espírito, divididos para sempre – não faz mais sentido e não é relevante no terceiro milênio. É hora de reintegrar o* baby blues *ao campo dos processos psicofisiológicos de se tornar pai – processos normais, adequados e operacionais, necessários e bem-vindos. (Ben Soussan, 2003, p. 47)*

O autor colabora com nossa visão: "Isso significa reconhecê-los, afirmá-los e não responder a todas as mães com frases insensíveis e ainda assim comuns: 'Não se preocupe, vai passar', 'Não é nada, não se preocupe'" (Ben Soussan, 2003, p. 47)

Essa parece ser uma lembrança importante a respeito de se acolher sensivelmente as demandas dos pais nesse período da chegada de um bebê na familia.

Devemos considerar a possibilidade de estar diante de um quadro patológico, uma depressão pós-parto, quando o estado descrito se torna severo e passa a durar mais de oito dias (Bydlowski, 2007). Portanto, um *blues* severo pode ser indicador de um quadro de depressão, mostrando-se mais evidente da sexta à oitava semana após o nascimento (Fossey; Papiernik & Bydlowski, 1997, como citado em Bydlowski, 2007).

Serge Martinet: *blues* e o trabalho de luto

Na interpretação de Martinet (2008), Bydlowski (2007) atribui o *blues do pós-parto* ao estado de *transparência psíquica* inerente ao final da gestação e aos primeiros dias do bebê.

Embora não os cite nominalmente, Martinet (2008, p. 201) ressalta que muitos autores consideram a hipótese de que o *blues* é um "equivalente de um trabalho de luto" pela perda da criança da gravidez e do lugar privilegiado de grávida, com sua sensação de potência e plenitude, bem como o luto pela perda da criança imaginária para dar lugar à criança real. Também alerta que a mulher, o marido e a família como um todo devem ter a atenção e o cuidado de profissionais, especialmente de obstetrícia e pediatria, para identificar e acompanhar o estado. E acredita ainda que se deve ficar atento a um *blues* muito intenso com nuance disfórica, que pode ser um critério de evolução para um quadro de depressão pós-parto.

Penso ser importante a observação cuidadosa sugerida, não para patologizarmos o tornar-se mãe e a parentalidade, mas para darmos o olhar devido e oferecermos cuidados mais alinhados às necessidades tão genuínas e essenciais nesse momento.

> *Além de tudo, além da falta de experiência de pegar, de lidar com o nenê e tal, cê não consegue sentar direito, não consegue andar direito, não consegue amamentar direito. Então, [tem] aquele monte de limitações, e você não se permite estar com aquela coisa... restrita, porque*

> *você tem que ter saúde pra cuidar, tem que ter... [dá] uma sensação de impotência.*

Jacques Dayan: perda, separação e trabalho de luto

A natureza do *blues* continua sendo discutida em torno de três vértices – um transtorno transitório de adaptação, um distúrbio de humor e uma reação emocional normal –, o nascimento de um filho exige da mulher "uma adaptação quase imediata a um evento que ressignifica os contornos do sentimento de identidade, a definição dos papéis sociais, a imagem corporal e as relações às figuras de apego" (Dayan, 2008, p. 26).

> *São vários sentimentos... Não é só do físico, é emocional também... a vida da gente não vai mais ser a mesma... eu falava assim... eu falei pra minha mãe, vocês ficavam falando "quando que vai ter filho? Quando que vai ter filho?". E não falam de todo esse trabalho que dá...*

Com a universalidade da ambivalência materna (Parker, 1997), podemos pensar sua relação com a psicogênese do *blues* e o surgimento de elementos de natureza depressiva no pós-parto. Além de favorecer a diferenciação, a possibilidade de a mulher reconhecer em relação ao bebê sentimentos ambivalentes de amor e hostilidade aumentaria seu investimento nele, bem como seu senso de responsabilidade. No entanto, esse movimento parece ser acompanhado de sentimento de perda, da consciência de ser separado e da necessidade de um trabalho de luto (Dayan, 1999).

Rozsika Parker: a ambivalência materna

A ambivalência teria um valor criativo, no sentido de que pode favorecer na mãe uma profunda reflexão acerca do bebê ou da criança mais velha e de sua relação com ela, pois a autora acredita que isso pode ser feito ao longo da vida. Caso a mulher recuse completamente a ambivalência, a relação com o filho pode perder grande parte de sua riqueza, tendo como possível resultado a dificuldade da mãe para compreender seu bebê (Parker, 1997).

> *Não é mais dona de você, tem uma pessoa que depende de você, é uma coisa muito louca! É... Ao mesmo tempo, é... eu acho que é... são... duas faces totalmente diferentes: ao mesmo tempo que tem tudo isso, é um amor! É uma coisa assim que todo mundo tem que experimentar, uma emoção... não sei, é meio contraditório todo mundo fala "passa, vai passar, vai passar"...*

A autora alerta para a patologização da ambivalência materna, o que dificultaria tomá-la como algo construtivo e capaz de fornecer elementos valiosos na discussão do tema (Parker, 1997).

Francis Drossart: o hiato do pós-parto

O "hiato do pós-parto" é chamado por Drossart (2004) o momento cronológico correspondente ao *baby blues*. Ele o vincula ao conceito kleiniano de "reparação da posição depressiva" e o compreende a partir de duas noções: a de "preocupação materna primária" e a de "transparência psíquica".

Na *preocupação materna primária*, diferentemente de Winnicott, Drossart (2004) sublinha a ideia de hiato e de descontinuidade como parte importante e inerente ao fenômeno, e ainda relaciona esse "hiato ao vazio de afetos ligado à expulsão real ou fantasmática da criança intrauterina". Assim, acredita que haja uma "fantasmatização da criança morta", de modo que "a criança real, objeto do investimento psíquico materno" ocupa sistematicamente, com essa hipótese, um lugar de "criança substituta". O autor também acredita que "o hiato do pós-parto corresponde ao momento de fechamento da 'transparência psíquica'" (Drossart, 2004, p. 208).

Invertendo uma certa lógica, sugere que, para haver nascimento de fato, outra criança tem que morrer. Assim, reforça ainda mais não só a ideia do momento de transição que o pós-parto imediato representa, como a de que os tempos da perinatalidade são potencialmente traumáticos e desorganizadores, exigindo um verdadeiro trabalho de luto e de elaboração. Ideia essa que compartilhamos de maneira bastante próxima.

Joëlle Rochette: o marco do primeiro vínculo

O pós-parto imediato, apesar de ainda ser pouco explorado do ponto de vista metapsicológico, é um período de grande riqueza e simultâneo ao aparecimento do *baby blues* (Rochette, 2007a).

> *adaptação à situação nova... eu choro mesmo, porque eu não sei o que está acontecendo, sabe.*

Especialmente importante nos parece salientar que há uma trajetória entre o nascimento e o quadragésimo dia, e que esse "tempo é mais teórico do que puramente cronológico" – é um "marco na construção do primeiro vínculo". Rochette entende o "momento dos quarenta dias" como um tempo importante para mãe, para o bebê e para o entorno, quando ela pensa que se devem "afinar" essas "três partituras".

Esse seria o tempo de uma necessária "afinação dos instrumentos" (Rochette, 2007a, p. 86). Ela considera esse momento como fundamental do ponto de vista cultural, e pode-se compreendê-lo como o tempo de retorno da mãe ao espaço social e a apresentação do bebê a esse espaço. Rochette (2007a, p. 86) ressalta sua importância por uma aproximação aos ritos de passagem estudados por Gennep (2011), essencialmente a cerimônia de *relevailles*, que era um rito religioso católico no qual a Igreja dava sua benção à mãe, que, simultaneamente, levava o bebê para o contato social, apresentando-o ao grupo, após ter ficado em casa no período de resguardo.

A autora também acentua que esse "espaço-tempo", hoje tão apartado dos rituais da cultura, corresponderia ao "trabalho psíquico do pós-parto", e não apenas a um "tempo biológico" (Rochette, 2007a, p. 86), convicção de que compartilhamos.

Ela alerta para a centralidade de se considerar o *blues* puerperal uma "regressão salutar e uma forma particular de desconstrução/construção propícia ao encontro com a imaturidade e o arcaico do bebê" e destaca a importância de se acompanhar a díade, uma vez que o vínculo mãe-bebê e o desenvolvimento do bebê podem sofrer se o *blues* apresentar uma recidiva ou se prolongar até o segundo mês (Rochette, 2007b).

A partir dos ensinamentos de René Kaës, pode-se extrapolar que o psiquismo nasce apoiado tanto nos corpos quanto no grupo, de modo que há um "duplo escoramento que funda a humanização e o pensamento" (Rochette, 2005, pp. 11-12). Ela lembra novamente Kaës na premissa de que a mãe nunca dá à luz sozinha, pois, desde que chega ao mundo, o bebê é recebido e contido no grupo, na família, pela mãe da mãe e na vizinhança.

Tanto a mãe quanto o grupo familiar e o próprio bebê precisam de vários e "sucessivos *après-coups* para tornar representável e compartilhável o acontecimento inaugural do nascimento" (Kaës, 1979, como citado em Rochette, 2005, p. 12).

A autora destaca ainda a importância, depois de Freud, de levarmos em conta o "trabalho do sonho e do trabalho do luto como necessários para a psique metabolizar os acontecimentos" (Guillaumin, 1982, como citado em Rochette, 2005, p. 13).

Compartilhamos mais uma vez da assertiva da autora, que se aproxima da nuance traumática que pode conter o nascimento de uma criança: "O nascimento é sempre um momento próprio a transbordar as capacidades de elaboração individual e grupal e a gerar algo traumático" (Rochette, 2005, p. 13).

A *traumatose familiar* designa esse traumatismo do nascimento, quando em pouquíssimo tempo há um aumento muito expressivo de excitação no psiquismo, induzindo a uma falha na elaboração pelos meios habituais e podendo provocar transtornos duráveis no funcionamento energético (Carel, 1989, como citado em Rochette, 2005).

Outro aspecto que julgamos primordial é que o *blues* do pós-parto "é um sinal de boa saúde materna", exceto se ele ultrapassa limites preocupantes, fazendo surgir um quadro de depressão pós-parto propriamente dita: "as variações emocionais do pós-parto permitem à mãe experimentar uma gama de experiências afetivas e afinar uma sensibilidade que vai ser indispensável para perceber e dar sentido às mensagens de seu bebê" (Guedeney, Brunbergerk & Widlocher, 1993, como citado em Rochette, 2005, p. 14).

A partir de uma contribuição de Kreisler (1966) sobre os transtornos psicossomáticos precoces, Rochette (2005, p. 15) salienta que, nesses primeiros tempos, os conflitos psíquicos "não são alojados no psiquismo individual, por meio de uma 'angústia sinal', mas são difundidos na intersubjetividade, gerando um sofrimento no vínculo".

As "fronteiras permeáveis" que aprendemos com o conceito de "transparência psíquica" no período perinatal, forjado por Bydlowski (2002; 2007), não diz respeito apenas ao psiquismo materno – essa permeabilidade de fronteiras está presente no psiquismo de cada um dos participantes – mãe, pai, irmãos e bebê –, bem como entre eles, apontando para a questão da intersubjetividade. Rochette nota que esse modelo é bem conhecido dos analistas de grupo, lembrando o "aparelho psíquico grupal" de Kaës (1999, como citado em Rochette, 2010): quando necessário, deve-se proceder a um tratamento do grupo, e não apenas de um de seus membros.

O aparelho grupal é um espaço comum da mãe e do bebê; é ele o responsável pela experiência harmônica que pode ter o bebê ao ser contido e entendido por sua mãe. Por outro lado, há às vezes um sofrimento sem identidade ou localização clara, derivado de "ansiedades primitivas que não são sentidas diretamente pelo *self*, mas dispersas no ambiente, desafiando a capacidade de contenção e de processamento da psique individual e grupal" (Rochette, 2010, p. 181).

Esse sofrimento disperso no ambiente aparece frequentemente como uma demanda para o pediatra, com solicitações repetidas para ele intervir, fruto de uma ansiedade mascarada por questões muitas vezes centradas no bebê, mas de origem não claramente conhecida. Trata-se provavelmente de uma ansiedade relativa a esse tempo difícil do pós-parto, quando não há mais na nossa cultura meios de escoamento e metabolização no grupo social, nem ao menos nas famílias, e os pais acabam por ficar solitários na tarefa de "suportar" todas as forças a que se veem sujeitos nesse período. Em muitos casos, a sobrecarga é ainda maior para as mulheres.

Em trabalho anterior (Folino, 2008), a fala de um dos pediatras, bastante sensível às sutilezas da relação pais-criança, testemunhou o quanto pode ser difícil para os profissionais lidarem com uma demanda de cuidado que fica centrada na criança, mas que é essencialmente maior, mais dispersa e mais dificilmente discriminável.

Como já vimos, há nas sociedades modernas um malogro dos ritos de passagem, que em outros tempos favoreciam a contenção e a metabolização das experiências de transição. Rochette (2005, p. 15) sublinha essa questão com o intuito de repensar o suporte cultural que temos dado aos pais na delicada experiência de ter um filho. Para a autora, "repensar as premissas da proteção materna e infantil, trabalhar com o simbólico e com a demanda latente dos jovens pais que multiplicam as visitas pediátricas poderia ser uma forma de rever o trabalho da cultura".

Essas ansiedades primitivas dispersas no ambiente podem tornar-se patológicas e patogênicas, e sabemos que os efeitos da depressão puerperal materna no bebê podem ser provas disso (Tronick & Weinberg, 1998, como citado em Rochette, 2010). A autora também destaca a gravidade do tema, mencionando o que Carel (1997, como citado em Rochette, 2010, p. 181) chamou de "doença familiar", pois há casos em que o puerpério pode levar a um "colapso da família". Rochette (2007b, p. 82) prefere a expressão "sofrimento familiar primitivo" não mentalizado, justificando-o com uma "labilidade da sintomatologia e uma difusão de sinais dificilmente decodificáveis pelos cuidadores".

Suas contribuições sugerem a ampliação do universo do período relativo ao nascimento do bebê, do pós-parto e de suas reverberações, alertando para a necessidade de forjarmos recursos para ajudar as famílias e os pais a passarem por esse período de transição, acompanhados e contidos por novos suportes oferecidos pela cultura. Assim, a exemplo de muitos outros autores na França, Rochette trabalha não só com a necessidade de tratamento das díades com problemas, mas enfatiza a extrema necessidade de se prevenirem transtornos, uma vez que sabemos quão delicado é esse período e suas reverberações.

O grupo pode ser fundamental para dar contorno à experiência do nascimento, "momento particular de passagem e de mutação". Um dos dispositivos que a autora preconiza é o grupo de apresentação de bebês, com formato pensado para facilitar um certo ritual:

"O grupo é como um envelope continente em torno dos elementos brutos ainda não mentalizados, frente à invasão irrepresentável do 'a mais' do nascimento" (Rochette, 2003, p. 94).

Reiteradas vezes a parentalidade e a maternidade são tratadas em nosso meio como um assunto particular, privado de cada casal ou de cada mãe, sem se levar em conta o quanto estamos enlaçados a uma dada cultura, de modo geral, e, de modo específico, à cultura familiar de cada membro do casal.

Alguns autores acentuaram a importância de compreendermos os elementos sociais e culturais que estão em jogo no caminho da parentalidade. Trabalhando num contexto transcultural da maternidade com mães migrantes na França, Marie Rose Moro destaca que há diversas maneiras de se tornar pai e mãe, de dar à luz e de acolher a criança e seu sofrimento. Ela alerta para a necessidade de termos em mente que:

> *Os elementos culturais se misturam e se imbricam com os elementos individuais e familiares de maneira profunda e precoce. Mesmo quando acreditávamos tê-los esquecido, a gravidez, por seu caráter iniciático, nos traz à memória nossos pertencimentos míticos, culturais, fantasmáticos. (Moro, 2005, p. 258)*

Estudando o *blues* do pós-parto, percebemos que, apesar de pouco discutido em nosso meio, este é um tema não só importante como frutífero. Nós o tomamos como uma hipótese psicopatológica, fazendo fronteira com a depressão pós-parto, e chegamos a um ponto no qual ele parece adquirir mais sentido, podendo simbolizar o trabalho psíquico que toda mulher deve fazer no momento em que dá à luz um filho, pois esse é por excelência um fato que "transborda", podendo adquirir nuances traumáticas.

Pensando nos ritos de passagem, eles indicam o trabalho necessário que deve ser feito em momentos de transição, e a maternidade e a parentalidade são momentos particularmente eivados de "atravessamento de fronteiras".

Depois desse percurso traçado pelos *ritmos* do *blues*, por assim dizer, podemos compreender melhor o que ele representa: é algo que nos interpela, nos escapa, escorrega nas características que adquire, em seu significado e em como se pode refletir no árduo trabalho de nomeá-lo e lhe dar contorno.

> *Eu falei: não quero ter o segundo, não! Todo mundo fala, cê vai esquecer! Daqui a dois anos, cê vai querer ter o segundo filho... Não vou, não... Não, porque cê tem toda uma vida, né? Que... que se faz o que você quer, na hora que você quer, sem preocupação. Agora, é uma preocupação constante, né?*

5. Gestando dores e amores no encontro gestacional: um bebê crescendo no ventre e na alma

Susto e suas nuances

Quando entendido como parte de um processo, o período pré-gestacional inclui e marca a construção da parentalidade, tingindo a dinâmica da relação do casal com o bebê. E me parece ser um caminho repleto de sustos, antecipações, expectativas e mudanças desde a pré-gravidez.

Nos encontros que tive com as mulheres quando estavam grávidas, percebi uma referência constante a algo que se processava nas experiências vividas ao longo do percurso de se tornarem mães, ainda antes de engravidarem. Esse caminho não era vivido sem muitos adiamentos e desvios, e depois, já na gestação, com algumas intercorrências. Essa questão me chamou atenção e, apesar de ter se manifestado de forma diferente em cada uma das mulheres, me alertou para a necessidade de escutar cuidadosamente e procurar compreender o valor intrínseco dessas falas de maneira geral, também no que tangia a perdas e a sua necessária elaboração.

Algumas falas indicam perdas no período pré-gestacional, como os adiamentos da gravidez, que mostram como pode ser angustiante essa espera:

> *Então, ao mesmo tempo, é um período em que você sabe que vai ter que estar tranquila pra que isso aconteça e tal... Todo mundo diz que você tem que desencanar, mas não é fácil; todo mundo diz "fica tranquila, que acontece". Eu fui tentando, e nada...*

A partir de vértices distintos, as representações acerca do susto, além dele próprio e da surpresa, podem assumir a faceta de antecipação e suas variações, de expectativas, e expectativas de mudanças, podendo até significar perdas.

> *Ah, é um período complicado, né? Porque é muito cheio de ansiedade. Você fica esperando: ah, e agora, será que a menstruação vem? Aquela expectativa...*

Algumas mulheres encontram certa dificuldade para engravidarem no momento que gostariam, deflagrando o risco de não conseguirem. Entre elas, algumas fazem uma longa investigação médica para encontrar e tratar o motivo pelo qual há o impedimento da gravidez. Em um desses casos, foi detectado um nódulo no ovário, e a preocupação deixou de ser a gravidez e passou a ser esse fato e a necessidade de fazer uma cirurgia. Logo depois dessa notícia foi descoberta a gravidez.

A demora da gravidez esperada suscita ansiedade e frustração seja nos pais, seja na família e amigos. Depois de tantas tentativas, quando se descobrem grávidas, algumas mulheres custam a acreditar que possa ser verdade. Apesar de viverem um conturbado período pré-gravidez, algumas delas podem experimentar a gravidez de forma tranquila.

Quando a gestação acontece...

Percebi existir uma espécie de itinerário, incluindo um caminho das perdas e ganhos, ou, como o batizei, de dores e amores vividos internamente em cada mulher, desde o período pré-gestacional até os momentos finais da gravidez. Essas questões aparecem refletidas nas várias nuances que o susto pode adquirir. O susto parece conglomerar uma série de representações que, sem serem idênticas, de alguma forma se avizinham. Por vezes, parece refletir um impacto excessivo nos psiquismos das mulheres, e pode vir a ser potencialmente traumático.

O *susto*, a *surpresa* e o *risco* parecem marcar o psiquismo de quem engravida, e as mulheres o demonstram de diferentes formas. Mais patentes em algumas, disfarçados por potentes mecanismos de defesa em outras, que tentam inconscientemente amortecer o impacto da novidade de terem mais um filho, quando já têm um, e tudo o que esse novo bebê pode trazer – com o "saber ser mãe" que aprendem nas experiências anteriores.

O *susto* que o teste de gravidez traz traduziria o que pode representar o projeto de ter um filho saindo do plano da imaginação e do desejo para a concretude de um ser que chega. Podemos pensar na diferença entre uma gestação imaginária, essa antes do teste, para uma gestação real, depois do teste. Parece ser também um momento de passagem, de transição – como acreditamos ser o parto –, anunciando desde aí uma gradativa necessidade de adaptação do psiquismo materno e paterno: não há mais apenas o casal – quando há um casal.

Acredito que a surpresa trazida pelo positivo do teste se ligue, em parte, ao fantástico da experiência de portar um bebê no ventre, podendo ser vivida como uma novidade por excelência. E refletir um sentimento de perplexidade, em virtude da concretização de desejos antigos, inconscientemente acalentados, que se reatualizam nesse momento. Algo semelhante parece acontecer na concretização de gestações que foram planejadas e intensamente investidas.

Parece haver um impacto particular nas mulheres que ficam grávidas pela primeira vez: algumas sugerem uma espécie de rompimento de algo quando tomam conhecimento, enquanto em outras esse sentimento se assemelha a um susto, uma surpresa por engravidarem logo que planejam. O que foi me fazendo acreditar que um filho planejado não é prerrogativa de uma gravidez consumada sem susto.

Isso me levou a pensar se – no horizonte materno e no paterno – essa realidade já não impõe ao psiquismo uma determinada forma de intensidade quando o encontro com o projeto de ter um filho caminha para a efetivação.

Apesar das gestações poderem ser planejadas, as comunicações das mulheres indicam certa ambivalência, o que me fez pensar que as vivem com uma nuance de surpresa. E mesmo que algumas tenham falado sobre o planejamento, sugerindo a ausência de sustos, não foi o que percebi, pois as falas indicam que engravidaram antes do que esperavam:

> *Então, foi assim... foi planejado, não foi nenhuma loucura, porque foi bem pertinho . . . Foi tudo planejado, sem nenhum susto... [risos]*

O risco fica representado pelo susto que muitas mulheres sentem quando começam a ter contrações e podem precisar diminuir seus ritmos de trabalho, junto com repouso e medicação. Algumas delas sentem seus corpos extremamente sensíveis a alguns estímulos, e indicam a relação intrínseca entre seus corpos e seus estados emocionais.

A mescla de susto e surpresa aparece ilustrada por certa antecipação do tempo para engravidar. Foi muito mais fácil do que algumas mulheres imaginaram, e essas custam a acreditar no teste. Algumas dessas mulheres engravidaram na primeira tentativa, mas percebem que inúmeras vezes não é isso que acontece com pessoas próximas e se sentem um tanto surpresas com isso, talvez porque desconfiassem que não seria tão fácil:

> *eu não precisei ficar esperando, não foi uma coisa assim... eu tentei e, quando eu liberei, consegui engravidar. Então, é até um absurdo cê ficar dizendo que foi tão fácil engravidar.*

Outras mulheres que também se surpreenderam com a rapidez e facilidade com que se viram grávidas pareciam estar com receio de não conseguirem seguir com a gestação, em virtude de terem anteriormente ficado doentes ou mesmo passado por cirurgias. E penso que até em decorrência de fantasias mais primitivas e inconscientes.

A surpresa com a notícia da gestação reflete as expectativas de muitos pais sobre como será daqui em diante, podendo causar alguma insegurança: "*será que vou dar conta?*". Em uma mãe, somaram-se a isso certa confusão e uma questão semelhante, mas qualitativamente diferente – "*será que eu vou dar conta de tudo?*" –, talvez indicando a idealização de seu lugar materno, a expectativa de ser uma mãe 100%, a ordem do absoluto que sobrecarrega ainda mais e contrasta sobremaneira com o possível para cada mãe ou pai.

Outras mulheres revelam certa surpresa ao se perceberem vivendo gestações tranquilas, desmentindo crenças anteriores, fantasiosas, de que as coisas não seriam fáceis e de que ficariam muito limitadas.

A gravidez "*superbem aceita*", em um desses casos, pode ilustrar de alguma maneira o medo de não conseguir engravidar e manter o bebê, o que talvez seja sempre um receio de quem se vê grávida. Daí decorre também a questão dos riscos de perda envolvidos nesse momento.

Supomos que haja frequentemente um sobressalto e que, no íntimo, uma parte da mulher duvide de que possa gestar um bebê, no momento em que o teste dá positivo. Junto com a alegria, alguma coisa irrompe subitamente: surge um outro no psiquismo e no corpo materno, a realidade desse bebê. Um tanto de invasão parece se presentificar nesse momento, daí seu efeito assustador, repentino e excessivo. O impacto é inerente, traz medo e abalo e é também surpreendente, uma vez que a presença de um outro dentro de si é, ao mesmo tempo, admirável e espantosa. Não devemos esquecer que isso pode ser vivido de diferentes formas e com tons variados por cada mulher.

Por ser uma experiência tão grandiosa, talvez a gravidez contenha sempre uma porção hesitante; pode ser importante e valorizada, mas inclui um grande risco. Parece haver uma linha muito tênue entre a concretude do bebê e seu encobrimento pelo ventre. Esse caminho até o nascimento pode às vezes ser vivido de forma muito angustiante. Gravidezes tumultuadas do ponto de vista físico podem ilustrar talvez esse risco de perder algo tão forte e ambivalentemente desejado. Refiro-me a fantasias e conflitos internos que não costumam ser de fácil acesso para a pessoa, são inconscientes.

A ambivalência do desejo se justifica em parte pelo total remanejamento psíquico de quem gesta e dá à luz, largamente comentado na literatura (Langer, 1978/1986; Brazelton & Cramer, 1992; Aulagnier, 1990; Winnicott, 2000a; Bydlowski, 2002), bem como pelos impactos e perdas a que a mulher fica sujeita.

Para algumas mulheres, a gravidez é uma experiência importante, mas também ameaçadora e que implica riscos. A passagem para a maternidade é tumultuada: a gestação é arriscada, envolve vida e morte, e algumas mulheres indicam que gostariam de ter mais filhos, mas, em função do risco que sentem na gestação, não gostariam de ter que passar mais uma vez por isso. Algumas pensam até em adotar uma criança para evitar esse período. Os riscos se ligam a fatores individuais, mas podemos pensar que eles refletem emoções assustadoras, e que as mulheres podem experimentá-las ao entrarem prematuramente em trabalho de parto:

> *fiquei muito assustada, porque tinha aquela coisa: fui internada, aquela história nascer com um quilo e pouco, e aí pode ter problema disso e daquilo, se sobreviver.*

Algumas dizem que estavam mais tranquilas do ponto de vista físico, mas as vivências psíquicas pareciam não estar, pois sentem que a preocupação com o risco não dá tréguas:

> *não dá pra relaxar. Então, a gente tá meio... eu fico meio tensa, e ele [o companheiro] também fica. Eu acho que ele fica pior.*

Algumas dessas mulheres se veem assustadas quando precisam ficar em repouso parcial ou absoluto, em virtude de correrem risco de terem parto prematuro, em decorrência de placentas prévias, encurtamento do colo do útero, entre outras questões.

Muitas mulheres preocupam-se sobretudo com o risco de perderem seus bebês, e em algumas oportunidades nem chegam a verbalizar esse temor. Talvez seja mais possível falarem do medo de terem bebês prematuros e precisarem se afastar do trabalho mais cedo do que esperavam:

> *Eu tenho muitas preocupações. A primeira é segurar esse nenê mais três semanas... A segunda é a questão do trabalho...*

Como citado, o planejamento de uma gestação não garante efetivamente que não haja sustos, surpresas ou que ela não cause certa desorganização tanto na mulher quanto no ambiente familiar. Algumas mulheres têm um ideal de organização rígido para dar conta das inúmeras demandas, para não sair do esperado e do programado e talvez como forma de tamponar a angústia que pode emergir nesse período na vida de uma mulher.

> *Eu tenho que tirar essa expectativa de que não dá pra ser boa em tudo então, sei lá, casa... alguma coisa vai ficar pra trás: ou é a casa, que não vai ficar organizada, bem limpa, que vai faltar coisa de supermercado, ou que é... e que sejam coisas da casa, e não coisas nem pro teu marido e pro teu filho...*

Apesar dos esforços das mulheres, o desarranjo se impõe em situações como as reformas residenciais, que muitas vezes são pensadas tardiamente e rendem um grande transtorno, ou devido às demandas dos filhos mais velhos e do trabalho, retroalimentando negativamente esse momento.

> *Hoje, as prioridades são outras. Então, eu fico... às vezes, um pouco com ele [filho mais velho], depois eu vou trabalhar, depois que ele dorme, mas aí eu morro, eu tô grávida, tá meio maluco.*

Algumas mulheres anunciam a verdadeira revolução precipitada pela chegada de mais um membro da família: nada fica no lugar, e a abertura necessária para que o outro venha é simbolizada por uma imensa reforma na casa – reforma da parte interna e externa.

Uma mulher falando sobre seu momento atual e suas preocupações diz que ficará mais tranquila quando conseguir ter arrumados o quarto do filho mais velho e do bebê, a mala da maternidade e as roupas nos devidos lugares, pois estão no meio de uma grande reforma em casa, e nada está no lugar. Fala ainda sobre sua preocupação com o trabalho, onde também precisa deixar algumas coisas em ordem para se afastar.

> *Essa gravidez foi assim, um pouco mais difícil, porque eu tive nessa confusão. Eu tive reforma na minha casa, fui morar na casa dos meus pais, foi super, né? Foi tudo bem lá, tal, mas você não está na sua casa, é diferente.*

Em algumas mulheres, percebo uma tentativa de amenizar o impacto do novo que poderia sobrevir com o nascimento de mais um bebê quando dizem que já sabem tudo o que sobrevirá ao nascimento do filho. O "efeito surpresa" aparece encoberto de "saber", talvez numa tentativa de não serem pegas pelo excesso, pela angústia que pode conter o não saber, o desconhecido.

> *Da segunda, eu também fiquei contente, mas eu já sei tudo que vem… nem é mais nenhum… eu não sou mais mãe de primeira viagem, eu já sei tudo o que vem por trás… e o tempo que eu tenho que me dedicar, o que isso tá mudando a minha vida, eu trabalho bastante, eu gosto muito de trabalhar, e eu tô tentando agora não invadir o fim de semana. E hoje eu tô vendo que não dá mais pra*

> *ser assim. Eu realmente tenho que fazer... dividir muito mais meu tempo, pra poder ter qualidade de tempo com meu filho.*

Outras questões que geralmente as preocupam são as doenças na família, a necessidade de procurar ajuda para as tarefas da casa ou com o bebê, bem como o repouso que algumas mulheres precisam fazer em virtude de risco na gestação. As reformas necessárias e suas várias facetas continuam...

> *A gente sabe que dá trabalho, sabe que sacrifica uma parte da vida, mas, por outro lado, é um momento prazeroso.*

A participante parece significar a experiência da maternidade a partir de dois vértices: o lado que "dá trabalho" e o que dá prazer.

> *Desde o terceiro mês de gravidez eu fiquei trabalhando em casa, porque eu precisava ficar de repouso porque eu estava com uma condição de saúde que exigia isso. Então, como eu gosto de trabalhar, eu falei "vocês vão me enlouquecer se eu precisar ficar deitada aqui sem fazer nada".*
>
> *preocupa, é uma preocupação pra vida inteira, agora, o bem-estar do nenê, acho que vai... várias coisas eu acho que vão ser pra vida inteira: a preocupação com teu filho, né?*
>
> *Então, eu fiquei de repouso na primeira gestação, eu tinha coisa... Eu fiquei de repouso, no final. Nessa eu fiquei de repouso desde o começo...*

Vínculo com o bebê e suas representações

Pensamos que a antecipação do bebê, muito comentada na literatura (Brazelton & Cramer, 1992; Aulagnier, 1990; Winnicott, 2000a; Missonier, 2004; Aragão, 2011), e a da mulher como mãe podem ser muito diferentes, dependendo da pessoa. Algumas idealizam muito o bebê e a si mesmas; dessa forma, o vínculo com o filho pode ser feito de modo a esperar que ele preencha tudo na mãe, ou ser importante por ter assegurado um investimento materno, ou nem figurar nos investimentos da mãe, em que se vê uma antecipação insuficiente etc.

Ao investirem no desejo de serem mães (em sua face consciente), algumas mulheres elegem um símbolo para representar a esperança de um dia conseguirem engravidar. Um exemplo disso, foi a confecção de um sapatinho de bebê feito com todo o cuidado por uma das mães que encontrei, mas apenas entregue para as pessoas próximas quando a gravidez foi confirmada. Algumas idas e vindas, esperanças e dúvidas pressupõem sucessivas elaborações e contínuos investimentos até a concretização.

Certas mulheres contam que a segunda gestação remete, de certa forma, à ameaça de perdas vivenciadas na história da primeira gestação. Necessidade de repouso absoluto ou parcial, partos traumáticos que vivenciaram podem dar à experiência atual uma aura de preocupação e atenção.

Como já foi discutido, para além das questões físicas, gestar um bebê implica uma espécie de recolhimento necessário, incluindo a instalação de um outro ritmo que nenhuma ligação tem com algo patológico. Reduzir naturalmente o ritmo pode provocar certa "impaciência", e algumas mulheres apenas conseguem desacelerar quando seus médicos recomendam repouso, devido ao risco ao qual podem se expor caso continuem suas rotinas da mesma forma.

Alguns casos exemplificam como pode ser árduo o processo de regressão e retirada característica do estado gravídico. Muitas se ressentem da sensibilidade exacerbada, do choro e do muito sono no início da gravidez. Atualmente é bastante comum acompanharmos mulheres com dificuldade de diminuírem o ritmo de trabalho, de paulatinamente irem se afastando – o que depois pode lhes ser imposto em virtude de um risco de perderem o bebê. Parecem ser as formas de antecipação do bebê e do papel materno que podem fornecer sinais de uma dificuldade exacerbada de regredir e se retirar nesse momento.

Compreendo que talvez parte das mulheres tentem negar, de certa forma, não só a mudança física em curso, como também o remanejamento psíquico ao qual estão sujeitas, em função da tamanha desorganização que ele pode trazer.

Esses exemplos mostram que algumas características desse período – como a *regressão,* a *hipersensibilidade* decorrente de um *psiquismo em transparência* e a necessária *preocupação materna primária* (Bleichmar, 1994; Raphael-Leff, 1997; Winnicott, 2000a; Bydlowski, 2002; 2007) – podem ser significadas como perdas em torno da maternidade e, em algumas mulheres, podem encontrar muita resistência, dificultando as necessárias elaborações em torno dessa vivência desde o início da gestação e podendo prolongar-se pelo puerpério.

A antecipação pode se apresentar pela via da imaginação, e uma das mulheres que acompanhei testemunha que só no sexto mês de gestação conseguiu "ver" o filho, levando-nos à hipótese de que isso tenha sido possível quando o risco de perder o bebê já era menor, o que ilustra, mais uma vez, como a vida e a morte estão fortemente vinculadas, como duas faces da mesma moeda. E é nesse momento, quando um filho cresce e nasce, que essa vinculação se apresenta claramente.

Podemos ter indícios da antecipação que as mulheres fazem quando ainda gestam o bebê por meio de expressões sutis, como as de uma das mulheres com as quais me encontrei: quanto mais cresce seu filho em seu ventre, mais aumenta sua ligação com ele, e mais a mãe consegue também desinvestir um pouco de sua carreira para destinar afetividade ao bebê: arruma seu quarto, compra-lhe roupas. Outro indício importante é não o ver como alguém a tamponar todas as lacunas de sua vida, não se ver apenas mãe, apesar de ter investido muito nesse projeto. Esse conflito se mostra importante porque parece refletir uma preparação para a vida posterior, ilustrando a forma pela qual uma das mulheres que acompanhei tenta se preparar para o que vem, numa tentativa de não ser pega de surpresa.

A maneira como imagina seu filho e a si mesma como mãe dessa segunda criança convoca a experiência anterior (seguindo a ideia de não ser pega de surpresa) de quando se tornou mãe. No entanto, diz que só depois de conseguir "ver" o bebê em sonhos é que consegue imaginá-lo.

> *Só que é estranho, porque, quando é bebê, a minha referência é muito o que eu vivi com o [nome do filho mais velho]... da história de amamentar, de trocar, de cuidar, de ficar ali, de ficar em casa, de ficar aquela coisa tranquila, aquela coisa gostosa, dar voltinha pra pegar sol. Então, eu imagino uma coisa muito parecida...*

Um dado que se mostrou importante é a possibilidade de desinvestir parcialmente da vida anterior à gestação para destinar esse investimento ao bebê, reservando-lhe um lugar privilegiado e necessário. No entanto, também parece imprescindível atentar para a qualidade do investimento no filho.

Uma outra mulher parece indicar um lugar muito idealizado para o bebê: alguém que lhe é muito familiar, muito parecido com ela, um "ótimo filho". Com esse lugar narcísico reservado e uma gravidez muito valorizada e vivida sem intercorrências, ela se nutre de poder e de força, e o desamparo não tem vez. Talvez essa representação antecipada tão idealizada do bebê indique, de fato, a dificuldade que pode significar um enfretamento ao tão penoso desamparo inicial.

Sabemos que, no início, a idealização do bebê é um lugar-comum na realidade materna, fruto do narcisismo transvasado necessário para alimentar o projeto de filho (Freud, 2010a; Bleichmar, 1994), No entanto, emergiu a importância de acompanhar a transição dessa idealização inicial maciça para um salutar investimento na relação com a individualidade do bebê, junto com um não saber sobre ele, com o desconhecido e novo que ele a princípio representa, para assim poder estar mais livre para construir uma relação mais real, e "imperfeita".

Assim, entendemos a antecipação como um fenômeno tingido pelas cores do narcisismo e que reflete o caminho pelo qual o vínculo com o bebê está se processando, erguendo os tijolos da construção da parentalidade. Constatamos que, apesar de ser uma preparação para o que está por vir, ela nunca pode ocorrer totalmente a contento; alguma coisa sempre lhe escapa, e, de certa forma, tem que escapar, para dar espaço à experiência real que sobrevém.

Notamos nas mulheres certas antecipações sobre o bebê que está por vir. Uma delas é sobre ser mãe e profissional ao mesmo tempo, e vemos na fala a seguir um exemplo de como uma dessas mulheres pode sustentar o que pode ser vivido como conflituoso e espelhar a complexidade dessas questões que vão surgindo:

> *Como vai ser minha carreira com um filho? Ao mesmo tempo em que eu não quero que um filho atrapalhe a*

> *carreira, também não quero que a carreira atrapalhe a questão de eu ser mãe, de ser uma boa mãe.*

Elas procuram antecipar suas vidas com um filho daí em diante, numa tentativa de se prepararem para as mudanças que virão com a chegada do bebê, em breve, inclusive em seus funcionamentos psíquicos, que já vinham se transformando.

Uma dessas mulheres conta das diferenças culturais entre ela e o marido; ela parece dizer que vive entre dois mundos e diz que o filho terá um nome que se possa pronunciar em várias línguas – um bebê do mundo –, uma vez que pode mudar mais algumas vezes de país. Essa mesma perspectiva aparece quando ela fala da possibilidade – sempre presente – de o marido mudar de trabalho. Ela transmite certa ambivalência: por um lado, se ressente da falta de raízes no estrangeiro; por outro, teme criar raízes, não consegue ficar parada em casa – é um pouco estrangeira em seu país.

Algumas dessas mulheres indicam em suas falas que o filho não é destinado a preencher tudo em suas vidas; ele pode ser importante, lhe reservam um lugar de destaque, mas também aos companheiros, ao trabalho e a outros interesses e relações. E algumas delas ainda parecem também querer se preparar para a necessária redução da expectativa de que tudo terá que sair perfeito, de que nada faltará ou falhará:

> *Todo mundo fala: "só tenha a certeza de que você vai errar, o resto...".*

É interessante perceber que uma dessas mulheres, ao ponderar os vários lados dos acontecimentos, com as limitações que seu estado impunha em virtude do repouso absoluto que estava obrigada a cumprir, e tentando se preparar para a experiência após o nascimento do bebê, me disse:

> *Por mais que as pessoas falem pra gente, experiência não se passa. Você pode ler milhares de livros, milhares de cursos, e não sei o quê...*

Uma dessas mulheres, afastada do trabalho em função de um risco de parto prematuro, expressa o que espera de seu filho e um pouco de si mesma, como mãe:

> *O pessoal fala assim: "prematuro é tudo peralta, é tudo... deve ser porque é tão mimado, todo mimado fica peralta... tem que tomar cuidado pra não mimar demais, eu odeio criança mimada" [risos]. Isso eu não quero, ele é o primeiro neto dos dois lados, ainda, e eu não quero uma criança mimada. Primeiro, que criança mimada acaba sofrendo mais. É que o mundo não é assim. A criança mimada, quando vai pra fora, acaba apanhando mais, começa ver o mundo fora do ambiente dos pais, começa a apanhar mais ainda. O bem que você achava que estava fazendo acaba fazendo mal, você tem que... tanta coisa, né?*

Nesse momento, as gestantes percebem que suas vidas sofrerão mudanças significativas, das quais decorrerão rupturas e as necessárias adaptações, mas também da beleza contida nessa antecipação do bebê e da paulatina construção do vínculo que se vai tecendo:

> *Aí, cê vai vendo a evolução, pega a primeira fotinho, tá muito magrinho, não parece com ninguém; na segunda fotinho, cê já acha que começa a parecer, e, nessa última, já tão as feições... tudo, né? Cê já vê que dá pra identificar*

> *com quem se parece – é muito legal... parece com o pai, parece, sim... é muito gostoso, né?...*

Uma dessas gestantes conta que, quanto mais cresce seu bebê no ventre, mais se liga a ele. Parece falar sobre a construção paulatina do vínculo com o filho, sobre a possibilidade de construir a parentalidade em função desse vínculo que se estreita.

Sobre como imaginam seus bebês, as mulheres falam a respeito das expectativas que têm com os filhos, o que podemos pensar que é também a forma como o vínculo com o bebê vai se construindo gradativamente:

> *Eu não tenho muitas expectativas de "ah, eu acho que meu filho vai ser assim, assado, acho que vai ser assim, bonito, feio, calmo, bravo". Procuro não ficar esperando. No fim das contas, não vai ser nada do que a gente planejou, não é? [Risos].*
>
> *Meu filho vai ser calminho, vai dormir a noite inteira, vai ficar parecido comigo, que chorava a noite inteira.*
>
> *Ah, minha preocupação normal – maior – quando começo [a pensar no] parto prematuro é o tamanhozinho dele. Ai, é uma criança que vai requerer mais trabalho, vai requerer mais cuidado, né?*
>
> *O quanto é esse mais cuidado, ao ponto de você não exagerar, fazer a criança – porque eu vejo um monte de mãe que, pra pegar a criança, tem que passar álcool na mão, esterilizar tudo e não sei mais o quê –, enfim... No fim, sai, a criança fica mais doente ainda. Tanto que depois saiu até uma reportagem falando – não sei se*

> *você viu . . . – que tem feito algumas experiências com ratos que foram criados filhotinhos num ambiente onde tudo era esterilizado, assepsia total e outros que não, que foram criados com grau de vitamina S [risos]. E os que foram criados com vitamina S eram mais saudáveis do que os outros. Não adiantava você expor depois de um tempo, já quando tava maiorzinho, às bactérias e tal. Tinha que ter feito isso quando era recém-nascido, quando era pequeninho. Então, tudo o que é demais é veneno, né?*

Algumas mulheres multíparas que tiveram alguma questão que as impactou sobremaneira na primeira gestação, parto ou puerpério trazem nesse momento alguma preocupação e certa expectativa se algo não vai transtornar a chegada desse outro filho.

Uma das mães conta que quando seu filho mais velho nasceu, houve um erro médico na maternidade e cogitou-se a possibilidade de uma troca de bebês. Pressinto que essa questão é trazida em nossa conversa por ter impactado negativamente a família, o que parece compreensível em virtude das reverberações ocorridas, que talvez não tenham tido a oportunidade de serem acolhidas e devidamente elaboradas.

O nome do filho é escolhido por uma dessas mulheres, mas só depois da anuência de sua própria mãe a um dos nomes cogitados. O sexo do bebê é o que o casal queria, o que os deixou ainda mais felizes. O bebê parece ser alvo de grande investimento dos pais, especialmente materno. Ele é descrito como um bebê grande, responsivo e muito parecido com a mãe. A princípio, me pergunto de que bebê se trata, esse gestado por essa mulher. Penso primeiramente no mecanismo esperado de antecipação, um elemento importante para os pais forjarem um lugar em seu psiquismo, mas esse não parece ser o único elemento. Parece haver aí uma idealização de um bebê, um bebê "maravilhoso".

Outro elemento importante que surgiu foi uma criança que parecia ser já conhecida, muito familiar, como se ela soubesse o que quer, aos olhos de sua mãe. Percebo que muitas falas indicam que, ao lado dos investimentos e da desejada antecipação do bebê, pode haver uma grande idealização, fruto do narcisismo materno:

Ele é um ótimo filho!

Não podemos perder de vista que o narcisismo dos pais é reavivado no momento de terem um filho, que alimentará sua libidinização, mas me parece necessário observarmos quando há certo incremento do narcisismo materno, o que pode obstar a separação dessa imagem idealizada do bebê e da mãe em seu papel materno com o nascimento do bebê na realidade.

Interessante observar o que move as pessoas a terem filhos. Uma das mulheres que acompanhei me conta que já tem um filho, que ela e o marido nunca pensaram em ter um só, que aproveitaram bastante o relacionamento com o filho mais velho e que, em virtude da idade dela, acharam que esse seria o melhor momento para ter o segundo. Ela parece falar de sua motivação para ter mais um filho e da responsabilidade que acredita ter sobre a vida adulta do mais velho, que não deve estar "sozinho", seja nos momentos prazerosos, seja nos mais difíceis.

Ela imagina que seu bebê será tranquilo, apesar de ser bastante agitado em seu ventre. Conta que, antes dos seis meses, não conseguia "ver" o bebê, diferentemente do que aconteceu com seu filho mais velho, com quem ela se lembra de ter sonhado desde o começo da gestação. Apesar de muito diferente fisicamente após o nascimento, ele tinha um "jeito" parecido com o sonho. Penso que talvez evite sonhar com ele por medo de ter uma perda precoce:

> *E é muito estranho, porque, toda vez que eu sonho, parece muito real.*

Uma outra mulher me conta suas preocupações e o vínculo com seu bebê:

> *Mas eu ficava apreensiva o tempo todo: "será que ele tá bem? Será que vai nascer bem . . . Será que o pulmãozinho dele tá formadinho, será que vai conseguir respirar assim que sair?".*

O entorno e seus vértices

Compreendo que o entorno da mãe e do bebê que ela gesta pode estar representado pelos cenários e comentários a respeito da família de origem, do trabalho e sobre os relacionamentos amorosos.

Em uma dessas situações, a mulher representa o marido como aquele que precipita certo movimento no sentido de aumentar a família. Ele também foi o catalisador da mudança do casal rumo à constituição da família; se dependesse dele, teriam cinco filhos.

Alguns casais que estavam morando fora do Brasil resolvem voltar e ter filhos aqui, com a ideia de poderem contar com mais apoio da família, e, em determinadas camadas da população, com uma funcionária para ajudar nas tarefas da casa. O entorno sentido como uma rede de apoio verdadeira pode fazer a diferença para a experiência dos casais, e especialmente das mulheres, quando uma criança chega.

O testemunho de outras mulheres evidencia como essa experiência vivida em terras estrangeiras pode ser ainda mais impactante por não contarem com esses recursos auxiliares tanto de familiares quanto de funcionários para ajudarem na arrumação da casa e no cuidado com as crianças. Certamente pensamos que essa ajuda, quando efetiva, não é experimentada apenas de modo funcional, mas de maneira a fazer a mulher se sentir amparada emocionalmente e, dessa forma, cuidada. Está claro que toda ajuda efetiva com tarefas da casa e com as crianças é bem-vinda, pois sabemos que isso pode ser fonte de uma sobrecarga ainda maior.

Sabemos que mulheres em situação socioeconômica desfavorável encontram inúmeras dificuldades dessa ordem, e de tantas outras, ficando sujeitas de várias maneiras a abandonos do Estado. No entanto, sem tirar o peso desse flagelo, um alento é a notícia de que algumas dessas mulheres, em certas comunidades, podem contar com uma rede de apoio e parceria de outras mulheres. Elas se ajudam empaticamente nos cuidados com os bebês, ou de uma ou outra questão com a casa e com os outros filhos, o que pode ser sentido como muito bom e mudar internamente a solidão sentida, sabendo que muitas vezes é um dos poucos recursos com os quais podem contar.

Pensamos também que, ao considerar o lugar privilegiado que a profissão tem hoje para a mulher, podemos imaginar que, para algumas, a dificuldade de gradualmente desinvesti-la pode indicar um movimento de resistência frente a esse momento hipersensível de sua vida, no qual seu psiquismo encontra-se em transparência, como postulou Bydlowski (2002; 2007). Na cultura, não temos suportes para esse período ser atravessado da forma mais amena possível; pelo contrário, as altas exigências de desempenho e sucesso não poupam as grávidas, mas as sobrecarregam ainda mais.

É importante lembrar que pensar essas questões em um país como o nosso envolve uma enorme diversidade no que tange a situação social e econômica das mulheres, o que parece ser sempre desafiador. Há um número bastante elevado de mulheres que não têm opção alguma, em virtude de não contarem com nenhum auxílio e pertencerem às camadas desfavorecidas da população, as quais ficam ainda mais sobrecarregadas com a pressão de garantir meios de subsistência e sobrevivência em um período complexo como esse.

Uma dessas mulheres pôde exprimir com clareza o quanto fica dividida entre os investimentos na carreira e nela como mãe:

> *Ao mesmo tempo, eu quero ser uma boa mãe e também não quero ficar estagnada na carreira, onde eu estou... então, eu me sinto motivada quando eu tô vendo que eu tô pra frente, que eu tô fazendo uma coisa de que eu gosto, que dá resultado, que eu vejo resultado, e aí, se... Eu tenho certeza de que, se eu estagnar, eu não vou ficar feliz também, mas, por outro lado, também, até onde eu quero ir é o ponto, porque tudo tem um preço: quanto mais pra cima você vai, mais responsabilidade, mais preocupação, mais horas você tem que se dedicar. Eu também não quero me dedicar mais do que eu já me dedico, porque eu vou ter um filho, né? Eu quero ser uma boa mãe, eu quero estar presente, então, cê fica... Agora, eu tô naquela fase, né? Sempre é um conflito, né? A gente nunca tá feliz. Todo mundo assim: "curte seu nenê!". Eu tô curtindo, tô curtindo... [Risos].*

Algumas mulheres falam de seu trabalho com grande eloquência, valorizam suas carreiras, dedicam tempo e investimentos ao trabalho, e algumas, quando nascem seus filhos, especialmente o primeiro, parece que algo se rompe. E em muitas há o conflito entre os investimentos na carreira e no filho e a questão da idade e qual o melhor momento para se dedicarem à aventura da maternidade.

> *Então, eu também queria ter filho logo, pelos problemas que, também, se esperar muito... eu acho seus riscos são maiores, né?*
>
> *E aí, como eu também fiz mestrado, fiz doutorado, eu preferi esperar . . . assim, eu esperei bastante para ter meu primeiro filho em seguida. Então, agora foi... passou o momento de trabalho, e agora é o momento eu, eu-família...*

Sobre a divisão entre trabalho e família, uma dessas mulheres fala:

> *Eu acho que eu tentei e arrisquei investir na carreira antes de ter filho, poderia não conseguir, ou ter muita dificuldade para conseguir ter filho, mas na vida a gente tem que dar uma arriscada de vez em quando [risos]... mas tem que ser tudo no relógio.*

Geralmente as motivações para ter filhos passam por questões, muitas das quais podem vir a ser conscientes, como: "Aproveitar para engravidar", "meu marido começou a falar em criança" e "a gente era o casal que ainda estava solteiro, vai, sem ninguém..." e tantas outras que são germinadas de maneira latente, fruto de motivações inconscientes e, portanto, em parte desconhecidas pelas pessoas.

Algumas mulheres em análise em algum momento se perguntam se querem mesmo ter filhos, se é um desejo próprio, ou se estão se sentindo pressionadas a tê-los porque algumas delas estão num relacionamento estável e confiável, ou por estarem numa idade "adequada", "propícia" ou por até passarem da idade que acreditam ser mais segura para engravidarem. Certamente o adequado e o propício aqui está ligado ao que cada uma pode significar dessa maneira.

Por mais que na atualidade possamos contar com a possibilidade de a mulher optar por não ter filhos, há ainda uma pressão sentida e relatada que muitas vezes se "engancha" internamente nas questões de cada uma, em particular, para ter filhos. Muitas delas acabam cedendo talvez às expectativas sociais e familiares, sem poderem realmente construir dentro de si um caminho de questionamento sobre se realmente desejam ter filhos e serem mães. Outras que temos a oportunidade de seguir nos trabalhos analíticos podem investigar com profundidade, cada uma a sua maneira, alguns desses fatores, promovendo uma discriminação mais delicada dos motivos pelos quais querem ou não ter filhos, incluindo o mergulho em seus desejos e medos acerca dessa escolha. Isso, é claro, quando essa questão pode ser trazida para ser cuidada com a psicanalista. Em muitos casos, as gestações simplesmente "acontecem".

Por outro lado, algumas mulheres indicam o caminho das mudanças em suas vidas desde antes da gravidez. Algumas se ressentem do impacto que uma relação mais séria com alguém pode trazer. Para além dos ganhos, as mudanças são vivenciadas como perdas, e um dos exemplos disso é a necessidade de renunciarem a suas liberdades pessoais e, em alguns casos, se mudarem de casa, de cidade ou de país. Parecem sinalizar que as relações impõem uma necessidade de investimento e dão certo trabalho; deve-se abrir mão de algo para obter ganhos nesse espaço compartilhado que representa a relação com um outro.

Assim, vemos que nesse período pré-gravídico, quando se anuncia o projeto de um filho para seus pais, já se põe em movimento um delicado exercício de elaboração de perdas e ganhos que podem voltar em outros momentos no processo de parentalização.

Algumas mulheres que vivem intensamente suas vidas de solteiras e sem filhos podem se preocupar, antecipando com certo receio como darão conta das necessidades e desejos de um filho que chegará. Suponho que "eu sempre fiz tudo o que quis" e "se puxar a mãe e o pai, estamos fritos!" dizem do medo de agora sofrerem os efeitos disso proveniente do outro, talvez ficarem sujeitas à vontade do filho. Parece também indicar a mudança de geração no horizonte dos pais engendrada pelo nascimento de um filho.

Essa mudança implica uma torção necessária, um certo giro na perspectiva de "eu não dava satisfações pra ninguém" para "meu medo é mais a responsabilidade de criar uma criança...". Sabemos que esse giro não só é necessário como fundamental, mas envolve um importante trabalho psíquico dos pais e lhes exige um posicionamento subjetivo diferente, o que não costuma ser uma tarefa fácil.

Uma dessas mães parece sinalizar que a gestação é vivida, de modo geral, como ameaçadora, mas que o puerpério representa um "debruçar-se" sobre o bebê, e a experiência da maternidade pode ser vivida serenamente e com satisfação. Por certo ângulo, a gravidez pode ser simbolizada como perda, mas a maternidade e o contato com o bebê são um ganho. Ela parece enfatizar a necessidade de se resguardar no momento em que seu filho nasce:

> *Acho que eu vou ter o mesmo comportamento: eu não gosto de sair, eu gosto de ficar em casa. Acho que não tem que ficar expondo a criança, e, quando eu vou amamentar, eu não gosto de amamentar no meio de um monte de gente. Não gosto. Muitas pessoas que estranham . . . E eu não gosto, eu ia pro quarto, fechava a porta, e me incomodava demais as pessoas entrando, porque é um momento de tranquilidade, que você está aprendendo... e as pessoas lidam como se... uma coisa que me irrita muito. Isso foi uma coisa me incomodou demais.*

A amamentação parece ter sido um foco de aborrecimento para uma participante, pois, apesar de seu filho mais velho não ter chorado de fome – ele é descrito como um bebê que demandava muito pouco –, ela percebeu que só saíam de seu seio "dois fiozinhos" de leite, explicando por que o bebê não ganhava muito peso. Associa a diminuição do leite a uma estressante experiência por que passou perto do nascimento do primeiro filho: a pessoa que alugava seu apartamento – onde iriam morar – não saiu na época combinada, e esse tempo se arrastou muito, causando muitos infortúnios.

Sabemos que pode ser vivida como brutal a pressão de ter que fazer viver o bebê, e a exclusividade da amamentação pode ser um representante emblemático desse fator – a mamadeira pode servir como um terceiro elemento, um anteparo para a forte angústia de ter que garantir a sobrevivência do filho. Algumas mulheres sentem certo "alívio" quando introduzem a mamadeira para alimentar o bebê.

Penso no "excesso" que pode representar o imperativo social de ter que amamentar, às vezes a qualquer custo, destacando-se os ganhos para o bebê e para a mãe, sem levar em conta as perdas dela própria – e, consequentemente, do bebê e da relação –, tomando a impossível dissociação do estado materno e do bem-estar do neonato.

Algumas dessas mulheres parecem sentir os companheiros como presenças excessivas, vivenciadas de forma quase intrusiva, um deles talvez pela sua preocupação com a gestação da esposa. Em função de uma gestação de risco vivida anteriormente, ele se preocupa com os excessos que podem representar a sobrecarga de trabalho, e até mesmo gostaria que ela parasse de trabalhar depois do quarto mês. Também se preocupa com as brincadeiras do filho mais velho deles, para não a machucar.

Outras mulheres deixam muito claro que a presença efetiva e o suporte de alguém de sua confiança pode ajudá-las a atravessar essa experiência de pré-gestação e gestação. Uma dessas mulheres inclui seu marido em todo acompanhamento nesse período, inclusive no encontro comigo.

> *nunca mais é você, só você, você e o... a preocupação com seu bem-estar, com o bem-estar do teu marido e acabou... agora, tem outra pessoa pra se preocupar e também tem toda uma adaptação, né? Porque o casamento – todo mundo fala – muda. Então, tem que se policiar pra não ficar 100% com o nenê e continuar sendo mulher, mãe, esposa e tudo...*

No início, o marido parece se sentir um pouco excluído da entrevista, mas depois é ele quem fala sobre as dificuldades, num tom contido e controlado, que parece pretender que cada coisa ocupe seu devido lugar. Quando fica mais à vontade, introduz questões importantes.

Um desses companheiros contou que ele nasceu quando sua mãe era adolescente. Sua família de origem é sentida como uma presença invasiva, e ele conta da necessidade de se afastar deles para crescer pessoalmente.

Sobre o vínculo com sua família de origem, uma outra mulher diz que sua relação com seus pais mudou muito. Quando eles se separaram, ela tinha 18 anos. Na época, aproximou-se da mãe e se afastou do pai, mas conta ter sentido um grande alívio, pois, desde pequena, só se lembra de seus desentendimentos e não compreendia por que não se separavam.

> *Se dão superbem hoje, tal, mas foi um alívio. Foi, pra mim, a melhor coisa. Tem aquela coisa meio traumática quando é mesmo o rompimento, mas você passa a ter uma harmonia, uma paz em casa que eu não sabia nem o que que era, por causa desses conflitos.*

Penso que essa fala de uma dessas mulheres que acompanhei pode indicar que as perdas podem vir a ser significadas posteriormente como ganhos, e que já havia perda num casamento que ela sentia como conflituoso. Agora, sente-se "afetivamente" mais próxima do pai. Sente que seu pai é muito sincero, qualidade que ela valoriza, e conta com ele, caso precise de alguma ajuda com o filho mais velho.

O tom eufórico de uma dessas mulheres perpassou todo esse primeiro encontro comigo. Ela parecia estar em pleno transbordamento, que só tomava outro tom quando falava na relação tumultuada com sua família de origem, o que indicava certo conflito.

Outra mulher estava preocupada com as mudanças que percebia em seu trabalho:

> *porque a empresa está passando por uma fase muito difícil... está me desmotivando muito lá dentro. Então, você fica pensando "acho que eu vou procurar emprego durante a licença maternidade", sabe essas coisas?... Por outro lado, é uma empresa. Por enquanto – a gente não sabe como vai ficar –, mas, por enquanto, eu tinha uma flexibilidade...*
>
> *Enfim, tem várias preocupações, que a gente sabe que não tem que se preocupar agora, que é uma coisa por vez...*

Minha presença nas dores e amores

O modo como as mulheres conversam comigo na entrevista exprime uma grande turbulência interna, que sabemos ser frequente, especialmente nesses períodos.

A partir do eco desses tumultos em mim, percebo que elas se utilizam da minha presença, abrindo caminho para as falas, entremeadas de suas dores e amores e são verdadeiramente escutadas e contidas por mim. Ao dar contorno para as águas das emoções envolvidas, podendo suportá-las, penso que as ajudo a fazer algo semelhante.

Algumas dessas mulheres aproveitam o encontro comigo, solicitam uma postura mais direta e me perguntam se tenho algum conselho. Elas o fazem pela transferência e confiança em mim depositadas, e por sentirem que me preocupo e acolho verdadeiramente essas questões. Talvez por eu também ser mãe, sentiram-se acompanhadas nessa "troca de pele"[1] (Prat, 2008) pela qual estavam passando.

Os encontros com essas mulheres mostram como o dinamismo da vida se fez presente também nesses momentos, com suas curvas ascendentes e descendentes, como contam desses altos e baixos e como podem experimentar todo esse movimento em torno do percurso de ter um filho.

Algumas falam sobre como percorreram um longo caminho para engravidar, trajetos muitas vezes pontuados por adiamentos, preocupações, perdas e lutos, bem como por realizações e alegrias. Algumas delas usam das conversas comigo como modo de acolhimento, o que as faz entrarem em contato com uma miríade de emoções que podem não ser fáceis, em virtude das intensidades e até ambivalências.

Algumas mulheres aceitam com grande satisfação o contato comigo para serem acompanhadas nesse momento entre a gestação e o puerpério. Penso ser esse um indicativo de como as mulheres sentem a importância de serem assistidas cuidadosamente nesse período.

Algumas mulheres que não fizeram parte da pesquisa, e não contaram nesse período com um acompanhamento semelhante,

---

1 Refiro-me ao termo cunhado por Prat (2008) que espelha a mutação profunda a que o psiquismo parental fica sujeito no pós-parto.

relataram sentimentos de sobrecarga e solidão que reverberaram em suas vidas e no exercício da maternidade. Acreditam que se beneficiariam de encontros nos quais pudessem ter sido acolhidas, para cuidarem melhor das vivências de suas dores e amores nessa época.

Algumas mulheres que pedi para me encontrarem mostraram certa dificuldade no agendamento. É claro que esse fator pode ser atribuído a algo muito corriqueiro, à dificuldade de terem espaços em suas agendas, ou qualquer outra intercorrência, mas nos faz levantar uma hipótese de dificuldade de abrirem espaço para esses encontros comigo (e consigo mesmas). É evidente que algumas dessas mulheres foram convidadas para esses encontros, e elas toparam, o que me dá uma chance de pensar que em algum cantinho delas mesmas elas quiseram estar comigo falando de suas gestações e de seus filhos que chegariam. Isso não faz apartar todas as ambivalências e resistências que podem estar acompanhando esse aceite.

Ao se depararem com a envergadura da tarefa de cuidar de um bebê nos primeiros tempos, é lugar comum ouvirmos mães e pais reclamarem de ninguém os ter alertado sobre os inúmeros percalços que sobrevêm ao nascimento. Ouvíamos talvez muito mais frases como essas quando não tínhamos aos nossos lados as redes sociais – apenas os blogs de maternidade e parentalidade, ou as conversas mais íntimas entre mulheres – servindo de palco para tantas mães se queixarem da solidão, da sobrecarga e de tantas dificuldades. Como já dissemos, talvez em função da idealização da maternidade, e dos ideais sociais, dentre eles uma espécie de imperativo de a mulher ter de se tornar mãe. Torna-se importante lembrar que é apenas a partir da experiência real que cada pessoa poderá lidar com as diferentes intensidades e matizes afetivos envolvidos no exercício da parentalidade.

Sem dúvida, estas são situações desorganizadoras e que expõem aqueles que as vivem a uma sobrecarga emocional, especialmente quando estão em vias de acolher um novo bebê, mas me chamam atenção em uma dessas mulheres uma dificuldade de reconhecer em si mesma a fragilidade – exceto quando fala de determinada situação familiar que a preocupa – e sua tentativa de se apresentar como forte e capaz de enfrentar as dificuldades, às vezes tentando negar as situações de grande impacto emocional que viveu ou que poderá vir a viver nessa sua nova empreitada.

Senti certa dificuldade de acompanhar algumas dessas mulheres durante os encontros. Uma delas fala muito depressa, coloca muitas questões, e me parece que elas escorrem por sua fala sem que ela consiga se apropriar delas. Exprime uma grande turbulência interna, mas suponho que tenha dificuldade para entrar em contato com suas áreas mais sensíveis, as quais têm um impacto considerável em mim.

Percebo em algumas mulheres uma dinâmica emocional que inclui certa cisão entre a potência – aquela que executa, mas tem dificuldade de se retirar para se "preocupar primariamente" nesse momento de ter um filho – e os aspectos mais sensíveis, mais difíceis.

Apesar do contato um pouco limitado com os conteúdos mais frágeis, percebo uma mudança sutil na posição dessas mulheres ao longo da entrevista. Talvez tenham sentido minha presença interessada e continente como favorecedora do contato paulatino com suas próprias fragilidades, bem como propiciadora de um suporte para o processo de parentalização em curso. Em um desses encontros, a mulher continua a me contar experiências difíceis que se seguiram ao nascimento de seu primeiro filho, bem como sua preocupação com a percepção de que seus pais estão envelhecendo, fato que a emociona.

Em um desses encontros, a fala vai produzindo em mim um impacto considerável, quando a mulher conta que passou grande parte da gestação em repouso, que sangrou muito, chegando um dia a desconfiar que havia perdido o bebê. Senti também uma espécie de susto, como o efeito de uma surpresa. Acredito que me tenha contagiado com o clima de "eficiência" que essa mulher algumas vezes emana. Só depois de algum tempo se descobriu uma questão que a levou a ficar em repouso grande parte da gravidez, impedindo-a de cumprir tarefas de rotina, como dirigir e trabalhar normalmente, o que ela parece sentir como perdas importantes, mas com contato emocional limitado. Sinto que sofri certo abalo.

Em outro desses encontros, percebo que a fala porta conteúdos ameaçadores, mas a gestante não parece entrar em contato com eles. Eu me assusto, acolhendo o choque de suas emoções não digeridas. Ela parece ter sofrido o impacto, mas procura de forma recorrente atenuá-lo.

Sou testemunha e continente para angústias desse tipo e percebo que me assombro com falas como essas sobre riscos na gestação.

> *Então, aí, eu... e, esta gestação está mais tranquila. Eu não entrei em trabalho de parto e tal, mas eu já tô medicada, já tô... Então, qualquer... começo a ter contração, eu já sei, eu já paro, já tomo algumas providências, mas ainda me preocupa. Essa história me preocupa um pouco, então, eu fico meio tensa. E o meu marido fica muito tenso, também...*

O contato comigo em um desses momentos é um pouco apreensivo, no início; parece que uma dessas mulheres acredita que existe um jeito certo de fazer as coisas, o que foi gradativamente diminuindo ao longo do encontro, talvez por ela ter percebido que eu não estava ali para julgá-la, e sim escutá-la e acompanhá-la com atenção e cuidado genuínos.

Minha experiência em uma dessas conversas parecia uma viagem numa montanha-russa, deslizando entre aclives e declives, na qual parece que a mulher me levou junto consigo, me contando suas experiências e como as vivenciou. Ela expressa a possibilidade de entrar em contato com cada uma delas, sem se afastar da dor desencadeada por algumas, e parece contar com minha presença para isso.

Uma dessas mulheres com as quais tive contato na minha pesquisa, depois de alguns dias do primeiro encontro que tivemos, deixou um recado na secretaria eletrônica dizendo que estava em repouso porque corria o risco de ter um parto prematuro. Ela acreditava que teríamos que antecipar o encontro seguinte, que estava marcado para dali a duas semanas. Marcamos um horário para logo depois do telefonema que tivemos.

Essa mesma mulher vai aproveitando o encontro para pensar e estar junto comigo. Lembro-me do recado em minha secretária eletrônica, apesar de não ser minha paciente, se apresentou como tal, o que é, talvez, representativo de seu movimento transferencial. Ela parece fazer uso do espaço da entrevista para pensar sobre alguns medos e expectativas frente ao encontro com o bebê e a experiência da maternidade, bem como sobre as mudanças por que passará. Um exemplo disso é sua fala a respeito do parto:

> *outro medo que me veio quando veio a história do parto prematuro: comecei a pensar no parto; é outro medo que a gente tem. Ai, meu Deus, será que eu vou conseguir parto normal? E a dor? Não quero ir pra cesárea direto porque a gente sabe que é melhor pro nenê, o parto normal, e a cesárea, fica sei lá quantos meses sem fazer um exercício, sem poder carregar*

> *peso. Parto normal é tão mais fácil. Começam a vir milhões de coisas, mas veio tudo de uma vez . . . Eu fui na médica, ela [me] assustou realmente. Ela falou "fica de repouso". Voltei depois de quatro dias – tinha diminuído mais ainda. "Você fica de repouso absoluto, deitada. Não quero você nem sentada: toma banho e deita. Vamos dar injeção pro pulmãozinho do nenê". Aí eu desesperei: eu vi que o negócio era feio mesmo. Aí veio essa enxurrada: ai, meu Deus, parto prematuro, nenê prematuro, a dor do parto, não sei o que, o trabalho... Agora, já passou.*

Apesar dos receios e das dúvidas, uma dessas gestantes pode contar com algumas ajudas: parece sentir que pode confiar em sua chefe; sua mãe está em sua casa durante o repouso, para ajudá-la; ela contratou uma empregada para ajudar com a casa e com o bebê, quando ele nascer. Fundamentalmente, ela parece ser alguém que aceita ser ajudada e amparada nesse momento, assim como sinto seu movimento em relação a mim.

No fim da entrevista, essa mesma mulher me pergunta se tenho algum conselho para lhe dar. Houve um movimento interessante, no qual pareceu que ela foi aproveitando o encontro comigo para ir também se preparando para o encontro com o bebê e com o desconhecido dessa experiência. Sua angústia sofreu uma mudança expressiva ao longo da hora que passamos juntas: parecia bem alta, no começo, mas, depois que ela tratou dos temas que a preocupavam, seu estado emocional melhorou sensivelmente. A possibilidade de compreender o repouso que se viu obrigada a fazer como uma forma de se preparar para receber seu filho pareceu ser especialmente importante, dando, assim, um sentido à experiência angustiante.

Algumas dessas gestantes com as quais tive contato não negam as expectativas de mudanças que terão, ou até de algumas perdas. Percebo, no entanto, que sentem no encontro comigo um terreno fértil para falarem com clareza o quanto ficam divididas, por exemplo, entre os investimentos na carreira e como mães, e uma série de questões cujas complexidades, com a minha presença, parecem vivenciar com menos conflito.

Nesses primeiros encontros já se coloca em relevo o valor e a importância de uma presença continente no período final da gestação.

Caminhos da tristeza

Os riscos de perder o bebê na gestação são reais, mas também podem traduzir um perigo de natureza diversa, talvez apontando para a questão do desamparo humano que acossa nesses momentos críticos, nos lembrando da transitoriedade da vida e da inevitabilidade da morte.

Algumas mulheres relatam a dor e as várias emoções às quais ficam sujeitas nessa experiência: uma delas passou da preocupação de saber que precisava fazer uma cirurgia para retirar um nódulo, que poderia ser responsável pela dificuldade em engravidar, à alegria de saber que havia engravidado e novamente a outra preocupação: estava grávida de gêmeos, e um dos fetos estava com alguma anomalia, o que levou o médico, especialista em medicina fetal, a mencionar a possibilidade de abortar esse feto, pois, se continuasse vivo, ele poderia vir a prejudicar o outro, que se desenvolvia normalmente.

Essa mulher conta esse episódio com pesar e diz que passou uma semana de "horror", pela possibilidade de ter que fazer um aborto e pela preocupação com o risco que poderia correr o feto que se desenvolvia normalmente. Logo depois, o coração do feto anômalo parou de bater, momento vivido com um misto de alívio e pesar. Alívio porque não precisou passar por nenhum exame ou procedimento mais invasivo, pois o feto teve um aborto natural, e tristeza pela perda intrauterina, que ela própria classifica como um "momento de luto".

> *Inicialmente, a surpresa de vir dois! Nossa! Vou ter dois nenês, né?... Puxa, vai ser trabalhoso, mas também vai ser legal, porque aí eu já tenho de uma vez só, e não tenho mais filhos, já posso fechar... a porteira [risos], como dizem... mas assim... Passam várias coisas pela sua cabeça. Acho que é um pouco isso: esse mix de tristeza, de pesar e de alívio ao mesmo tempo... que a natureza se incumbiu de tomar... de resolver a situação por ela mesma, né?*

Pensei que, realmente, antes mesmo de o bebê nascer, a mulher teve que se confrontar com a morte do feto anômalo. Mas, já nesse primeiro momento da entrevista, ela dá provas de que as experiências podem ter pelo menos dois lados: ela pôde considerar o alívio de não ter que "matar um filho" e a dor de não ter podido tê-lo. E, ainda, dá provas de uma necessária capacidade de vinculação ao bebê que vivia em seu ventre, pois este sim precisava de seus investimentos.

Assim, logo no início da gestação, ela passou por uma prova de fogo: teve que lidar com uma perda concreta. Talvez o bebê que vive tenha sido uma espécie de alento para lidar com a perda e a elaboração do luto pelo feto que não se desenvolveu apropriadamente. É importante destacar sua capacidade de cumprir esse árduo processo psíquico.

Essa mulher vai mostrando que sua vivência das perdas provocou tristeza, mas não a impediu de investir no bebê saudável e, ao mesmo tempo, na constituição do vínculo com o bebê e com seu papel materno. Assim, ela dá indícios de que é capaz de realizar o difícil trabalho psíquico de elaboração da perda do bebê que não se desenvolve apropriadamente, e eu a acompanho em sua dor da maneira mais respeitosa possível:

> *Por que, se eu tivesse que fazer um aborto, aí eu ia morrer, né? Já que ele parou naturalmente de se desenvolver, eu acho que foi um caminho... E parou cedo, parou na oitava semana; assim, parou num estágio bom, né? Num tempo de não... Quanto mais o ser humanozinho vai crescendo, mais gente vai ficando, se vê lá o coraçãozinho se desenvolvendo, se vê a mãozinha, se vê... Aí, ele parou de se desenvolver quando ele ainda era um feijãozinho.*

Certas mulheres vivenciam com grandes impactos as transformações trazidas pela gestação, vivem-nas como perdas, ficam muito chateadas com seus estados gerais: muito sono, digestão lenta, algumas náuseas e muito choro nos três primeiros meses da gestação; uma sensibilidade muito exacerbada. Uma delas me fala:

> *Eu não aguento isso...*

Essa questão pode passar por inúmeras especificidades para cada caso, mas talvez possa sugerir certa dificuldade no necessário recolhimento para a promoção do estado de *preocupação materna primária*, essencial para a mãe entrar em conexão íntima com o bebê, desde o período gestacional.

Sobre as impressões, ideias e sensações que ela teve quando soube que estava grávida, referiu-se novamente à primeira gestação, quando se tornou mãe. Penso também que as duas gestações parecem ter sido vividas como se fossem um bloco único: talvez isso indique uma dificuldade de diferenciar uma da outra, ou talvez a primeira gravidez inaugure a constelação da maternidade, a instalação e construção do papel materno:

> *Ah, eu fiquei supercontente, fiquei bem feliz... todo mundo fala que é a melhor coisa do mundo, ter filho. Acho que, quando você não tem filho, você não sabe o que é realmente esse sentimento, esse carinho, esse amor, né? Acho que depois, na hora que você tem filho, você fala "nossa, como eu achava" – é até clichê falar isso –, mas, "nossa, como eu consegui pensar minha vida sem um filho", né? Então, isso que eu acho que foi assim, vou esperar... era uma coisa que eu queria. Foi muito legal mesmo... muito legal mesmo!*

Assim, associados ao desejo de engravidar, vão aparecendo os lutos decorrentes, que geralmente não são previstos no projeto idealizado. Uma questão que é importante considerar é: como as mulheres poderão lidar com aspectos como esses ao longo de suas relações com seus bebês?

6. Dores e amores no primeiro encontro após o nascimento: o que trazem as águas do parto?

Susto e suas nuances

A experiência do parto parece ser um divisor de águas: simboliza um momento de transição por excelência, além de representar a concretude do nascimento, repleto de sensações e sentimentos. Pensamos que seja, por si só, uma aventura transbordante, mas chegamos a alguns elementos importantes que apontam para alguns motivos pelos quais vale a pena examinar atentamente esse momento e as experiências em torno dele, prestando à mulher e à família uma assistência mais alinhada com suas reais necessidades.

Embora o objetivo aqui não seja quantificar os fenômenos estudados, é notável o número elevado de mulheres que se submetem a cesarianas. Esse dado remete ao âmbito altamente complexo e discutido sobre uma *cultura da cesárea* no Brasil, reflexo de uma igualmente complexa situação social:

> *A medicalização do parto é um reflexo da medicalização social, descrita como processo sociocultural complexo*

> *que transforma em necessidades médicas as vivências, os sofrimentos e as dores que antes eram administradas no próprio ambiente familiar ou comunitário. A medicalização transforma culturalmente as populações, com um declínio na capacidade de enfrentamento autônomo das dores e adoecimentos. (Tesser, 2006)*

Por ser um tema altamente intrincado, não nos parece fruto de um único determinante, mas de uma situação social muito mais ampla. No entanto, pensamos que vale considerar o uso relativo dos avanços médicos, que podem substituir ou complementar outros dispositivos de cuidado, sejam eles oferecidos pelo grupo social, ou por outros saberes, como nos parece o caso dos conhecimentos e da assistência oferecida pela psicanálise.

Assim, a nosso ver, a medicalização do parto pode ser entendida em parte pelo viés da intolerância e da fuga das dores, sejam elas físicas ou – principalmente – psíquicas, em nossa sociedade atualmente.

Algumas mulheres que podem ter a chance de optar pelo tipo de parto que desejam ter talvez tentem evitar que o parto seja algo de que não consigam dar conta, e por essa ameaça velada evitam fazer um parto normal. Outras localizam na episiotomia o receio maior pela dor, ou por outras reverberações que ela pode causar.

Dito isso, voltamos à compreensão do parto como um evento transbordante. A vivência emocionante implicada nele é ilustrada pelo relato de algumas mulheres: "não ter como descrevê-lo", ser uma "experiência mágica" ou a "experiência mais bonita" vivida. E temos ainda sua representação como uma espécie de susto.

Penso que uma dessas mulheres talvez desejasse prolongar a gravidez e adiar esse momento fronteiriço e angustiante, pois, para ela, estar grávida foi uma experiência prazerosa, vivenciada com um sentimento de plenitude que o parto veio interromper:

> *Nossa! No parto, eu tava superapreensiva, no início, porque chega assim na hora dá vontade de correr e falar "espera mais um pouquinho dentro... deixa mais um pouquinho aqui dentro"...*

A experiência do parto costuma impactar intensamente as mulheres, e não só pelos aspectos positivos, mas por uma qualidade desse suposto transbordamento a que a mulher fica sujeita. Algumas mulheres relatam novamente uma espécie de susto, que pode aparecer e parece refletir o quanto não se sentem preparadas.

Alguns bebês nascem antes do esperado, e até mesmo nos casos em que não há um nascimento prematuro, o vai nascer "agora" ou o "está para chegar" costuma ser vivido como um susto. O "agora" porta sempre um elemento de inesperado...

Elas sabem que estão para ter um filho, mas a vivência pode ser significada como uma espécie de abalo: "não está tudo arrumado!". Assustam-se ao verem que chegou a hora; algumas vezes parecem ter sido pegas desprevenidas.

Apesar de muitas vezes as coisas concretas, como mala, roupas e quarto, estarem prontas, se referem a uma espécie de falta de preparo, a não se sentirem capazes de se deparar com a chegada do filho. O enfrentamento real com o bebê que o parto enseja parece indicar certa falta de preparação para esse encontro, simbolizando um verdadeiro excesso – apesar de se referirem em geral também a esse como um momento emocionante.

E é também emocionada que uma dessas mulheres me conta o momento do nascimento do filho:

> *é mágico... é uma coisa que não dá pra explicar, não dá pra falar em palavras, acho que é o momento mais lindo que eu já passei na minha vida!*

Como dissemos, o parto representa um divisor de águas, e a emoção do nascimento do filho é "algo sem igual". No entanto, ele parece simbolizar uma experiência de fronteira: implica o risco da transição do bebê em segurança no ventre para o bebê que precisa sair e viver. E que transformará a vida de seus pais, e de sua família.

No parto apareceria de forma manifesta, pela primeira vez, a ideia da "vida com limites precisos" (Soifer, 1992, p. 29), ou da própria morte, o que talvez explique de maneira condensada a ansiedade de estar cedendo parte da própria vida no medo de morrer no parto.

A representação da vida e da morte está cruamente envolvida nesse momento de passagem, inspirando a dúvida sobre se a chegada do bebê não seria prematura. Em uma mulher que escolheu marcar a cesárea, algumas ficam inseguras achando que poderiam ter precipitado a vinda dos filhos.

> *A primeira vez que vi o bebê, o que primeiro senti foi alívio, pois ele estava bem...*

O nascimento, para a mãe e o filho, envolve uma profunda transição, operada em meio a certos riscos ou incertezas. Aí, o desamparo aparece sem disfarces. A ruptura que representa o parto – tanto para a mãe quanto para o bebê e para o pai – indica uma separação concreta do corpo materno, com reverberações importantes para todos os envolvidos. Vida e morte parecem representadas de maneira crua no momento do nascimento de um filho, além das angústias decorrentes dessa separação.

"A vontade é de deixar o bebê mais um pouquinho na barriga" disse uma dessas mães. Isso pode ser um representante do caráter de risco presente na transição do parto, com a realidade do nascimento, tanto para o bebê quanto para a mãe.

O medo de perder o filho aparece repetidas vezes, sinalizando que imperava no parto. Apesar de ter ficado mais tranquila depois dele, uma mulher disse ao marido:

> *fica de olho nele, se colocaram a pulseirinha; toda aquela insegurança; eu falava "marca o rostinho dele". Aí que ele veio e trouxe ele pra mim, nossa!*

No processo de transição que o nascimento representa, a outra face do medo de perder pode ser uma espécie de angústia de separação, que é exemplificada pela fala de uma mãe:

> *Eu ficava lá embaixo, agoniada. Eu quero ver meu filho, né?... Eu ficava agoniada pra ficar com ele...*

Em função da anestesia ou dos procedimentos médicos necessários, algumas parturientes sentem náuseas, vômitos e outros desconfortos durante e/ou após o parto. Percebemos que há um gradiente em torno dessa experiência, podendo acompanhar esse momento uma emoção ameaçadora e talvez até desagregadora.

Algumas mulheres impactadas pela experiência traumática em partos anteriores, testemunham com seus corpos a ameaça que o parto pode significar e se sentem muito mal tanto durante quanto após o parto.

O parto representa um momento significativo que, talvez por ser tão impactante, dificulta a possibilidade de muitas mulheres conseguirem representá-lo. Algumas delas localizam uma experiência terrorífica a vivência da anestesia, evidenciando a face traumática desse evento:

eu tenho horror da anestesia.

Outras mulheres também nos falam do horror, mas isso aparece atenuado pelas experiências gratificantes.

Ao longo dos encontros comigo, as mulheres falam sobre suas dores e seus amores, fazem uma espécie de inventário das perdas e dos ganhos da experiência e observam que, mesmo quando planejado e desejado, o bebê porta um excesso, e indicam que não há preparação que dê conta da vinda de um filho no horizonte materno, mesmo que em alguns casos se possa contar com a antecipação do bebê, feita na gestação, e do lugar materno.

Uma delas apesar de ter se preparado em parte, relata uma nuance do susto e do impacto decorrente de uma dor para a qual não se preparara, e diz também da emoção indescritível sentida quando ouviu o choro de seu filho ao nascer e de como, por um instante, "não acreditou que ele tivesse saído de seu ventre". Essa imagem parece ser um emblema de quão mágica, embora impactante, a experiência do parto e do nascimento de um filho costuma ser.

É comum que a época de nascimento de um filho seja um período conturbado, de reformas, e muitas vezes isso aparece de maneira concreta, com tudo fica "uma loucura", em falas que contam que casas em reforma e trabalhos a entregar antes dos bebês nascerem.

Mais um exemplo representativo da alteração sentida é o de uma outra mãe que me fala sobre o incômodo de estar numa casa bagunçada e em reforma. Parece dizer da reorganização necessária que sobrevém à chegada de mais um integrante na família. Tudo se desorganiza, tudo sai do lugar antigo e ainda não encontrou um novo:

> *O outro [filho] só quer tomar o leite comigo. Ele gosta de tomar ali, que era a antiga varanda, olhando pra rua. Não tem varanda porque a sala tá uma zona. Aí, ele tem que tomar aqui...*

Em um desses casos o suporte do companheiro na transição para a parentalidade parece ter sido fundamental, mas a passagem da primiparidade – a experiência de quem tem o primeiro filho – para a multiparidade teve efeitos diferentes da vez anterior. Isso me leva a pensar que o encontro com o novo bebê implica algum excesso, mesmo que a transição já se tenha feito antes, na vinda do primeiro filho.

Alguns bebês podem nascer antes do previsto e impor às mães multíparas uma experiência diferente das que tiveram anteriormente, marcando de forma contundente a novidade/especificidade de um outro ser que chega na família e contrariando a ideia que algumas mulheres têm: acreditarem saber como será esse novo bebê porque já tiveram um filho. Talvez essa seja uma maneira de se protegerem dessa experiência nova por excelência e que pode trazer uma indeterminação, certo transtorno e medo.

O susto e o impacto sentidos com a vinda do filho simbolizam o *caráter excessivo* da maternidade, quando as dores e as perdas, que pareciam não ter lugar no projeto anterior exigem da mulher não só uma desidealização como uma rápida elaboração e adequação de seu papel materno. Algumas falas ilustram o impacto:

> *eu não esperava isso, está sendo muito mais difícil do que imaginava!*

Elas dividem comigo e sugerem o quanto as dores, físicas ou não, são parte da construção do papel materno, incluindo o susto e o impacto da metamorfose que o nascimento traz:

> *muda o corpo, muda toda a sua vida!*

O que reflete o caráter inesperado do nascimento e a demanda imperiosa do recém-nascido, a quem se deve ajudar a viver.

As mulheres me contam seus receios e suas dores, relatam a necessidade de repensarem constantemente o projeto anterior, adequando-o às exigências da maternidade real, e como a concretude da experiência e a vinda do bebê na realidade exige trabalho psíquico para processarem as situações novíssimas.

Parece emblemática a dor que uma dessas mulheres sentiu nos primeiros dias: as rachaduras nos bicos dos seios e o ingurgitamento mamário pegaram-na desprevenida; ela imaginava a dor do parto, mas não esperava a dos seios, que viveu intensamente:

> *Rachou o bico, empedrou. Então, nossa! Era uma dor aguda... E isso me abalou muito: aquele seio todo empedrado, e eu não conseguia dar de mamar, eu chorava quando dava de mamar.*

Aparecem representadas nesses choros emoções que não são apenas expressões de dores físicas, sem desprezar o quanto os seios podem realmente doer muito!

Outras mães sentem muita dor com a involução do útero. É interessante saber que, além de designar o retorno de um órgão dilatado a suas dimensões normais, como é especificamente o caso do útero no período puerperal, a palavra *involução* pode também significar um movimento regressivo, bem como a condição, ou o estado de um órgão que está voltado, para dentro, além de um movimento transformacional idêntico a seu inverso (Houaiss, n.d.).

Os significados são intrigantes se pensarmos nas mudanças físicas, mas também nas psíquicas que ocorrem no período gravídico e depois no puerperal. É necessária não só uma involução do útero, que volta a um estado próximo ao anterior à gestação, mas que, ainda assim, nunca é o mesmo. Essas experiências todas operam uma mudança significativa: nem o útero volta a ser como antes.

Algumas mulheres relatam um enorme prejuízo de se verem com sua "liberdade de ir e vir" completamente ameaçada; na verdade, esse é um dos maiores impactos vivenciados nesse momento, o qual desvela o quanto seus filhos *dependem absolutamente* delas para sobreviverem. É verdade que depois que temos filhos é muito difícil "batermos a porta de casa e irmos embora sem darmos satisfação para ninguém"; "fazermos o que quisermos", sem levarmos em consideração como e com quem nossos filhos ficarão, e isso não apenas quando acabam de nascer. No entanto, no momento logo após o parto essa questão é proeminente e costuma impactar sobremaneira, podendo, talvez, se somar às angústias que se encontram exacerbadas nesse período, no qual há um *tsunami emocional* em curso.

Um exemplo do que pode ser vivido de mais penoso na experiência: a vivência no corpo, a dor representada no corpo, para a qual não há preparação que seja suficiente. Talvez possamos pensar que seja pela transformação de mulher em mãe e das perdas e exigências que daí decorrem. Uma das mulheres me diz que viveu os primeiros momentos como puro excesso, mas consegue, a despeito disso, sentir e viver a outra face da moeda, isto é, como foi afetada agradavelmente pela vivência de ter um filho:

> *Fui prestar atenção nisso há uns dois dias atrás, no começo é tanta coisa, né? Que cê nem dá bola pra isso, mas aí depois que eu cheguei em casa tal eu comecei a olhar, eu falei "gente! Que estrago que faz"... que é ter um filho, quanto... tudo que muda, né? Na sua vida, então eu falei o negócio é feio, o negócio não é fácil não... [risos].*

Algumas mulheres citam as duas faces da mesma moeda que a amamentação representa: gostam de amamentar, mas sentem-se presas. Talvez essa questão aponte a total dependência do bebê em relação a elas. O que parece se apresentar é a necessidade imperiosa de fazer viver o bebê, e só a mãe tem esse poder com a amamentação exclusiva, o que representa uma grande responsabilidade. Para algumas mães, isso pode ser muito opressivo; brutal, até. Sua falta pode fazer o bebê não viver...

A demanda da ordem do absoluto e do integral é bastante opressora e pode trazer uma enorme angústia nesse contexto. Algumas mães podem se esforçar para atenuar o enorme impacto sobre elas:

> *Mas tá indo. Tô superfeliz, tô supercontente. Ser mãe em período integral, né? O mais legal de tudo é ser mãe em período integral, coisa que eu não sou [risos].*

O susto e a surpresa aparecem representados também pela percepção de algumas mães de que seus bebês nasceram esfomeados. Uma dessas mulheres me disse que não sabe nada sobre essa questão, pois em sua experiência anterior ela não tinha muito leite quando ele nasceu. E que nessa nova experiência tinha mais leite e estava tranquila com isso.

Algumas famílias testemunham antes do parto os extravios decorrentes da realidade, ao tomarem contato com algo diferente do que planejavam. Uma delas pensava em ter o filho em determinada maternidade, mas houve um contratempo com o plano de saúde, o que foi um abalo, também pelo risco de o parto não ser feito pelo médico que tinha acompanhado o pré-natal. Dimensões dessa ordem podem sobrecarregar ainda mais o sistema familiar nesses momentos já tão conturbados.

Com uma dessas mulheres que acompanhei, não conseguimos nos encontrar logo após o parto, apenas no final do primeiro mês.

E ela me conta que as primeiras semanas foram tranquilas: o bebê acordava para mamar de quatro em quatro horas na primeira semana, passou a acordar de três em três na segunda, e, depois disso, "bagunçou". O bebê chora intensamente das seis horas da manhã até perto das quatro da tarde. Ela diz que é "desesperador": parece sentir o impacto da presença do filho em sua vida.

Uma dessas mulheres se incomoda muito por estar limitada, sem poder contar com antigas competências como dirigir; e ter que resolver tudo perto de casa e acabar por ficar vinculada ao trabalho para não se sentir tão apartada de todo o movimento da sua vida antes do parto.

As mulheres que antes não se imaginavam mães parecem precisar forjar ainda mais um espaço psíquico para seu lugar materno. Suponho que haja um esforço para que isso aconteça, mas não diminuem as dificuldades que algumas encontram na relação com os filhos:

> *Eu não esperava, e todas as minhas amigas que vêm aqui falam "putz, eu nunca imaginei você mãe". Nem eu, nem eu... Todo mundo olha pra mim, ficam vendo eu amamentando: "Nossa! Eu não imaginava você mãe". Eu falo "acho que nem eu", mas, putz, é super gostoso. É gostoso, mas às vezes como você consegue cuidar?*

A exigência da responsabilidade de cuidar parece se reavivar com a regressão e o psiquismo em transparência, característicos do período, e o desamparo materno, incrementado pelo desamparo advindo do bebê: uma dessas mães vê o olhar assustado de seu filho, identifica-se com ele e o ampara.

Uma delas conta uma experiência forte, quando o bebê se engasgou devido ao excesso de leite e por sua reduzida capacidade de digestão estomacal, chegando a ficar sufocado. O casal chegou a levá-lo ao pronto-socorro para ver se tudo corria bem, pois a mãe teve que fazer uma manobra de emergência para que o filho voltasse a respirar normalmente. Os engasgos se repetiram algumas vezes, deixando a mãe muito angustiada e fazendo-a reviver sentimentos intensos de perda; sempre que o bebê chorava, ela ficava com muito medo de perdê-lo.

A fala da mãe indica o susto de ter sido pega desprevenida, pois se preparara para amamentar – ela investiu muito nisso. Disse que tudo ia bem, até ocorrer o engasgo:

> *Eu tremia... Eu falo pra ele, eu falo "não é justo, né?". Ele passou todos os nove meses bem na barriga, a gente esperou por ele e tudo, e, do nada, um susto desses...*

A fala dessa mulher revela a angústia pela possibilidade de morte, de perda de alguém tão desejado, que acaba de nascer. A pressão de preservar a vida do bebê, não é esse mesmo um dos maiores abalos sentidos na vinda de um filho?

O desamparo da mãe surge à medida que ela percebe a fragilidade da vida, que há um risco de morte na sua interface. O excedente de angústia pode ser compreendido devido a uma ameaça real ou pela necessária morte simbólica no momento em que o filho real entra em sua vida. O descompasso entre mãe e filho é representado pelo excesso de leite e pela dificuldade do bebê de absorvê-lo, engasgando-se e sufocando.

Deixar de ter o bebê da barriga parece recriar o desamparo materno: tudo pode acontecer. O narcisismo materno sofre um duro golpe, o que exige uma desidealização do filho e de sua própria imagem como mãe.

Além de ser um atravessamento de fronteiras, o parto implica um risco, representado não só pela vida, pela morte e pelo estranho, na figura de um filho que nasce, mas por uma vida diferente, que se apresenta a partir daquele momento, para o bebê, para a mãe, o pai e a família. O parto é sempre da ordem do inesperado, daquilo sobre o que não temos controle, presentifica um certo medo do desconhecido e pode evocar o desamparo.

As mulheres parecem simbolizar emblematicamente o quanto a parentalidade, mesmo desejada, pode implicar uma potência excessiva com matiz traumático, se não encontrarem recursos – tanto os internos, da mulher, quanto os externos, no companheiro e no grupo, o familiar ou outro. Os elementos desse material foram preciosos pela possibilidade de uma reflexão que julgo ser um condensado do que parece estar em jogo na construção da maternidade: perdas, impactos e sofrimentos, bem como o processamento das perdas e as decorrentes experiências de ganho.

Magagna (1992, como citado em Prat, 2008) ressalta o poder traumático que o nascimento de um filho pode ter para a mãe, em virtude da confusão e da perda da identidade anterior ao parto, somadas à consciência de sua responsabilidade de cuidar. Penso também que se imporia aí o tema da transmissão psíquica entre as gerações, assoberbando ainda mais esse psiquismo, compondo-se com a diluição das fronteiras psíquicas presentes na perinatalidade, quando o grupo familiar intervém formando o tecido intersubjetivo na constituição da vida psíquica individual.

O entorno e seus vértices

Algumas mulheres relatam a importância de se sentirem verdadeiramente acompanhadas no momento do parto. Uma delas relata que apenas após seu marido entrar na sala de parto ela pôde se acalmar, e que ele participou ativamente do parto:

> *ele fazia tudo chorando igual a uma criança, superemocionado!*

Uma das mulheres deu um testemunho encantador a respeito do suporte durante parto, dizendo que foi tranquilo, e que sua médica lhe deu segurança e seu marido a acompanhou e, como ela, se emocionou muito.

Outra mulher pediu que sua médica a deixasse ficar um dia a mais no hospital, para sentir-se melhor. Penso que essa dor intensa fez com que adiasse o confronto a sós com o filho, mantendo mais tempo o amparo da equipe hospitalar.

Os impactos são muitas vezes sentidos como abalos no equilíbrio dinâmico do casal e de cada um em particular. Uma das mulheres me conta como foi surpreendida por mais este elemento: a preocupação do marido agravada pela pressão de agora ser "chefe de família".

> *É, eu não esperava essa... Ele ficou transtornado... Não sei se ele não estava preparado, é que... Sabe o que é? Ele nunca teve um nenê na família, né? Não sabe como é ter um nenê, então... tudo pra ele é muito novo...*

O susto decorrente do nascimento reverbera na dinâmica não só da mãe, mas também do pai, segundo me contou. Uma dessas mães diz que o companheiro ficou "transtornado", que ele enlouqueceu:

> *Quem pirou foi o meu marido. É impressionante como ele pirou com a chegada do nenê. Começou a querer controlar tudo . . . Ele surtou porque mudou, ficou uma pessoa [como] um leão de chácara, querendo controlar tudo, as pessoas, o que se ia fazer com o nenê, o que não ia...*

Uma aparente perda de sanidade é vivida por todos. Como se todos enlouquecessem.

Outra dessas mulheres se ressente da mudança do marido: no nascimento do primeiro filho, ele estava muito mais presente e a apoiava. Diz que nessa segunda vez ele "enlouqueceu":

> *O bebê, eu sei que não trocaram na maternidade, mas o pai, eu acho que trocaram, porque ele está muito diferente!*

Algumas mulheres indicam o quanto o entorno, quando oferecido como rede de apoio emocional de qualidade, traz uma contribuição essencial para ajudar nesse momento de crise. Uma delas diz que foram fundamentais a presença verdadeira e o suporte emocional respeitoso oferecido por sua mãe, amparando-a na tarefa de construção de sua própria capacidade de parentalização, numa espécie de *holding* do *holding*[1] materno:

> *Minha mãe aqui foi fundamental pra ajudar, né? Deixa a gente mais tranquila... Tem sido tranquilo, porque ela tá. Minha mãe é uma pessoa assim... que... maravilhosa, minha mãe é uma pessoa que... que ela prefere se afastar, ao invés de se intrometer . . . Minha mãe falou "eu vou ficar até você estar boa". É engraçado: depois do parto, todo mundo fica preocupado com o nenê, a sua mãe é a única pessoa que está preocupada, além do nenê, com você. Então, ela tava cuidando de mim...*

1 Refiro-me aqui ao conceito de *holding* como a sustentação física e psicológica oferecida pela mãe ao bebê logo após seu nascimento, a qual favorece a constituição do bebê como uma unidade (Winnicott, 1945/2000d).

As mulheres relatam outras questões que as ocupam, as quais se relacionam com o entorno, e que podem diminuir os investimentos privilegiados no bebê. Uma mãe fica bastante preocupada com o ciúme de seu filho mais velho, que passa a se comportar de modo diferente do habitual, ressentindo-se da vinda do irmão. Pode também aparecer em sua percepção o envelhecimento de seus pais, que agora demandam investimentos e cuidados diferenciados, traduzindo o curso natural da vida.

Alguns companheiros são importantes figuras de apoio para as mulheres. Uma dessas conta muito com a presença do marido e parece precisar dele para passar por experiências que lhe exigem muito.

Uma dessas mulheres permite apenas ao marido que a ajude nos cuidados com o bebê, vetando qualquer outra pessoa, mesmo sua mãe, que, segundo diz, a deixou angustiada e só atrapalhou. Quanto ao marido, ela diz:

> *a gente faz tudo sempre junto.*

Uma dessas mães que não contava com ajuda em casa com o bebê, em um período desafiador, certo dia pôde contar com o auxílio pontual de uma amiga:

> *minha amiga falou "eu vou deixar minha filha aqui. Dou de mamar e vou aí te ajudar. Cê tá sozinha!".*

Algumas mães parecem ver como insuficiente a ajuda do marido nos cuidados com o filho. Dizem que demoram a fazer as coisas, o banho e a troca de fralda se prolongam muito, não se sentem ajudadas por eles.

Algumas mães se preocupam especialmente com o filho mais velho e querem protegê-los, esperam que, mesmo com o nascimento do bebê, eles tenham vida normal e façam normalmente as coisas do dia a dia: "não é nada, não é nenhum espetáculo...". Parece ser significativa a tentativa de anular, ou diminuir, os impactos presentes, e penso que possa ser o próprio reflexo desses abalos que também dificultam, em parte, a ligação com o novo bebê.

Por outro lado, como já comentamos antes, entendemos que o suporte de outras pessoas e o apoio do pai do bebê é extremamente relevante nos inícios na família, o que foi evidenciado nos depoimentos de algumas mulheres e apareceu como falta nos testemunhos de outras.

Um ponto importante que resultou das reflexões em torno do material de uma mãe é a impossibilidade ou certa recusa de receber auxílio de sua própria mãe ou da sogra, sobrecarregando o marido, e ela própria. Esse suporte precisa ser, além de qualitativamente significativo para cada mulher, algo sutil: mesmo que, do ponto de vista prático, se refira a cuidados com a casa, com a comida e mesmo com o bebê, fundamentalmente deve ser respeitoso o suficiente para servir de *holding* para a própria mãe e se alinhar a suas demandas nesse momento, para não piorar ainda mais a situação geral. Ao mesmo tempo, pode-se pensar que a oferta de algo pode não necessariamente ser recebido e sentido como algo bom para quem o recebe.

Aturdida pela angústia de não conseguir amamentar adequadamente, como almejava, essa mãe se sente muito invadida pela presença da própria mãe e da sogra. Parece senti-las como quem não ajuda e, sobretudo sua própria mãe, como uma presença inoportuna: seus conselhos não são bem-vindos, e ela não é autorizada pela filha, por sua experiência de ter sido mãe, a ajudá-la a suportar esse lugar.

Essa reflexão nos leva também a questionamentos acerca da especificidade da introjeção da figura materna que cada uma das participantes fez, bem como sua identificação com o papel materno agora atualizado; como cada mulher faz seu caminho desde ela própria bebê, como filha, e que itinerários foram construídos em torno de sua vida para poder chegar até aqui. Muitas mulheres, ao longo de seus processos de análise, trazem à luz essas questões, e outras me contam que talvez nunca tenham parado para pensar se realmente desejavam os filhos. Algumas parecem seguir um certo "fluxo" e têm seus filhos.

Vejo os vários lados da presença dos companheiros nesses primeiros tempos: uma dessas mulheres se ressente pelo fato de o marido não poder estar sensivelmente presente nos primeiros dias do segundo filho, como tinha estado na ocasião do nascimento do primeiro. A mulher se sente mais desamparada, e isso nos remete a outra questão: frente ao choque do nascimento, os homens também reagem como podem. Preocupado com a segurança, a reforma da casa e as mudanças no trabalho, seu marido se afasta, de certa forma, do epicentro do fenômeno, para continuar cuidando da família – guardando uma distância. Já o marido de uma outra mulher prefere ajudar cuidando do filho mais velho, e o de uma outra ainda – que, em seu dizer, "enlouqueceu" – mostra sua preocupação com o "sustento da família", refletindo as várias maneiras por meio das quais os pais respondem.

Por outro lado, por determinação da pediatra, uma mãe se vê obrigada a anotar o horário das mamadas. Ela não sabe o motivo desse pedido, mas depois diz que amamenta de hora em hora. Pergunto por que, e ela diz não saber muito bem, mas acaba dizendo que faz isso porque gosta de amamentar. Ela acredita que a pediatra lhe tenha pedido para anotar as mamadas porque o bebê está sendo amamentado numa frequência muito alta.

Uma dessas mães fala da diferença de tratamento quando se é mãe pela primeira vez e pela segunda. Dessa vez, não recebeu muitas informações na maternidade, e as pessoas a visitaram menos do que quando nasceu seu primeiro filho. Fala das visitas como se elas preenchessem ou amenizassem algo:

> *Senão, fica aquela chatice... então, eu acho que o tempo passa mais rápido. Eu senti bastante dor nessa segunda cesárea. Bastante dor...*

O encontro com o filho parece trazer à tona um colossal desamparo materno. É significado como assustador, desesperador, e me leva a pensar que, somada à sustentação oferecida por uma eficiente rede de apoio, a *preocupação materna primária* poderia servir de anteparo para o desamparo que se manifesta de forma intensa nesse período:

> *teve uma semana que eu fiquei direto só com ele, né? Eu tava desesperada.*

O momento pós-parto do filho mais velho foi mais tranquilo do que o desse, acarretando também uma carga excessiva para uma dessas mulheres. Apesar de estar em licença no trabalho, há certa demanda à qual ela tende a responder. Está dividida: não consegue desinvestir completamente do trabalho com a vinda do bebê.

O marido e a mãe de uma dessas mulheres assistiram ao parto do primeiro filho, mas só a mãe assistiu ao do segundo: o marido disse que não entende nada, não sabe se está bom ou ruim, e é muito sangue. Ele ficou em casa com o filho mais velho, mas essa mulher revela:

> *a mão da minha mãe foi fundamental pra eu segurar naquela hora. Foi fundamental.*

Algumas mulheres dizem que contam com a ajuda de suas mães, mas uma delas não fala dela como alguém que a apoia e a sustenta, o que faz uma diferença significativa na maneira como se sente amparada. Penso que é significada como uma ajuda "operacional" e não "emocional".

Uma dessas mulheres fala que o filho mais velho está encantando com o bebê; diz que está "apaixonado", que não aparenta ter ciúme e que seu comportamento na escola não mudou. Mais tarde, ele sofrerá uma mudança significativa, o que alerta para a mudança dos processos ao longo do tempo, também com os filhos mais velhos, entre outros.

Com o segundo filho, um dos maridos tem ajudado. A mulher está surpresa: "parece até outra pessoa". Coopera principalmente nos cuidados com o primeiro filho, talvez porque ele é maior; normalmente, põe o menor para arrotar.

Observo que as mães multíparas tentam diminuir o impacto que pode ter o nascimento de um irmão para o filho mais velho. No dia anterior ao parto, uma delas ainda tentou manter sua rotina, levando-o à escola e a suas atividades regulares, mesmo que isso lhe tomasse mais tempo e desse mais trabalho no momento pré-parto.

Uma mulher conta que o marido estava nervoso, pois assistiu ao parto todo. Não o orientaram a assistir apenas ao nascimento do bebê. Quando ela olhava para o marido, via-o tenso e preocupado:

> *Ele passa mal só de doar sangue; imagina assistir ao parto todo.*

Uma dessas mães toma as falas da pediatra como leis a serem respeitadas e seguidas. Não as questiona, talvez para não entrar em contato com o que as experiências vão lhe causando.

A preocupação em educar o filho espelha o peso de fazê-lo viver, e uma mulher revela certa dúvida sobre contar com o companheiro nessa tarefa e o receio de ter que ceder:

> *Isso é mais meu medo: a responsabilidade de educar, de como eu vou fazer, sabe? Será que eu vou seguir o que eu acho ou o que o marido. Como é que vai ser, eu e ele juntos, sabe? Ele fala... Aí, o que eu penso também... Ele fica muito mais fora do que eu, e às vezes vai ser a eu brava: "Não, [nome do filho], você não vai poder fazer isso". E ele que nunca tá nada, que só chega à noite. "Não, querida, vai lá, deixa ele fazer...". Não, a gente vai ter que entrar num consenso aí, pra saber o que fazer com ele, né? Porque... não sei...*

Uma mulher sente que o companheiro perde um momento precioso do filho, e ela parece sentir-se privada de sua presença verdadeira, ficando magoada. Por outro lado, ela faz esforços consideráveis para entender esse momento específico também para seu marido. Acredita que ele esteja sobrecarregado, mas às vezes sente que fica muito difícil.

O que presenciei nesses primeiros encontros após o nascimento foi justamente a repercussão desses impactos da vinda do bebê na vida dessas mulheres e como os homens também foram profundamente afetados.

Algumas mulheres que podem contar com o apoio e a confiança em seus médicos e com o suporte sentido como verdadeiro oferecido pelo entorno relatam uma vivência transformadora, apesar das perturbações. Dessa maneira, conseguem viver a experiência do nascimento dos filhos de modo a aproveitá-la. Esse parece ser um ponto fundamental da assistência na perinatalidade que pode trazer diferença significativa para as mulheres e suas famílias, podendo ajudar o seu desenrolar a ser mais harmonioso.

Vínculo com o bebê e suas representações

A maternidade parece ser sentida como excessiva, não havendo preparação possível, pois ela reflete uma ruptura importante no funcionamento psíquico anterior à gestação. Como já comentamos, no decorrer da gravidez, vai ocorrendo uma preparação que nunca é totalmente eficiente. Algo sempre escapa, pois é na presença do bebê de carne e osso e a partir das exigências que ele impõe aos pais – seja de garantir sua sobrevivência, seja de reavivar e ter que lidar com o infantil em si mesmos – que o excesso se faz presente.

Suponho que é na tessitura de várias tramas que se vai construindo, além do vínculo com o bebê que se tornou real com o advento do parto, os alicerces da parentalidade.

A amamentação também pode dar indícios de como caminha a relação. Se, por um lado, uma das mães se ressentiu das dores nas mamas no início, quando elas amenizaram, voltou a sentir prazer em amamentar, dizendo que fica namorando o filho enquanto ele mama. Uma outra, por sua vez, demonstra uma espécie de dificuldade em se conectar com o bebê: apesar de não ter nenhum problema em amamentar, às vezes não discrimina se o bebê está realmente com fome, o que a faz amamentá-lo de hora em hora.

Uma amamentação sem intercorrências mostrou não ser necessariamente indicativa de um vínculo harmonioso. A reflexão acerca do material de algumas mulheres leva a crer que, apesar de não apresentarem dificuldades ou conflitos significativos nesse quesito, a relação geral deixava ver pontos de desencontro entre a dupla mãe-bebê. Pode ser comum a amamentação ser introduzida quando os bebês choram, e, em outros casos, os desencontros na relação das mães com os bebês podem não afetar especificamente a amamentação.

A amamentação pode ser experimentada como uma metáfora da dependência absoluta do filho no início, e, assim, representaria a exigência brutal, muitas vezes opressiva, de a mulher ter que dar conta da sobrevivência do filho sozinha, além de um certo receio de fusão com o bebê. É o que uma dessas mães parece indicar: somado a um "bebê faminto", seu leite se torna escasso, e ela introduz o leite artificial.

Apesar de muito investida, a amamentação também pode representar, para algumas mulheres, não só uma exigência brutal – talvez também por receio de ficar para sempre fundida ao bebê (Monteiro, 2003) –, como, ao lado da idealização do papel materno, acarretar dificuldades no acerto entre as demandas do bebê e aquilo que a mãe lhe pode oferecer nesse momento específico. O caso de uma das mães que acompanhei pode ilustrar essa situação: inicialmente, ela vive os intensos engasgos do bebê e depois passa a sentir-se insuficiente (o excesso vira falta). Exigida pela natural demanda do bebê e por si mesma, ela vive uma grande ansiedade, que, como sabemos, está estreitamente ligada à descida do leite.

Esses pontos sugerem que, muitas vezes, dificuldades na amamentação – o chamado "leite insuficiente" ou o "leite fraco" – podem representar a vivência materna sentida como opressiva e muito angustiante pelo fato de o bebê ser totalmente dependente, no início da vida, de alguém que cuide dele, agravada pela falta de um entorno que ajude a suportar tais demandas e pela hipersensibilidade característica do período.

Concordo com Feliciano (2009, p. 74) quando diz que muitas mulheres se vêm exigidas a amamentar seus filhos para responder à demanda de nossa cultura de ser "boas mães", o que as leva muitas vezes a converterem a amamentação em "pura tarefa", desprovida de prazer. De fato, o que vemos é uma cultura da amamentação a qualquer custo, negligenciando todos esses fatores que estão em jogo na vida do bebê e de sua família, o que pode não favorecer o vínculo de qualidade com o bebê.

Simbolicamente, o leite materno é a substância capaz de garantir a sobrevivência da criança. Assim, a introdução de fórmulas artificiais pode sugerir a entrada de um terceiro elemento e, em alguns casos, servir de alento materno, pela carência de "alimentos nutridores" capazes de ajudar a mulher na complexa tarefa de ser mãe.

Acredito também que a amamentação é apenas uma das situações em que o caráter de tarefa se dá a ver, pois ele pode aparecer também nos cuidados contínuos: nas trocas, no banho, no brincar com o bebê e nas falas características da prosódia materna – o "manhês"[2] –, que podem se reduzir a uma fala automática, desprovida de real prazer.

> *Ele pegou muito bem, nasceu sabendo mamar, tanto que eu não achei que fosse ter problema com o seio, porque ele veio superbem, ele foi superfácil; ele pegar foi facinho, foi tranquilo. As enfermeiras ficaram bobas de ver, ele pega muito bem, e é muito legal, né? Cê botar pra... no começo, quando eu não sentia dor, achei um momento muito mágico, o nenê ali, você dando de mamar, eu achei muito bonito, até que comecei a sentir dor, né?*

Sabemos que as dores no seio podem desencadear um transtorno muito grande e algumas mães se perguntam se vão conseguir levar adiante o projeto inicial de amamentarem seus filhos. Apesar de transitórias, as dores podem ser muito intensas, e seus impactos podem transbordar no vínculo com o bebê, o que reflete a necessidade uma maior sustentação de todos para atravessar esse período.

> *Quando traziam ele pra mamar, eu chorava de dor e cheguei a pensar "será que eu vou conseguir?". Mas . . . é muito*

2 Termo específico que designa a comunicação especial que as mães têm com seus bebês, numa prosódia marcada por modulações especiais da voz, que a tornam mais lenta e sonora, mais musical.

importante, não passou pela minha cabeça "eu vou parar, não vou dar mamar pra ele", né? Não pensei isso, mas quanto tempo será que eu vou ficar sofrendo desse jeito? É uma dor horrível, né? Aí, fiquei cuidando. Eu não conseguia nem curtir ele, e a casa cheia, todo mundo comemorando, e você falando de dor, né? É um horror, o pessoal todo feliz, e você lá, não conseguindo curtir de tanta dor... Comecei a sentir dor, o peito começou a rachar; no segundo dia, o bico já começou a rachar; aí, no terceiro dia, quando recebi alta, já tava todo ferrado: além do bico rachado, [o leite] empedrou.

Uma dessas mães parece se apoiar na possibilidade de ir transformando em algo a mais cada momento, a aparente simplicidade rotineira de seus cuidados e a percepção do "olhinho assustado" do filho. Vai experimentando o que o bebê precisa, por estar vivamente conectada com ele; vai testando uma melhor forma, ou uma maneira possível de cuidados, supondo-se uma mãe falível, que está aprendendo, suportando estar no lugar de aprendiz: "a gente acaba errando com ele, tadinho. É nossa cobaia, né? Então, a fralda que não coloca direito e vaza, o banho que podia ser de dez minutos, dura vinte [risos], e assim vai... Tadinho".

Ao perceberem que não sabem de tudo e suportarem isso, algumas mães apresentam uma capacidade valiosa, a de, apesar de todas as dificuldades que encontram, também se encantarem e se curvarem à experiência de *maternar*, investindo afetivamente em seus bebês, oferecendo-lhes seus narcisismos transvasados para ampará-los e fazê-los viver.

Então, é hora de conhecer, de conhecer o nenê: do que ele gosta, no que se encaixa melhor, todas as rotinas,

> *todas as recomendações e tal. Como é que ele se adapta melhor: se troca a fralda entre uma mamada e outra, se troca a fralda no fim, né? Como é que é melhor, tal... Ah, descobrir qual é o choro de fome e quais são os gestos dele quando ele tá com fome. É um barato, assim... é uma descoberta todo dia!*

Se emoções de todas as qualidades costumam impactar as relações de maneira geral, isso é muito mais verdadeiro nesse período inaugural da vida de um bebê, quando ele é bastante sensível às emoções circundantes no meio, e as mães/pais podem se encontrar com dificuldades de serem continentes a todas essas intensidades, o que é realmente desafiador. Em muitas oportunidades, essas dificuldades de continência emocional às angústias primitivas muito frequentes nesses primeiros tempos, tanto do bebê quanto da mãe e do entorno, reverberam numa espécie de descompasso entre todos.

Uma dessas mães não sabia a razão do frequente choro intenso do filho. Disse que, nos primeiros dias, ele estava muito tranquilo, mas que fazia uma semana que não parava de chorar durante o dia. Esse desencontro se manifesta no choro do filho e no desejo da mãe de sair, de não ficar naquela situação que a angustia, em que é preciso entrar numa sintonia específica com o bebê:

> *ele tá com 26 dias; eu tô todos esses dias sem sair. Eu só saí três vezes pro médico. Eu falei "é sair, entrar no taxi, ir no consultório e voltar", porque cê fica agoniada, se vai chorar...*

O encontro com o filho parece trazer à tona o colossal desamparo materno. É significado como assustador, desesperador, e me leva a pensar que, somada à sustentação oferecida por uma eficiente rede de apoio, a *preocupação materna primária* poderia servir de anteparo para o desamparo que se manifesta de forma intensa nesse período:

> *teve uma semana que eu fiquei direto só com ele, né? Eu tava desesperada.*
>
> *Ele não sabe falar, não sabe... assim, ele até sabe de algum jeito mostrar algumas coisas, né? Com choro, né? Às vezes com algum olharzinho, você percebe que ele tá mais angustiado, que ele tá com calor e tudo, mas é muito novo, né?*

As mulheres lidam com esses momentos tumultuosos da maneira que conseguem, e algumas vezes um bebê submetido a horários rígidos e que dorme sozinho é significado de maneira positiva, entendido como algo que ajuda nos cuidados com o filho. Ao mesmo tempo, essas mães são alertadas pelos pediatras da importância de se acolher o bebê nesses primeiríssimos tempos de vida, um período fundamental para o desenvolvimento psicológico.

Uma dessas mulheres me fala a respeito do vínculo com o filho desde a maternidade, junto da urgência da responsabilidade de cuidar, ecoada pela transição para a parentalidade:

> *eu ouvi ele chorar, conheci o choro dele lá no berçário, aí, eu levantei... Em casa, é aquela responsabilidade, eu fiquei com medo... Meu maior medo foi dormir e [ele] se afogar com os paninhos, ele passar frio (tava muito frio). Então, ele dormiu no bercinho lá comigo, e eu ficava olhando pra carinha dele. Nem dormi direito, para ver se tava respirando... se tava tudo bem, a noite inteira. Ele dormiu no meu quarto na primeira noite.*

A vinda de um bebê pode trazer muitos tumultos, reverberando no vínculo que se vai estabelecendo com ele. Em um dos casos que acompanhei, as preocupações e angústias disparadas pelo risco da perda, pela obrigação de repouso absoluto na gestação e pelo parto talvez tenham sido intensas demais, dificultando em parte os investimentos no vínculo com o bebê.

As experiências que tive com bebês prematuros e suas mães me ensinaram que é comum, com o risco potencial de se perder o bebê que nasce prematuramente, um grande abalo na construção do vínculo com ele. Em uma ideia que arrisco expressar de maneira simples, sem querer ser simplória: se eu posso perdê-lo, por que vou me ligar a ele? Posso sofrer demais! E isso ao mesmo tempo que os bebês precisam da força da vitalidade e da ligação de quem cuida deles...

Uma outra mãe dá um testemunho encantador a respeito da crença no estabelecimento e na emoção do fortalecimento do vínculo com o filho:

> *Ele veio chorando e, quando eu conversei com ele, ele parou de chorar. Eu conversava muito com ele na barriga, e uma das coisas que eu dizia muito é que não era justo que eu não conseguia beijar ele [risos]... Eu dizia "quando você nascer, a mamãe vai descontar todos os beijinhos, tá bom?". Quando ele nasceu, a primeira coisa que eu fiz foi beijar ele. Eu lembrei ele disso, aí ele lembrou, ele ficou quietinho. Eu achei isso o máximo!*

O vínculo com o bebê pode ficar obscurecido por preocupações gerais das mães, e aparece uma espécie de dificuldade de fazer contato com o filho que acaba de nascer. Em alguns casos parece haver uma evitação do mergulho na experiência por alguma razão, talvez justamente pelos inúmeros impactos trazidos pelo bebê real, que saiu do ventre... Alguns outros temas ficam em primeiro plano, e o bebê não aparece muito.

Algumas mães revelam sentir-se profundamente impactadas e um tanto esvaziadas com a necessidade imperiosa de um bebê no início. Uma delas, ao amamentar o filho, sente um prejuízo que se assemelha a um roubo:

> *Eu digo "tô com fome, tô com fome, que [nome do filho] tirou toda a minha comida". Ele vai na padaria, compra, volta...*

Um desses bebês, quando tem cólica, fica *"desesperado"* para mamar. A mãe associa a cólica ao fato de o filho mamar muito e fazer muito cocô. Esse bebê é sentido por sua mãe como alguém que vive tudo muito intensamente, diferente do que estava acostumada com o filho mais velho: "é exatamente o oposto". Há uma real discriminação e inauguração de um novo vínculo, pois essa criança deixa sua marca específica na sua mãe, que parece estar bastante surpresa com essas diferenças.

Quando é possível abrir espaço para o que vem do bebê, eles surpreendem suas mães. Em um desses casos, a mulher diz que seus dois filhos são muito parecidos fisicamente, mas ela percebe diferenças significativas entre eles. É o bebê que estabelece os horários das mamadas, pois tem muita fome. Com o outro, era tudo programado; com esse, sai do esperado. Ela parece dizer que não tem controle nenhum, insinuando um certo excesso e uma necessidade de estar muito conectada a ele para conhecer esse filho em particular. Algo de que todos os bebês precisam de seus pais.

Alguns bebês podem não demandar muito de suas mães, são descritos como bonzinhos: mamam direito, dormem bem e tomam banho sem chorar. E pode parecer que não precisam muito desse vínculo vivo nesses primeiros tempos.

Penso ser bastante comum, diante de tantas exigências e impactos, algumas mães não encontrarem outras maneiras de lidar com a situação, a não ser tentarem evitá-la, querendo se livrar de tantos sofrimentos. Algumas delas fazem uma espécie de contagem regressiva para que seus filhos cresçam depressa, liberando-as do peso que sentem, especialmente se não contam com uma rede de apoio efetiva. Há certa precipitação no tempo do filho, que parece não poder ser bebê:

> *já vi todos os berçários, já pesquisei, já vi todos os berçários – isso, antes de nascer . . . ele já já vai pra berçário, então...*

Minha presença nas dores e os amores

Minha experiência no encontro com as duplas mãe-bebê após o parto foi fascinante. De certo modo, também senti as reverberações desses nascimentos, seja dos bebês ou das mães, não importando o fato de algumas não estarem inaugurando seu papel materno. Com cada dupla, vivenciei algo único, e pensei que, a cada nascimento, uma mulher também parece experimentar algo de natureza diversa com cada um de seus filhos. Embora o primeiro filho apresente a parentalidade a sua mãe e/ou a seu pai, os outros também a mostram de forma exclusiva, específica daquele encontro particular, denotando a riqueza dos acontecimentos e encontros humanos – como os que tive e tenho com essas mulheres que acompanhei e acompanho.

Quando essas mulheres compartilham comigo o nascimento de seus filhos e a experiência de se tornarem mães, eu tomo parte de algo de valor inestimável, fazendo-me testemunha de suas dores e de seus amores. Vivo com as duplas, em maior ou em menor grau, uma experiência de intimidade, de estreita vinculação, o que talvez sugira que essas mulheres tenham encontrado um ambiente propício não só para dividir comigo algo tão íntimo, como indica o material, mas para ter um continente favorável e confiável à expressão de suas angústias, tão necessário nesse período hipersensível e de passagem que o puerpério representa, chegando, com algumas delas, à possibilidade de simbolizar tal experiência.

As mulheres compartilham comigo a intimidade delas, e conheço alguns bebês em espaços em reforma ou nos quartos dos casais. Sinto-me testemunha dos tumultos e dos barulhos nas casas e nas vidas dessas pessoas, bem como das belezas e encantos que os bebês trazem e portam; sinto emoções de naturezas diversas.

Pareceu-me significativo que, no caso de uma das participantes (justamente uma das que senti um enorme aproveitamento dos encontros comigo na gravidez), o bebê não tenha nascido prematuro, como se temia a princípio, já que ela precisou ficar de repouso absoluto. No último mês da gestação foi liberada, mas optou por não voltar a trabalhar, uma vez que já estava de licença médica e havia uma organização já instalada. Nesse momento, ela consegue deixar o investimento no trabalho para se concentrar na espera do filho. Isso parece sinalizar a prioridade no cuidado consigo mesma e com seu bebê. Além disso, seu plano era esperar, não ter que optar pela cesárea antes de o bebê sinalizar que estava pronto, e foi isso que aconteceu.

Essa situação põe em relevo sua capacidade de investimento, auxiliada pela sustentação oferecida por seu entorno e, penso, por ter abraçado a oportunidade dos encontros comigo de maneira a servirem-lhe de espaço de continência e cuidado.

Algumas dessas mulheres me fazia perguntas pessoais. Uma delas também se apoiava, me parecia, na minha experiência como mãe. Ao falar sobre a lancinante dor no seio que sentiu, ela me disse:

> *Não sei se você chegou a passar por isso, é uma dor com que eu não tava contando, esperando por ela, sabe?*

Algumas dessas mulheres pediam minha participação ativa, me incluíam no encontro, e aproveitavam muito minha presença vivamente interessada e preocupada com elas, o que certamente elas sentiam e aproveitavam cada uma a sua maneira.

Sentia em alguns casos que minha presença era vivamente esperada e buscada. Em um deles o pai, que costuma estar presente nesses encontros, também parecia valorizar minha chegada, e todos me faziam sentir a riqueza da experiência da qual podíamos usufruir. Demonstravam o quanto fazia sentido esse encontro e tomavam cuidado para não haver muitas interferências, evidenciando o valor desses momentos. Em outros casos, os encontros são interrompidos algumas vezes por telefonemas.

Uma das mães privilegia seu encontro comigo e, nessa oportunidade, a primeira depois do nascimento do bebê, ele ficou com a avó em outro cômodo da casa, pois estava dormindo. Só depois de algum tempo, ao acordar, ele foi incluído no encontro comigo. Sinto que ela precisou antes me ver sozinha para então incluir a criança, autorizando-me a presenciar a amamentação, o que me pareceu interessante. O incômodo de amamentar em público não apareceu no encontro comigo: ela pôde partilhar o momento de intimidade que a amamentação representa para ela. Disse que o peito estava um pouco machucado, mas que a dor era suportável.

Sabemos que os pediatras podem ser figuras fundamentais de acolhimento e referências importantes para as mães e as famílias. No entanto, algumas delas acabam por seguir à risca as recomendações dos médicos, não aparecendo um espaço propício para questionamentos ou para uma tentativa própria de entender o que está acontecendo e, assim, tornar seus filhos mais familiares, conhecendo a nuance de suas manifestações e comportamentos a partir do contato íntimo com eles.

Isso ocorre porque algumas mães acreditam que os cuidados são uma questão técnica e que é o pediatra que conhece essa técnica. A elas próprias cumpriria seguir suas orientações, pois acreditam que os médicos "estudaram para isso". Podemos pensar que, assoberbadas pelas demandas geradas pela chegada de um bebê, muitas mães não encontram recursos para se voltarem para ele e se protegem ancoradas nas recomendações médicas.

No encontro comigo, sinto que as mulheres podem experimentar algo bastante diverso dos contatos "técnicos", apesar de ser eu uma interessada, uma clínica e pesquisadora dos "temas" pelos quais estão passando. Ao mesmo tempo estávamos entre iguais, mulheres e mães, e um tanto diferentes, mas me sentiam muito interessada por elas e seus bebês, o que talvez tenha favorecido a possibilidade de experimentarem certa liberdade e abertura significativa para trocarem comigo a respeito de suas dores e amores. Pude promover, assim, experiências férteis e continentes nesse importante momento.

Nessa oportunidade se reitera a percepção de que minha presença faz real diferença na experiência dessas mulheres ao serem acolhidas de maneira continente, o que penso ser uma valiosa e significativa contribuição para o atravessamento desses momentos desafiadores.

Caminhos da tristeza

Atualmente, o "culto à felicidade e ao sucesso" não deixa espaço para a tristeza ou para as dores, as quais são fortemente repelidas por todos, criando contra elas uma intolerância cada vez maior. Soma-se a isso a já comentada idealização da maternidade, que vê como descabido sentir algo diferente de contentamento quando nasce um filho.

Na experiência humana em geral, mas especialmente nos primeiros tempos de um bebê e do tornar-se mãe e pai, é fundamental que se tenha uma abertura de espaço cuidadoso para o acolhimento e o contato íntimo com emoções delicadas e um tanto difíceis que daí emergem, mas que são próprias do repertório humano.

A tristeza e seus matizes fazem parte do acervo humano, e o contato com ela a abertura de um lugar para ela em cada um de nós, fomentado também pela cultura, torna-se essencial para ser possível contê-la, pensá-la e transformá-la. Tem sido um enorme prejuízo a tentativa de apartar a tristeza cada vez mais das nossas experiências; cria-se, inclusive, uma sensibilidade ainda maior quando não é possível construir "músculos" mais eficazes para uma experiência mais rica e viva da vida.

Um dos casos que acompanhei parece refletir essa situação: a tristeza fica repelida, o fato de não relatar nenhum episódio de choro ou de maior sensibilidade não isenta essa mãe, e nenhuma outra, das reverberações do nascimento, em si mesma e na família; pelo contrário, percebemos o tamanho choque em sua posição solitária para dar conta do filho.

Em algumas mulheres, essa situação também pode levar a uma espécie de distância e dissintonia com o bebê; nesses casos, os cuidados e a amamentação, por exemplo, são experimentados com certo prejuízo da vivência de prazer. Há aí o risco de se configurar um quadro descrito na literatura como uma *depressão mascarada*, latente, insinuando-se apenas por meio dos sofrimentos somáticos e da astenia (Kreisler, 1999; Golse, 2003a), representada por uma perda ou diminuição das forças, algo próximo à "perda do vigor" e da vitalidade, própria da vida humana.

Algo próximo disso é a chamada *depressão sorridente* (Boukobza, 2002; Aragão, 2011), também mascarada ou encoberta, na qual a mãe se esforça para negar o sofrimento exercendo normalmente suas atividades, mas com a vivência de prazer prejudicada. Isso leva as mulheres a uma espécie de relação de tarefa com seus filhos, da qual a libido fundamental na constituição do psiquismo infantil e da vida humana fica apartada ou comprometida.

Citamos reiteradas vezes as mães, mas é claro que os pais não estão protegidos ou "blindados" dessas situações. Talvez pelo contrário, eles têm ainda menos lugar instituído na abordagem dessas questões. Até mesmo porque eles precisam fazer um trabalho psíquico diferente do da mãe, possivelmente ainda mais complexo, pois não têm a experiência de carregarem seus filhos em seus próprios ventres. Se as mulheres vêm recentemente expressando por alguns meios o impacto do nascimento de um filho, os homens parecem ter mais dificuldade de fazê-lo e terem esses abalos legitimados, ou serem reconhecidos por eles próprios. No entanto, suas manifestações aparecem de forma difusa, eles são representados por suas companheiras como se tivessem "enlouquecidos", e alguns homens se afastam.

Pela especificidade desse momento, talvez seja difícil fazer essa discriminação "fina" de casos como esses, pois todas as mães e todos os pais são muito exigidos e ficam muito cansados na adaptação que precisa ocorrer após o nascimento. No entanto, um olhar cuidadoso para eles e seus bebês pode fazer real diferença, ao acompanhar de perto se ali há cansaço ou se existe um "a mais", certo *desligamento* ou *desvitalização* em cada um deles e/ou no vínculo entre eles.

Questões assim comparecem de forma frequente na atualidade, e são mais comum do que gostaríamos. Quando se prolongam, os estados desvitalizados acabam não se circunscrevendo aos tempos iniciais do nascimento do bebê, arrastam-se ao longo da vida das mães e dos pais, influenciando de maneira latente e contundente as relações entre todos os parceiros, banhando as dinâmicas familiares.

Em algumas mulheres fica difícil saber se há em curso uma depressão desse tipo, mas em alguns casos vejo fortes indícios de uma dificuldade de entrar em contato com as emoções difíceis presentes nesses primeiros tempos. Essa dificuldade de entrar num estado "deprimido saudável" pode dificultar uma conexão íntima com o bebê.

As dores são vividas tanto no corpo como na alma. Algumas mulheres puderam experimentá-las livremente e compartilhá-las comigo; nas outras, essa vivência parecia obscurecida por uma espécie de defesa contra o sofrimento.

Como o útero que involui após o parto, é preciso "voltar-se para dentro", regredir psiquicamente, para poder investir no filho que chega. É comum que as mulheres se ressintam dessa chegada e da necessária regressão psíquica, assim como algumas parecem dizer como dói tudo isso e sentem essa dor em seus corpos. As regressões podem trazer muita dor, porque reatualizam conflitos e lutos não suficientemente elaborados, que vêm à tona nesse período e podem não ser claramente reconhecidos pelos sujeitos, o que sobrecarrega ainda mais as experiências nesse momento.

Por outro lado, esse necessário movimento de regressão iniciado na gestação e continuado no pós-parto é salutar para fundar as bases da relação mãe-bebê, concorrendo para a instalação da *preocupação materna primária*.

A tristeza aparece camuflada de várias formas nas mulheres: nos ciúmes dos filhos mais velhos, na preocupação e cuidado com os pais – que envelhecem –, mas ela está presente e a desestabiliza parcialmente, apesar das suas tentativas de atenuarem o impacto dessa mudança radical na vida.

A bagunça das casas em reforma parece ser sintomática e emblemática: há barulhos intrusivos das obras, lugares que não existem mais, outros que estão sendo criados... A impossibilidade de se deprimir saudavelmente parece sobrecarregar algumas mulheres: muitas talvez não se podem ocupar primariamente com o bebê, pois estão sobrecarregadas com outras preocupações. E isso parece ser uma medida defensiva, justamente em função dos abalos sentidos.

Aprendo com algumas mulheres que a tristeza pode surgir um tanto disfarçada por questões do entorno. Em um desses exemplos, o impacto e o desequilíbrio causados pela entrada de mais um membro na família aparecem com as manifestações de ciúme do filho mais velho. A mãe não compreende como ele não manifesta esse sentimento diretamente com o bebê, mas relata que ele tem apresentado comportamentos agressivos contra ela, o pai e a babá, e se entristece com isso; parece sentir-se traída e bastante ressentida:

> *Você faz tudo, tal . . . Eu juro por Deus... Cê fica até triste, cê faz tudo, tal . . . eu tô ficando meio maluca...*

Uma dessas mulheres me conta como a percepção do desamparo do bebê a faz suplantar seu próprio desamparo, suas dores, as mudanças sofridas e o impacto da presença desse outro em seu horizonte – seu filho dentro de sua própria vida:

> *Muda toda a sua rotina: cê não dorme, cê é outra pessoa, cê vive pro nenê. E o pior: cê olha a carinha dele, compensa tudo, né? Cê olha o rostinho dele, os olhinhos dele, nem reclama, né?*

O bebê é um outro que, apesar de ser parcialmente um estranho, porta um conhecido, e é no olhar assustado de seu filho que essa mãe se reconhece mãe; ela, também um pouco assustada, consegue oferecer-lhe aconchego e amparo, tolerando o "estrago" significado no corpo e o fato de ser outra pessoa que ela mesma ainda não sabe ao certo quem é. No entanto, fundamentalmente, essa mulher parece usar de sua própria vivência de desamparo, de choque e de ameaça para fazer seu filho viver, apesar de toda a dor. Talvez o desamparo possa ter sido representado por ela justamente pelas dores e pelos impactos sentidos, pela falta de preparo, apesar da tentativa de se preparar minimamente para a vinda de seu filho. Penso que a possibilidade de reservar em seu psiquismo um lugar como mãe e um lugar para seu filho, e uma capacidade interna de ir entrando em contato com todas essas questões, pode favorecer o entristecimento dessa mulher, sem que ela sucumba a ele.

Percebi que uma dessas mães pôde oferecer ao filho um cuidado sensível, por estar intimamente ligada a ele. Ao poder entrar em contato com suas dores, seu não saber e, em última análise, seu próprio desamparo, pôde amparar sensivelmente seu filho. Pôde contar com a função acolhedora de sua mãe, com a qual foi se identificando em sua função materna, e com a minha oferta de encontros, que ela converteu em uma experiência muito especial, servindo-lhe de continente emocional. Deixando-se levar pelo *blues*, chora, vive intensamente a difícil experiência pela qual não esperava, enriquecendo e sendo alimentada pela vivência da maternidade, oferecendo-se ao filho com uma qualidade especial.

Sensibilizadas por todas as questões expostas, as mulheres choram, mas não parecem estar reagindo pura e simplesmente aos conhecidos desarranjos hormonais do período puerperal. Apesar das dificuldades e das dores que sentiram, vivenciam os amores e a emoção ímpar de ter um filho. No entanto, apesar de também sofrerem, algumas mulheres se mostram de outro modo. Uma delas tenta se proteger da tristeza tendendo a amortecer os impactos vividos, e a outra não nega o sofrimento, mas parece tão amalgamada a ele, de forma traumática, que não logra tomar uma distância dele – ele lhe dói tanto que ela só quer deixar de senti-lo.

Algumas mulheres lembram atletas correndo uma maratona, outras comparam o exercício da maternidade com o *crossfit,* conhecida atividade física que desenvolve a força e a capacidade cardiovascular em treinos extremamente intensos, chegando a extenuar seus praticantes. Elas relatam cenas nas quais se sentem exauridas, não apenas fisicamente, mas na tentativa de atenuarem o impacto para elas próprias e para quem as ouve, ou talvez, por não sentirem que podem confiar que serão devidamente acolhidas, lidam da forma como conseguem, e descrevem cenas de forma jocosa.

> *eu vou dar peito, mas preciso sair porque a consulta era às onze. Eu falei "vai, mama aí, mama aí, arrota, nananan e vamo embora...". Eu cheguei eram quase três horas da tarde. Eu falei "nossa, eu preciso comer". Eu falei "ele tá dormindo, beleza. Pus no berço, deu cinco minutos, abriu um berreiro. Eu fritando hambúrguer. Eu falei "meu, o que que eu faço? O que eu faço?". Queimou o negócio. Volta pra cá, dá o peito, arrota, vai pra lá, agora eu como... [risos].*

Sob o império de seus próprios narcisismos, algumas mães não gostariam que os filhos sofressem, tangenciando a insuficiência humana, mas tentam se convencer de que algumas experiências são inerentes à vida, ao mesmo tempo que anunciam os extravios que a maternidade comporta:

> *por mim, meu filho não chorava, só sorria. Mas eu vou fazer o quê? Ele precisa chorar . . . faz parte da vida...*

Penso muito na força e na representação da fala de uma dessas mulheres: "Quando terminou meu parto..." me parece interessante, pois parece indicar uma simultaneidade: a mãe nasce no parto do filho, mas talvez ela comece a nascer lá... Presumo que é na tessitura entre seu desamparo e o de seu filho que se darão as relações, construção contínua em torno de todo o processo de tornar-se mãe. Bem como o processo de se tornar pai, que deverá percorrer um caminho ainda diferente, já que não pode contar com a gestação em seu favor.

Uma dessas mães, resistindo à perda do bebê que estava dentro de si, reage com uma vontade de ser uma *mamãe-canguru*, para não se separar do filho, prenunciando a dor dessa passagem de um bebê interno idealizado para um externo, real e demandante, que exige sem tréguas a assunção de seu lugar materno:

> *mas, ai, é uma sensação assim, que parece que você quer levar ele grudado em você a vida toda, sabe? Não desgrudar, até eu falei pro [nome do marido] "ah, agora a gente passa a entender melhor as nossas mães, que não dormem à noite esperando a gente chegar da faculdade"...*

As vivências de uma dessas mães sugerem que o impacto do nascimento é o choque causado principalmente pelas perdas das idealizações, e sobretudo pela falta de certezas e garantias, inerente à vida. Talvez o *blues* se refira ao desamparo humano, ao fato de a vida não ter garantias, o que aparece sem disfarces com a chegada do filho, marcando fortemente esse período. A mãe passa a ser responsável por fazer viver um ser, mas sob o domínio do sempre inesperado viver humano.

Para algumas mulheres, perder a gravidez (ou o bebê banhado pelas idealizações dos pais) representa perder um ambiente confortável e gostoso, contrastando com o puerpério imediato, vivenciado como o *universo fora das certezas*, no qual a mãe se vê desalojada. Ao mesmo tempo, a mãe afirma que "vai caminhando, apesar de tudo", talvez tenha percebido que consegue, apesar de tudo, encontrar um lugar dentro de si para os abalos, e tentar confiar que vai encontrar um caminho.

> *Eu fiquei mais chorosa, eu falei pra pediatra "nossa! A progesterona que não veio na gravidez pra me fazer chorar, veio agora, porque..." É um medo de perda muito grande! Eu não sei o quanto é normal, enfim... acho que, até pela história dele, que a gente esperou pra ter um... esperou bastante tempo pra ter ele, esperou bastante tempo. Mas, assim, eu... quando ele engasga, meu coração vai na boca!*

Uma dessas mulheres relata sentir uma maior sensibilidade emocional desde a gestação. Diz que só continuou e que tem mais vontade de chorar; parece que algumas questões tomam uma proporção maior. Conta que, uma vez, o marido chegou do trabalho e, em vez de ir ver o bebê, foi ver o trabalho que o pintor estava fazendo na casa. Diz que ficou muito brava com ele, e ele não entendeu. Conta esse episódio emocionada, com lágrimas nos olhos.

Um dos exemplos que me faz pensar que, apesar do todo o abalo sentido, uma das indicações interessantes de que se está caminhando talvez seja que, mesmo havendo perdas, o casal indica os ganhos na relação, após a vinda do filho, e o quanto se emocionam com ele.

É por meio do contato com as dores, suportadas pela presença de alguém que as amparam, que algumas mulheres podem também experimentar o amor!

No entanto, para algumas mães o vínculo com o bebê pode apresentar-se prejudicado, em função de uma dificuldade de a mulher entrar e/ou permanecer no estado de *preocupação materna primária*, que pode se dar a ver na indisponibilidade de desinvestir, por um período, em outras questões para investir no filho durante esse importante, e difícil período. Isso reverbera no sistema relacional e dinâmico desses primeiros tempos.

A tristeza pode ser representada de muitas maneiras, e pode ser um símbolo do impacto, do tumulto e do *tsunami emocional* em curso, desde a gestação. Além disso, o contato com ela pode possibilitar, se bem acolhida por todos, e se não tiver uma caraterística eminentemente traumática, uma transformação essencial para o desenvolvimento psíquico e o crescimento emocional da mulher. Sabemos o papel preponderante do trabalho do luto como meio pelo qual as transformações são propiciadas.

7. Dores e amores no segundo encontro após o nascimento: reverberações e sedimentações?

Susto e suas nuances

O material que reuni contém elementos preciosos sobre os transtornos e as transformações que o papel materno e a presença do bebê ensejam na intensidade dos impactos a que as mulheres ficam sujeitas no puerpério.

Esse encontro se mostrou como uma espécie de inventário das perdas e, para alguns participantes, também dos ganhos com a vinda do filho. É intrigante que, ao ganhar um bebê, a mulher também sofra perdas significativas, e parece que só com a possibilidade de realmente entrar em contato com os prejuízos e elaborá-los é possível vivenciar os ganhos que essa presença também implica.

Em outras palavras, é só no encontro com a realidade e, portanto, com as perdas e sua necessária elaboração que se podem recuperar os ganhos que, antes disso, eram apenas idealizados.

Dessa maneira, acredito que, apesar de muito difícil senti-las, as emoções desafiadoras em torno dessas experiências podem ajudar as mulheres a terem um contato mais real e profundo com elas próprias e com o entorno, podendo fazer parte de seu acervo pessoal, e significarem um ganho em termos de desenvolvimento emocional, o que podemos pensar ser um enorme benefício que a maternidade pode trazer, caso não seja subtraído, ou excessivo, o enorme desafio que ela comporta.

De um modo ou de outro, todas as mulheres contam que a maternidade traz um turbilhão de emoções, podendo provocar um enorme transtorno (e/ou transformação) na vida, e que o recém-nascido exige algo de valor inestimável: a liberdade pessoal da mulher, fazendo com que muitas vezes, nesses primeiros tempos, sintam-se aprisionadas, privadas da "liberdade de ir e vir", como me disse uma das mulheres:

> *chegou o momento mais difícil pra mim: não é ficar sem dormir, é perder a liberdade de ir e vir, né? Cê não poder fazer as coisas que você precisa. Sei lá, preciso ir a uma farmácia, preciso comprar uma roupa, preciso sei lá... sair um pouco... Você não tem mais essa liberdade de ir e vir, você não consegue sair, você não consegue fazer essas coisas...*

A perda de liberdade sentida com a vinda de um filho pode parecer opressiva, e elas se sentem numa prisão. O engajamento necessário à dedicação a um recém-nascido é sentido como excessivo e aprisionante:

> *Eu não saio da minha masmorra! Eu não saio! Eu vou pro médico, volto. O máximo que eu faço: eu vou até a esquina e volto.*

As necessidades imperiosas do bebê, principalmente por sua absoluta dependência, e o decorrente impacto no psiquismo materno, pode ser representado no fato de que as mulheres sentem que suas vidas perdem o centro: elas próprias não são mais o centro, tiveram que abrir mão de um espaço psíquico dentro de si para oferecê-lo ao filho, para fazê-lo viver.

É emblemática a fala de uma dessas mulheres sobre as roupas que não servem mais:

> *porque eu não tinha roupa, nem roupa pra vestir, porque as roupas de antes da gravidez não servem, e as da gravidez também não servem [risos]... então, eu ficava com aquelas roupas horríveis; cê vai se sentindo mal, né? Cê fica se sentindo péssima...*

Um outro exemplo das transformações em curso, e de uma sensação de não se saber quem se é, com a perda "do centro" e da "troca de pele", é a fala de uma mulher ao sentir que não tem mais lugar em sua própria casa:

> *nem sei onde fico, não tenho mais onde ficar na minha casa.*

Em inúmeras oportunidades vemos que o desamparo e o desespero sentidos pelas mulheres parecem representados como uma espécie de *buraco negro*, difícil de ser experimentado e que pode ser agravado pela falta de uma compreensão empática do sofrimento ao qual ficam sujeitas:

> *Teve um dia que eu fiquei cinco horas com ele no colo! Que ele não queria ficar... Não tinha jeito nenhum de pôr no carrinho, ele ficou no colo... Eu falei "vem [para*

> *o companheiro], vem, porque eu já não aguento mais!" Eu sei que é ruim, mas vê que eu também tô sofrendo. Já fiquei dia sem tomar banho...*

As falas das mulheres são repletas de significados a respeito das reverberações da chegada do filho e da transformação subjetiva imposta pela presença dele. Algumas aludem a que sua vida não lhes pertence mais, que o bebê a levou embora, e angústias são adicionadas quando o bebê fica doente nesse começo de vida:

> *Eu fiquei supernervosa! Porque é um pequeninho, né? Porque agora minha vida está em torno dele, né? Realmente, eu tô 100% [nome do filho], 100%, eu não faço nada...*

Os impactos aumentam ainda mais quando há indicações de tratamentos e internações, experimentados como assustadores e caóticos, podendo aumentar a vivência de excesso, ou melhor, a vivência traumática para as mulheres. Algumas lidam de forma a tentarem amenizar o "caos" sentido.

> *vamos internar agora! Foi um caos! Foi coisa de cinco minutos. Catei minhas coisas, botei numa mala, a gente foi. Tá tudo bem agora, tá tudo bem... mas, agora, tá com refluxo nasal, mas haja coração...*

O susto causado por internações tão abruptas numa idade tão precoce parece não ser muito falado, muito tocado, por determinadas mulheres. Penso que talvez o fato de algumas delas terem dificuldade de falar sobre temas como esses, tão delicados, que impactam muito, seja uma forma de reação defensiva. Algumas se apressam em dizer que deu tudo certo depois de intercorrências e internações com os bebês tão pequenos. Sabemos o quanto pode ser ameaçador tangenciarmos angústias tão intensas e o medo e risco de perda do bebê em uma idade tão precoce.

> *Foi um supersusto, viu? Eu nunca tinha ficado numa semi-intensiva – achei que era coisa de novela, sabe assim? [risos]... Aquele alarme tocando toda hora: mé, mé, mé... As enfermeiras... É supersensível. Eu falei "isso aqui é coisa de maluco". Olha, tem uma câmera focalizando a cama, tem uma câmera não sei quê, mas, no final, deu tudo certo...*

Outra mulher relata como pode ser ainda mais traumático passar por uma doença do bebê nesse período. Ela conta que o filho ficou doente, teve bronquiolite, ficou internado cinco dias com febre alta, e os médicos demoraram a diagnosticar, mas ela intuía que havia alguma coisa errada com a criança. O casal se angustiou no atendimento, no hospital, com a incerteza sobre a saúde do bebê e com o fato de ele ter sido submetido a vários exames, mostrando como pode ser opressivo e mesmo brutal cuidar de um bebê nos primeiros tempos de vida, mesmo quando o bebê nasce bem, sem nenhuma intercorrência, mas depois apresenta um quadro que preocupa a todos.

Acredito que, devido aos inúmeros choques sentidos, algumas mães têm certa dificuldade de ver o filho como um pequeno ser. Em um desses casos, a mãe trata-o como muito mais velho, talvez pela constatação da dependência da criança, que pode apavorar, e da percepção de sua importância para o bebê. Podemos incluir aqui também a esfera do fantasmático, na qual os pais interagem com o filho a partir de suas próprias projeções, em virtude da particularidade de um psiquismo em transparência presente nesses momentos. A falta de uma rede eficiente de sustentação da relação da mãe com a criança agrava ainda mais o quadro. Algumas delas não podem contar com um terceiro que as auxilie e procuram maneiras de se livrar desse lugar penoso e aterrorizante.

Uma outra nuance dos impactos que as mulheres relatam é uma tensão sem tréguas, percebem como é difícil enfrentar as demandas do bebê e se sentem extenuadas e transtornadas:

> *Tô acabada! Eu tava falando pra ele [companheiro], tem dia que é um cansaço físico, assim, e mental tão grande, que dá vontade de sair correndo! Ai, me dá umas férias! [risos] mas... eu falei pra ele "eu não sei como esse povo que tem filho que não é planejado aguenta". Porque a gente se prepara, que quer muito, não sei o quê, tem esse cansaço tão grande! Imagina esse povo que tem um filho atrás do outro...*

Uma dessas mulheres fala numa espécie de *reviravolta materna* que a pega desprevenida, deixando sua vida de *pernas para o ar*, provocando um *turbilhão de sensações e emoções*:

> *Você não consegue sentar para comer, você não consegue tomar banho, não consegue dormir. Eu não consigo trocar de roupa. Eu falei para ele [marido], tem dias, Cristiane, que eu vou escovar os dentes às dez horas da noite, na hora que eu tô tomando banho! . . . Eu não sei, é um turbilhão de tanta coisa, que eu não consigo ver nada no fim do túnel... [risos].*

Algumas vivências apontam a lacuna entre o desejo de ter um filho, tingido com as cores da idealização e do narcisismo, e ser mãe desse filho na realidade, com as demandas e com o custo emocional desse caminho: mães cujo leite não jorra mais, ou fica escasso, mães que a princípio não sabem e precisam aprender, que querem férias e têm vontade de sair correndo.

Com a demanda incessante, algumas mulheres se dão conta de que precisam diminuir suas expectativas em relação às suas funções maternas, pois percebem que a realidade traz uma dimensão diferente da que esperavam. Uma delas diz que está tão cansada que não pega mais o filho no primeiro choro, deixando de ser 100% presente e 100% atenta.

As surpresas pelas coisas não transcorrerem conforme o imaginado, são contínuas. Tudo é novo, e o filho não é um velho conhecido como algumas mães idealizavam na gestação. No entanto, em um desses casos, a mulher parece fazer alguns deslizamentos – "uma hora é uma coisa, outra hora é outra" – e se referir aos ritmos "dessas oscilações, oscila demais!". O ideal é sem ritmos, sem curvas, em que imperam a estabilidade e as retas. Só o idealizado é certo, o resto é incerto. Tudo isso parece tangenciar a angústia que é sentir-se tão desamparada nesse momento.

Saber ser mãe antes da experiência é outra face da idealização da maternidade, fortalecida pela cultura sobre o inatismo do amor materno, segundo a qual toda mãe sabe o que fazer logo que seu filho nasce, mesmo sem ter tido experiência nenhuma com outras crianças e sem apoio ou auxílio de outras mães.

Os impactos são sentidos pelas mães. Uma dessas mulheres relata o quanto "deteriora" o fato de não conseguir dormir direito e como ela se preocupa com o incômodo do bebê; diz que ele "mama, chora e não dorme".

Choros e risos expressam quanto os nascimentos desarticulam o equilíbrio das famílias: um exemplo da desarmonia é ilustrado pelo ciúme do filho mais velho, pelo fato de o bebê não mamar direito, ter dificuldade para arrotar, não dormir direito e chorar muito e a mãe estar resfriada.

Nesse período delicado, as mulheres sentem a ausência de seus companheiros, por vezes representada concretamente em função da sobrecarga de trabalho. Uma delas se ressente da ausência do marido, mas diz que percebe melhoras em sua participação com o bebê. Conta que, quando ele avisou que viajaria a trabalho no dia seguinte, aflorou nela uma solidão brutal, acompanhada de uma sensação maior de desamparo:

> *aí, te dá aquela angústia, assim, putz! Te dá meio uma angústia de que você vai ficar sozinha.*

A "insanidade materna" simboliza a imensa distância que separa o projeto de ter um filho e sua concretização, reiterando a ruptura necessária entre o desejo de ter um filho e sua transposição para o desejo de ser mãe, com a vinda do bebê. Essa expressão também se refere ao que chamamos de impacto decorrente da vinda de um filho no horizonte parental, para o qual não há preparação possível, posto que esse encontro com o bebê na realidade é sentido como um excesso pelo psiquismo materno e, muito provavelmente, pelo paterno também.

A maternidade se realiza segundo regras diversas da corrente narcísica: "ela [a maternidade] pouco ou quase nada comporta do desejo de engravidar, ou de ter filhos, considerado nos termos narcísicos e falocêntricos até então difundidos" (Labaki, 2008, p. 274).

> *para acontecer enquanto investimento no devir e no exercício permanente de diferenciação, a maternidade leva a mulher a perder. Se, como afirma Freud (1976), a descendência é uma das poderosas formas de homens*

> *e mulheres buscarem satisfazer seu narcisismo frustrado infantil, a maternidade, para acontecer, solicita um esforço contrário, de desprendimento de si. Isto é, de separação de um ideal projetado no bebê que reflete as ilusões narcisistas da mãe e suas representações de filha ideal. Assim, se a gravidez mantém a simbiose de um corpo para dois e o parto faz a ruptura, então, com o nascimento, mãe e filho precisam, cada um à sua maneira, se haver com a imposição da separação e o apelo que faz para a diferença, alteridade. (Labaki, 2008, p. 274)*

Assim, o puerpério imediato é extremamente rico, e potencialmente traumático, exigindo uma torção do desejo de engravidar e do desejo de ter filho para a difícil travessia para o desejo de maternidade, que pressupõe perdas, levando a um giro importante de perspectiva, uma vez que o investimento necessário no filho pode ser sempre vivido como excessivo, pois porta em seu cerne um "pedaço de si" que não só é doado à criança como será para sempre dela, sem retorno para a mulher. Suspeito que esse é um processo vivido ao longo da maternidade, e não só nos primeiros tempos do filho, quando se impõe o exercício permanente de diferenciação do eu materno e do eu da criança.

Vínculo com o bebê e suas representações

Acredito que o estranhamento e o caráter traumático do nascimento de um filho se devam exatamente à imposição da presença do bebê na realidade e em sua absoluta dependência, junto com a atualização dos antigos conflitos e lutos que não foram suficientemente elaborados ao longo da vida da mulher, e de todo o desamparo sentido nesse momento somado às demandas que o bebê impõe. De certa forma, a realidade fica "real demais". Isso tem um grande impacto nos pais, que agora devem transpor o que é da ordem do desejo narcísico e transformá-lo em desejo de um outro ser, ao mesmo tempo que o investimento na alteridade do filho deve ser para sempre.

Penso que esse processo pode se expandir para a vida inteira, ao longo do desenvolvimento dos filhos, nas diferentes fases da vida. Além disso, os pais vão experimentando suas próprias perdas e ganhos, bem como as dores e amores que seus filhos também vão tendo... A cada fase isso vai se colocando. E mesmo com filhos crescidos podemos vivenciar conquistas importantes deles próprios, podendo haver uma alegria enorme de ver um filho voar por si e ganhar paulatinamente seu próprio mundo! Os pais também ganham com isso!

Imagino que o impacto seja intensamente vivido por todas, mas em algumas mulheres pode haver uma melhor negociação entre o desejo de ter filho e o de ser mãe. Pode haver na relação uma retroalimentação libidinal que permita à mãe ocupar novos lugares, pois nutre seu filho com seus investimentos maciços, mas ele os retribui incrementando a relação com ela.

> *e, ao mesmo tempo, agora, a gente fica cada vez mais apaixonada pelo nenê, né?*

Uma dessas mães acentua a vivência paradoxal que a maternidade comporta e como a amamentação pode ser sentida como um acréscimo à relação, quando experimentada como fonte de prazer, e não apenas como mera obrigação:

> *ele tá mamando direitinho, ele tá engordando bastante, ele tá engordado 60 gramas por dia, e tá saudável e... ah... mamar, agora, tá começando a ficar gostoso, porque...*

> *agora, ele já tá olhando para você, já tá participando, já tá olhando, já tá dando risadinha... então, é muito gostoso! E, ao mesmo tempo que é uma dependência, que te amarra, porque cê não pode sair de casa porque tem que dar de mamar e tal, é... é uma dependência ruim e boa, porque é um momento seu e dele, né? É um momento que... aproxima mais.... que... ah, é muito gostoso! São dois sentimentos mesmo, porque, poxa, eu não posso sair de casa porque eu tenho que dar de mamar, outro, nossa, que gostoso dar de mamar! [Risos].*

Além de perceberem as sutilezas das conquistas do bebê incrementando a confiança em seu papel materno, algumas mães percebem que, sendo temporárias, algumas perdas são suportáveis.

> *Agora, a gente vê a evolução dele dia a dia, umas coisas diferentes. Agora, ele começa a ficar mais um pouquinho acordado, aí, acho que tá tudo entrando nos eixos...*

Nos casos que a retroalimentação libidinal parece prejudicada, alguns bebês podem crescer, engordar e mamar direitinho, mas não parecem inspirar regozijo em suas mães. Os cuidados existem, e pode haver uma grande preocupação em acertar, mas tudo parece destituído de espontaneidade e prazer.

Algumas mães mostram dificuldade de poder contar com uma capacidade de irem se conectando com o bebê e, nessa medida, irem conhecendo-o. Geralmente, precisam contar predominantemente com o que o pediatra diz que deve ser feito; não arriscam usar de suas próprias observações e experiências. Esse fato talvez agrave ainda mais o desencontro, e me parece que representa uma espécie de retroalimentação negativa, na qual fica prejudicada a valorização do lugar materno, da potência que a mãe pode sentir quando alimentada por uma relação que envolve prazer e na qual se vai paulatinamente encontrando caminhos possíveis.

Outro exemplo que se pode testemunhar e parece ser emblemático de certo descompasso na dança com o bebê é o momento da brincadeira com o filho:

> *E bebezinho, não tem muito o que fazer. Cê põe na cadeirinha, cê põe no tapetinho. Ainda não é pra sair na rua, né, filho?*
>
> *Sair na rua, na rua... sei lá... eu falo "gente! Acorda, dorme, fica chorando, mas não quer dormir, mas não quer mamar, não quer a cadeirinha, não quer nada, né?".*

Vemos em alguns casos que a relação com o bebê fica comprometida por todas as exigências a que as mulheres ficam sujeitas, entre tantos afazeres e tantas pressões, e lhes diluem os investimentos em relação aos bebês. Alguns deles ainda sofrem internações, o que reverbera ainda mais negativamente.

Uma dessas mães reclama de o bebê ainda chorar muito. Mal ela o coloca no carrinho, e ele começa a chorar. Depois de mamar, chora uns quarenta minutos e se engasga muito. Diz que esse choro é manha, malandragem, e que pode ter também um pouco de refluxo. Depois, vai ficando mais claro que as dificuldades entre mãe e filho ainda perduram.

O que seria propriamente um choro de manha? Será que quando não se sabe o que está acontecendo, quando fica difícil sustentar a dúvida e a angústia acarretada, pode-se dar um nome ao fenômeno, com a intenção de dar-lhe contorno?

No horizonte materno, a vinda de um segundo filho pode ter um impacto diverso da do primeiro, pois geralmente amplia o peso das tensões, e pode haver um acúmulo de funções e pressões de fazer mais um filho viver, ao mesmo tempo que é preciso continuar a investir no filho mais velho. Há uma necessidade de administrar os impactos decorrentes da vinda desse novo membro da família tanto no psiquismo materno quanto no seio familiar. Em um desses exemplos, a mulher está sobrecarregada de preocupações e afazeres, o que lhe dificulta certa entrega à tarefa de ser mãe do bebê que chega.

Uma mãe conta que tudo corria bem até dois dias antes de nosso encontro, quando o bebê ficou acordado durante horas seguidas, choroso e só querendo ficar no colo. Ela não sabe muito bem a que atribuir esse incômodo; cogita a vacina tomada na maternidade, que drenava pus até dias antes e que agora estava cicatrizando, ou cólicas. Por isso, houve uma desorganização, e o bebê quer mamar o tempo todo, a ponto de não dar tempo de suas mamas voltarem a se encher, o que a entristece muito.

Conta que viviam numa certa calmaria, pois os engasgos que a preocupavam eram agora menos intensos e frequentes, e o próprio bebê sabia como se proteger deles. Atribui-os não só à dificuldade de sugar que ele tinha no início, mas ao fato, recém-descoberto, de que o freio da língua do filho era muito para a frente, o que pode aumentar essa dificuldade

As ambivalências acerca das experiências é enorme, e muitas vezes pode aparecer um desejo pouco claro no nível mais consciente de a criança ainda ficar grudada no peito da mãe, semelhante a uma *mãe-canguru*. Os substitutos podem não ser bem-vindos: em um desses casos, a mulher nem cogita a chupeta.

Apesar das dificuldades, por poder contar com certa mobilidade das questões, uma mãe percebe os ganhos do filho: um bebê que cresce, engorda, está mais esperto e pode travar um diálogo com o olhar, retroalimentando-a. Pelo olhar, percebe que seu filho está mais vivo e, apesar das dificuldades desse que ela considera o pior momento na criação de um filho, acredita em sua capacidade de cuidar.

Na escuta sutil envolvida nesses encontros, vemos também aparecerem dizeres que denotam que nem tudo está perdido. Em um desses casos, a mulher recuperou-se bem da cesárea e, apesar dos desarranjos, o bebê está ganhando peso e se desenvolvendo normalmente, o que concorre para acalmar a mãe.

Outra mãe observa e vai tentando decodificar os sinais que seu filho lhe transmite, e assim o vai conhecendo. Apesar de às vezes ser difícil compreender o motivo do desarranjo, não tenta evitar a angústia – fica em dúvida e chateada. Percebe as diferenças e recorre à experiência com o filho mais velho para entender a situação.

É interessante perceber que, ao mesmo tempo que uma mãe conta como tem sido penoso esse momento, ela consegue indicar algo precioso do ponto de vista do desenvolvimento do bebê e de sua relação com ele: percebe que o "olhar está mais vivo".

> *quando eles nascem, me dá uma sensação de olhar de velhinho... opaco, dá uma impressão de velhinho... eu digo que eles ainda tão do lado de lá [risos]. Aí, depois, vai ficando mais vivo, né?*

Alguns bebês que já interagem, vão incrementando a confiança materna e favorecendo uma certa mobilidade das questões: elas são diferentes das anteriores, o que parece significar que a dupla atravessou a fase mais crítica e que a mãe vem encontrando formas de superar as dificuldades iniciais inerentes ao exercício da maternidade.

Parece ser comum entre as mulheres a dificuldade de passar do desejo de ter um filho para o de serem mães. De fato, não é fácil fazer essa torção do desejo. O que vimos é que, para algumas mulheres, isso é possível, mas, em outras, encontra obstáculos importantes, arrastando as dificuldades de encontro e sintonia com o bebê real e o exercício da maternidade também num contexto real. Nesse momento de perinatalidade, a reatualização de conteúdos transgeracionais potencialmente favoráveis para atravessar as relações incide de forma latente nas trocas entre o bebê e seus pais.

As perdas vividas pelas mães nos remetem à questão do sistema idealização/desidealização dos pais no encontro com o bebê real. Entre os diversos autores que o afirmam, destacamos Freud (2010) e Bydlowski (2007): a criança imaginária é a depositária do desejo narcísico de imortalidade do Eu e supõe cumprir, reparar e preencher tudo. Essa criança imaginária é, por excelência, matizada por desejos narcísicos, sendo necessária para alimentar a relação dos pais primeiramente com o projeto de filho e depois com o filho que cresce no ventre materno. Entretanto, o que deve haver é uma transformação do desejo de ter filho para o desejo de ser mãe, resultando numa desidealização que os primeiros tempos de vida de um filho necessariamente impõem aos pais. Assim, o registro narcísico do ideal vai cedendo passo à construção do vínculo com a realidade dos cuidados e de todos os impactos decorrentes da presença desse ser.

De acordo com Bleichmar (1994), é a partir do narcisismo transvasado para o filho que surge a possibilidade da alternância geracional, sempre acossada a certa porção do que é transmitido sem transformação, caso da transgeracionalidade. É a partir do próprio narcisismo que os pais transmitem o que há de mais humano, por ceder uma porção narcísica ao filho. Além disso, o encontro com o desamparo do filho faz reativar seu próprio desamparo, o que é observado no material analisado, como uma prova de fogo para quem se aventura nas trilhas da parentalidade.

O entorno e seus vértices

Uma dessas mulheres percebe que, ao mesmo tempo que vai conhecendo cada vez melhor seu filho, vai diminuindo seu sentimento de estrangeira como mãe. Paralelamente a isso, seu marido vem aprendendo aos poucos a lidar com o bebê, e a mãe tolera esse aprendizado do pai remetendo-se a sua própria experiência de ser uma mãe apenas *suficientemente boa*, e não perfeita. No entanto, no que diz respeito aos cuidados e à ajuda da sogra, ela não transige: não a vê como alguém que a ajuda, mas como alguém que a deixa insegura. O contrário parece sentir sobre a pediatra que os está acompanhando; casualmente, descobriu ser uma pessoa próxima de um conhecido de sua mãe, e sente-se bem acompanhada por ela.

Suponho que uma dessas mães vai percorrendo um caminho em que transforma algumas questões. Conta que, quando algo não está bem, discute com o marido a forma de melhorar e de não se sentir tão sobrecarregada pelos cuidados com o filho, convoca-o a ajudá-la, o inclui intensamente na relação com o bebê, e ele responde positivamente a essa proposta de inclusão. Ela parece dizer que vai tentando sempre "corrigir a rota", e que a construção da parentalidade tem sido tecida juntamente com o marido:

> *Porque não tô dando conta. Eu falei pra ele "eu tô ficando piradinha, tô muito cansada". Aí, a gente conversou . . . Ele falou "tá bom", e ficou com a incumbência de... Então, a gente tá se acertando assim, e... acho que vai entrando nos eixos [risos].*

O fato de alguns casais conseguirem conversar para "corrigirem a rota", quando as coisas não estão caminhando bem, parece fundamental. Em função do diálogo com o marido, a mulher acaba se sentindo amparada novamente, fazendo enorme diferença em suas experiências na família.

A parentalidade impõem a vivência do desamparo por excelência. Uma dessas mulheres descreve como árduos os impactos que o nascimento do bebê causa na família. Nada fica como antes: "trocaram o marido na maternidade e agora estão devolvendo aos poucos", o filho mais velho tem ciúme do mais novo, o bebê não mama direito e não dorme direito e ela própria fica resfriada. A conversa com o marido e o pedido de que ele esteja mais perto nesse momento parecem tê-la ajudado.

Uma rede de suporte funcionando adequadamente parece ter sido decisiva para atenuar em algumas mulheres os impactos da dor e do cansaço da tarefa de ser mãe. Ajudadas por suas próprias mães, ou por outras figuras importantes, voltaram a ter alguns cuidados consigo mesmas, o que as fez se sentirem melhores, e, nutridas emocionalmente, podem continuar a investir na relação com o filho:

> *Agora, já consegui dormir na mesma cama que meu marido [risos] – depois de cinco semanas [risos].*

Em alguns casos, as perdas e os impactos impostos pela maternidade reverberam na dinâmica da família como um todo, e em um desses exemplos parece ser o filho mais velho que denuncia certa desorganização ocorrida no seio familiar com a chegada de um novo membro. O menino está mais sensível e parece mostrar que, apesar de todos os esforços da mãe para amortecer os abalos sentidos, experiências como o nascimento de um irmão – ou de um filho, no caso dos pais – têm repercussões importantes.

Esse filho mais velho, além de se mostrar com ciúme, revela sentir-se sobrecarregado. Tem que administrar o fato de ter um irmão, reverberando na necessidade de ter que dividir sua mãe e ainda ser mais independente. Em uma fala emblemática, ele se refere ao irmão recém-chegado:

> *ele falou assim "joga [o bebê] lá!". Aí, eu falei "jogar, não, a mamãe vai colocar ele lá. Cê quer que eu coloque ele lá?". "Não, eu quero que você jogue." Ele nunca tinha falado assim, "eu quero que você jogue ele lá".*

A desarmonia transborda as fronteiras da relação mãe-bebê e pode alcançar o pai: os impactos são sentidos pela família como um todo. Uma dessas mulheres acredita que o marido tinha que saber cuidar do filho e, quando ele questiona a razão de seu cansaço, ela reage veementemente, numa espécie de "Lei de Talião":

> *"Não entendo por que você fica cansada." Aí, num dia no final de semana... "agora ele vai sentir"... Chorou, vai pra ele. Vai trocar fralda, vai pra ele. Chegou no final, "ai, tô morrendo de dor nas costas, tô tão cansado!". Eu falei "engraçado, né? Isso porque você só fez um dia. Imagina se você faz cinco"... "Realmente, você deve estar muito cansada!" Às vezes, eu faço de propósito!*

Em algumas oportunidades fica visível como alterar a rotina mais solitária das mulheres pode favorecer um movimento diverso do instalado até então. Em um desses casos, percebi que um movimento mais harmônico pôde surgir na família numa viagem que fizeram. O padrão de choro e de sono do bebê mudou completamente. A mãe pareceu estar menos sobrecarregada, o que reverberou positivamente não só nela como na criança. No entanto, assim que voltaram para casa, o quadro anterior voltou a se instalar.

Apesar das dificuldades, percebo que uma dessas mães tenta ver os vários lados da situação, dizendo que o choro do bebê pode ser muito "irritante" e que o mais velho também pode se exasperar com ele, como ela se desespera.

Em alguns casos, vemos como um terceiro, sentido como alguém que ajuda a atravessar esse período desafiador, pode fazer real diferença. Em um desses casos, a dupla mãe-bebê parece se desorganizar no momento em que o pai volta a trabalhar, pois ele havia tirado férias assim que o filho nasceu, justamente para ajudar nos cuidados com ele. Assim, a mulher parece ter sentido a ausência do marido, ficando sozinha com o bebê grande parte do dia. O marido é uma figura fundamental para o equilíbrio da família; além de ser muito participativo e de apoiá-la, ela só deixa que ele a ajude. Quando sua mãe está, uma vez por semana, ela só é autorizada a cuidar da casa e a providenciar alimentação.

Em várias situações, as mulheres revelam a diferença sutil, mas fundamental, de quando se sentem emocionalmente amparadas e quando isso não acontece, mesmo que haja em alguns casos uma presença física. Uma delas me diz que sua mãe a ajudou muito, mas que ela tem "prazo de validade". Em contrapartida, percebe que a presença efetiva do marido é fundamental e que, com sua falta, tende a se desestruturar.

Uma mulher percebe que o leite diminui com a falta de sono, e, quando discute com o marido, toma os medicamentos indicados para ajudar na produção de leite. Além disso, para a noite, introduziu uma mamadeira de leite em fórmula, e tudo isso parece ter sido vivido como alento, por ter aliviado seu extremo cansaço.

A possibilidade de haver mobilidade das questões e das queixas, a crença na capacidade de compreender gradativamente o bebê e lhe oferecer aquilo de que ele precisa e a retroalimentação libidinal da dupla podem favorecer o encontro e a superação de algumas das dificuldades iniciais, com a confiança promovida a partir de certo reencontro com bons objetos internos na mulher. Em outras palavras, com a boa mãe internalizada, ajudando-a no exercício da maternidade. Assim, as perdas e as diversas dificuldades podem ser mais bem integradas ao processo. Quando a mulher se sente amparada pelo meio e pode paulatinamente acreditar na construção do papel materno e em sua capacidade de conter o bebê e ter prazer na relação, é capaz de perceber que, mesmo com algumas dificuldades, ele cresce e se desenvolve e seu olhar fica mais vivo, retroalimentando as capacidades de sua mãe.

Minha presença nas dores e amores

Testemunho com uma dessas mulheres que a possibilidade de tomar contato e vivenciar as perdas podem favorecer os ganhos que o prazer lhe proporciona na relação com seu filho. O suporte oferecido por figuras de confiança e uma boa introjeção da figura materna, bem como a capacidade de dialogar e encontrar uma solução conjunta com o companheiro, favoreceram sua possibilidade de acolher tanto as demandas do filho quanto as angústias sentidas nesses primeiros tempos com ele.

Penso que essa mesma mulher pôde contar com capacidades internas de acolhimento e metabolização das angústias inerentes a algumas experiências, e pôde se beneficiar enormemente dos encontros comigo. Os choques emocionais não foram negados e sim acolhidos profundamente, e assim foi possível encontrar caminhos interessantes para os desafios trazidos pela parentalidade.

O "manhês" no diálogo entre mãe e filho se parece com o da amamentação. Na relação de uma dessas mães com seu bebê, parece haver uma conversa recheada de prazer. Ela me convida não só a presenciar esse momento como me introduz nesse diálogo.

Meu encontro com uma dessas mães é claramente privilegiado por ela. Ela cuida desse momento, que parece prazeroso para nós duas. Não deixa que a entrevista seja interrompida, me convoca, quer saber sobre meu trabalho de pesquisa e se tudo o que sente é normal, ao mesmo tempo que acredita que sim.

Sou impactada ao ser recebida por uma dessas mães com seu bebê, de máscara no rosto, na porta de sua casa. Penso na possibilidade de ele estar doente, mas ela explica que está resfriada e tem medo de contaminá-lo. Reflito a respeito do meu susto, que pode ter sido eco das angústias vivenciadas por essa mãe, e acabo sendo continente para elas. Esse é um emblema de que nesses encontros servi às mulheres, em inúmeras oportunidades, por essa qualidade especialmente continente.

Algumas mulheres conseguem perceber mudanças em si próprias e em seus filhos, podem confiar cada dia mais na sua capacidade de cuidar e de serem mães, e os bebês reagem a isso oferecendo-lhes seus olhares e sorrisos, tornando-as menos estrangeiras como mães e atenuando os sentimentos de perda – que puderam ter lugar e serem acolhidos no encontro comigo. E, satisfeitas, elas compartilham esses momentos comigo.

Tive contato com o trabalho de transtornos e transformações decorrente do tornar-se mãe e com o amor que uma dessas mulheres sente pelo filho.

A maternidade real inclui se dar conta das perdas, algumas irreversíveis, e elaborá-las. Talvez por poder entrar em contato com essas inúmeras perdas e a tristeza que acarretam, ela pôde sentir também os ganhos. Seu filho nasceu, está bem, ela se reconhece como sua mãe, está em curso uma retroalimentação libidinal que a fortalece para corrigir a rota, quando necessário, e seguir em frente apesar de tudo. As harmonias do encontro; os ritmos compassados; a possibilidade de corrigi-los quando há um descompasso, uma desafinação; sua possibilidade de contar com apoio e suporte, ao mesmo tempo que se deixa ajudar; e o fato de contar com sua capacidade de entrar em contato com a experiência e de regredir e se deprimir parecem tê-la ajudado nessa tarefa.

É interessante pensar em como as mulheres pedem minha participação. Às vezes, esse pedido pode aparecer com perguntas diretas, por acreditarem que eu seja a "especialista" nessas questões. Por exemplo, a angústia de saber que o filho está apresentando um comportamento mais "sensível" na escola:

> *mas disse que na escola, então, amanhã, eu vou falar com a professora. Disse que na escola... a professora não me chamou, nada, eu que vou lá. Meu marido é que perguntou... tá mais sensível, a gente percebeu desde que o bebezinho nasceu – tá mais sensível...*

Quando perguntei como aparecia essa sensibilidade do filho mais velho, essa mãe responde que não entendeu a que a professora se referia. A possibilidade de ela conversar comigo vai abrindo um espaço para se autorizar a ter dúvidas, e não saber. Minha presença, junto da questão que levanto, a ajudou a se perguntar.

> *Ah, isso eu também não sei. Boa pergunta. Vou descobrir com a professora agora. Não sei se tá chorando, não sei como é que tá. Diz que tá mais sensível e que tá brincando mais sozinho na escola. Então, não sei, também. Achei que fosse conseguir ir hoje na escola, mas foi um inferno – mas tudo bem. Então, amanhã, minha tarefa é ir na escola conversar com a professora para saber*

> *o que... Se eu preciso fazer alguma coisa ou se isso é normal. Se isso é normal – é normal?*
>
> *Você que lida com essa turma aí... Eu não sei... Criança ficar sozinha... Eu não... Criança brinca junto, brinca separado... Brinca separado ou brinca sozinha? Eu não sei...*

Um tema recorrente nos encontros com algumas mulheres é o fato de "cumprirem ordens", como no caso das orientações que os pediatras recomendam. Acredito que seja um exemplo que simboliza como algumas mães não se sentem autorizadas, num mundo dominado por orientações técnicas, mas isso dificulta que lidem com suas fragilidades e aprendam a compreender e conhecer seus bebês. Supomos como é difícil desvencilharem-se disso, mas, por outro lado, seria importante se pudessem aprender a ouvir o que lhes podem dizer seus bebês.

> *O que manda fazer, eu faço [risos]. Se manda subir na árvore, eu subo; se manda descer da árvore, eu desço! [Risos] Eu cumpro. Você me fala, eu cumpro. Eu cumpro tudo o que me fala. Tem que dar de pé, eu dou; não pode balançar o bebê, eu não balanço o bebê; a gente vai fazendo o que manda a gente fazer.*
>
> *Porque aqui, à noite, era o caos... Das seis da tarde até as dez da noite, choro, choro e choro; chora pra cá, e chora pra lá . . . Então, ele fica mais... como é? Ela usou uma palavra hoje – desconfortável – e chora. Se ele já estiver falando "ah, ah, ah" ou sorrindo, ele já está entendo melhor o ambiente – o choro da reorganização! Então, vou te falar, viu?*

Uma das participantes me ensinou de forma clara a respeito da importância desses encontros para elas. Depois de um mês exato da primeira entrevista puerperal, recebo a seguinte mensagem do seu marido em meu celular: "Boa noite, dra., Eu, a [nome da mulher] e, é claro, [nome do bebê] gostaríamos de saber quando será sua próxima visita. Sem mais". Um minuto mais tarde, antes mesmo de eu responder, a mensagem é reenviada. Respondo perguntando sobre a possibilidade de nos encontrarmos durante a semana, e logo chega a resposta afirmativa. Penso que esse movimento é um pedido, me levando a supor que esses encontros têm um lugar privilegiado, seja para o casal, seja para a mulher individualmente. O que já aparecia nos outros contatos que tivemos.

Em mais um exemplo da importância desses encontros para as mulheres, uma delas pede uma intervenção minha, me inclui na trama querendo saber o que pode estar acontecendo com o bebê, e se deve ou não o deixar chorar. Diz à pediatra que eu sou sua psicóloga e me inclui na conversa com o filho, diálogo falado em "manhês".

Sinto uma diferença significativa no clima emocional do encontro com uma dessas mulheres, no seu decorrer, o que repercute na possibilidade de ela pensar mais e ficar mais tranquila. Talvez ela já possa compreender que não é uma mãe 100% e caminhar rumo a uma metabolização da experiência, talvez a uma elaboração. Penso que ela se sente apoiada por mim, e com isso se sente autorizada a sentir e repensar tudo isso, para poder encontrar um caminho factível.

> *Eu também sou do tipo que me cobro demais. Então, eu sempre quero tá fazendo o melhor pra ele, o melhor pra mim, o melhor pra casa, o melhor pro marido, e assim vai, entendeu? E aí, nesse meio-tempo, a gente não percebe, aí a gente vai se esgotando, e, quando vê, o cansaço vem de uma vez só. Eu me cobro muito também.*

> *Às vezes, eu falo assim "eu tinha que saber", sabe assim? Eu tinha que saber o que está acontecendo com ele pra eu poder resolver! Mas não é assim, né? Mesmo sabendo que não é assim, eu me cobro, uma coisa que não dá pra controlar, a cobrança.*

Com nosso encontro quase terminado, a mulher oferece a chupeta ao bebê e se surpreende muito quando ele a aceita; diz que é porque eu estou ali. O bebê dorme em seguida. Ela disse que ele não pegava chupeta, e compreendi que poderia haver uma resistência de sua parte, correndo o risco de se sentir trocada. Ao se despedir, ela me agradece. Fico especialmente tocada com sua fala: apesar de saber que nossos encontros faziam parte de meu protocolo de pesquisa, ela achava muito bom quando podia contar com minha presença.

Essas mulheres dão testemunho de como se sentirem escutadas e respeitadas nas suas dores e amores pode fazer especial diferença, reverberando em suas experiências, bem como na dinâmica estabelecida com o bebê e com a família.

Caminhos da tristeza

O que pode dificultar ou facilitar a conexão com o bebê nesses primeiros tempos? E como esse caminho pode ramificar?

As mulheres que apresentam dificuldades de entrarem numa conexão mais afinada com o filho, fruto do estado de regressão esperada, e conhecido como *preocupação materna primária,* podem ter problemas para investirem libidinalmente seus bebês. A sensação de estarem perdidas e a vivência de um "caos" podem imperar, e muitas acabam tendo dificuldade no processamento das novas experiências que estão sendo vividas para uma paulatina transformação nesse processo de irem se tornando mães.

O filho pode ser sentido como alguém que demanda muito e que suga a vida de sua mãe. O narcisismo que precisaria ser transvasado para nutrir o bebê de afeto parece, em muitos casos, ter sido arrancado à força:

> *E eu queria voltar a ter vida, porque eu não tenho vida! Quer dizer, tenho! Não vou dizer que não tenho, mas, assim, eu tô há quatro meses – eu e o meu marido, a gente só vive em função do bebê...*

Algumas mulheres sentem as demandas de seus filhos de forma quase *parasita vampiresca* como nomeado por Boukobza (2000, p. 20), como se tivessem sido atingidas por uma espécie de *hemorragia narcísica*. O bebê é sentido como aquele que impõe à mãe uma renúncia radical ao seu próprio espaço psíquico, uma vivência bastante difícil, que impacta o sistema de obtenção de prazer na relação. Essas mulheres podem apresentar um narcisismo ao mesmo tempo exacerbado e frágil, não suficientemente sustentado pelo entorno.

Por outro lado, um exemplo ilustra o quanto para algumas mulheres pode ser problemática a travessia do desejo de engravidar e ter um filho para o de ser mãe. As perdas podem acarretar um dano profundo do ponto de vista narcísico; algumas mães sentem-se exauridas, desvitalizadas, roubadas pelos filhos. Suas vidas não lhes pertencem mais, e não parecem contar nem com suportes de terceiros, nem com a capacidade de se retroalimentarem na relação com os filhos.

Uma mãe testemunha a dor da perda de sua vida anterior, que parece impor-se ciclicamente também na relação com o bebê: as questões difíceis são as mesmas. As perdas são vividas como desespero atroz, uma vez que não podem ser transformadas em ganho na relação. Seu narcisismo parece encontrar dificuldades para transvasar para o filho, e ela não pode contar muito com a construção de seu papel materno e, portanto, com a capacidade de ser mãe de seu filho. O que aparece é um medo profundo de ser muito importante para ele. A demanda que ele lhe endereça com seu olhar penetrante parece assustá-la, pois reafirma a necessidade de ela se descentrar de si mesma para acertar o tom com seu filho, o ritmo do encontro.

Apesar de alguns bebês estarem em amamentação exclusiva, pode haver certo prejuízo de prazer nessa atividade:

> *Acho até que é uma amamentação fast food: põe no peito, tira do peito, põe pra arrotar – é punk, né?*

Percebo ser comum em algumas mulheres uma espécie de obrigação de "estar bem", de "ter bom humor", apesar de todo o "caos" sentido, impondo uma exigência excessiva de amortecer os impactos, seja da tristeza, seja do caos, seja das perdas. Nesse sentido, há também um reforço cultural: nossa sociedade parece ainda impor um certo júbilo, principalmente à mulher que acaba de ganhar um bebê. Elas não se sentem autorizadas a ficar mais introspectivas, ou mesmo mais deprimidas saudavelmente, o que pode prejudicar a qualidade da experiência com elas próprias e seus bebês.

Uma mãe parece sentir-se completamente exaurida, roubada pelo filho. Enquanto ele está esperto e crescendo, ela perde. Não pode contar muito com os ganhos da maternidade, com o prazer envolvido nessa relação. Talvez sinta as perdas mais do que os ganhos:

> *É superesperto… eu tô supercansada, não é?… Eu não consigo fazer mais nada, minha vida tá… Todo mundo que me vê fala "nossa, você tá magra!". Eu falo "ai, gente, eu não sei"…*

Os dizeres das mulheres indicam o caminho das perdas na experiência de terem um filho. Em um desses casos percebo que o desequilíbrio se intensificou, ilustrado pelo desespero que a mãe sente quando o bebê não para de chorar; diz que, algumas vezes, chorou junto com ele. Ao mesmo tempo que conta estar mais tranquila, diz que, quando começa o "choro desesperado" do bebê, ela fica "assustada e impotente". Expressa quão árduo é este momento, mostrando estar de certa forma aterrorizada. Acha esse período muito difícil; gostaria de poder transpô-lo:

> *Eu falo "acho que eu teria uns cinco filhos, se não fosse essa fase" [risos]... Apesar de que eu acho que depois é pior.*

As perdas parecem ser vivamente sentidas no próprio corpo das mulheres. Desde a entrevista anterior, uma mulher se queixa de que seu corpo mudou, apesar de ter perdido peso rapidamente depois do nascimento do filho. Nessa entrevista, volta a falar sobre isso e conta, aterrorizada, sobre a queda acentuada de cabelos. Complementa com um tom de sacrifício, refletindo a profunda metamorfose a que se vê sujeita:

> *Acho que a gente devia ganhar umas medalhas, o corpo muda tudo, o cabelo . . . eu não gosto da cara que eu tô...*

O desencontro com o filho se estende no tempo. A sintonia entre ela e o bebê parece prejudicada, como se eles não conseguissem acertar o tom. Não vejo um quadro de depressão clássica, mas há sofrimento, há certa impossibilidade exatamente de deprimir saudavelmente e entrar em contato com o filho, entrar em outro ritmo, no compasso de um bebê.

As desarmonias são sentidas na família como um todo, e os impactos reverberam no choro do filho e da mãe. Por seu turno, o pai parece ficar sobrecarregado e precisa acudir a ambos. Uma dessas mães se frustra por não conseguir "amamentar exclusivamente e até pelo menos os seis meses", como a princípio planejou. Leite escasso não fazia parte de seus planos.

As falas de uma das mães simbolizam o caminho das perdas que se acumulam desde o nascimento do filho: ela parece fazer uma espécie de inventário dos prejuízos e danos e tende a acreditar que alguns são temporários, e outros, mais árduos. O amparo do marido e o sono são considerados fundamentais, mas outra perda importante é o convívio mais próximo com o filho mais velho. Ela comenta também que sente falta de sair de casa tranquila, porque sai "como uma doida" – apesar de acreditar ser um período transitório. E essa impressão pode ajudar na sustentação das dificuldades, e a encontrar destinos para elas.

O movimento de transição entre ter um filho e ser mãe parece denotar a "reviravolta materna". Em um desses exemplos: uma mulher diz que não consegue ter nem alimentação, nem sono, nem higiene adequadas, e leva a pensar numa tensão sem tréguas: "dá vontade de sair correndo". Parece dizer de um desespero e um desamparo porque o projeto idealizado de engravidar e ter filho não pressupunha essa avalanche com a qual se vê confrontada: quando o bebê chora, ela chora junto; o leite, que era muito, agora é pouco. Mas há certa mobilidade, os problemas não parecem os mesmos, fazendo a mãe compreender que, apesar das dificuldades, o bebê cresce e se desenvolve; ele fundamentalmente sobrevive, o que parece ajudá-la numa paulatina desidealização de seu papel materno e no investimento de novos caminhos.

O fato de as mulheres perceberem que seus filhos crescem, se desenvolvem e começam a manifestar a cada dia uma resposta ao investimento materno facilita a retroalimentação libidinal, pela qual a mãe que alimenta o filho com sua libido sente que é também nutrida pela relação com ele, incrementando algo de natureza cíclica. A despeito de todo o impacto e todo o trabalho que o bebê exige nos primeiros tempos, o prazer na relação com ele parece fornecer matéria-prima fundamental para ajudar a mulher a suportar as perdas e transformações às quais se vê sujeita. Parece que quando percebem que todo o transtorno pode ser transitório e valer a pena, encontram os ganhos e não só as perdas.

8. Dores e amores no terceiro encontro após o nascimento: ruptura dos ritmos e novas cadências

Susto e suas nuances

Os impactos continuam sendo vivenciados nas famílias, mas em algumas, há uma possibilidade de serem paulatinamente elaborados, o que pode fazer real diferença na vida dessas pessoas. Em outras pode haver uma transição mais difícil, e podemos ver, assim, que há mais ou menos elaboração.

Podendo perceber mudanças, as mulheres podem vivenciar as perdas, e a capacidade de entrar em contato com elas e de elaborá-las lhes permite admitir o ganho, o prazer com a vinda do filho, podendo ser nutridas por suas presenças.

Algumas mulheres lidam com o impacto das mudanças que o bebê traz, mas agora conseguem ter uma maior tranquilidade para lidar com algumas questões:

> *depois que completa três meses, a médica falou também que a alimentação não precisa ser mais tão restrita,*

> *porque [ele] já tá acostumado... Foi um alívio. Eu não sabia. Achei que, enquanto estivesse amamentando, eu não poderia comer um monte de coisas. Ela falou "não, três meses"... Tô evitando leite, derivados de leite, porque ela achou que o refluxo e as coisas na pele dele pudessem ser rejeição à lactose. Então, eu cortei tudo o que é leite, iogurte, queijo – tudo o que eu adoro. Cortei. Isso me deixou muito mal, quando ela falou que era para cortar, porque cê já não come chocolate, não toma café, não come não sei o quê, não sei o quê... e leite. Em tudo vai leite... mas eu acho que não, porque agora, não tô mais tão... antes, cê fala "ah, uma pizza, na massa"... uma pizza sem queijo, mas na massa pode conter queijo. Agora, não tô nem aí... agora, não vou comer o leite em si, nem o queijo, mas num bolo tem leite, paciência! Tô comendo, e ele tá bem, melhorou bastante do refluxo...*

Seguir o pensamento de algumas mulheres nos faz perceber que poder ir contando com os acréscimos sem precisar negar ou se afastar veementemente daquilo que as preocupa ou da próxima perda pode ser muito importante no atravessamento da experiência:

> *Acho que o próximo drama é o desmame. Eu já tinha falado assim "não, quando ele completar três meses, na mamada da noite, eu já vou dar o [marca do leite]. Agora, ele tá completando três meses, eu tô repensando. Agora, eu vou jogar pro quarto: no quarto mês, eu começo a dar o [marca do leite]... porque... cê tem leite, né? Cê vê os seios cheios, cê não vai dar? A gente sabe que faz bem pra ele, né?*

Algumas dessas mães fazem um levantamento dos obstáculos que ainda estão por vir, no que parece uma tentativa de prever as dificuldades e talvez se prepararem melhor para enfrentá-las. A antecipação pode aparecer em seus dizeres, e penso que é fruto da possibilidade de levarem em conta aquilo que lhes importa tomando como base as suas vontades. Refletem sobre as possíveis escolhas e suas implicações tanto em suas vidas como na vida de seus filhos em outro momento de transição – a retomada de suas vidas profissionais –, tentam encontrar uma alternativa que contemple melhor os dois lados implicados, o de seus filhos e os seus próprios. Em um desses exemplos, a mulher não planeja deixar de trabalhar para evitar novas perdas:

> *E também tem essa quebra aí, né? De estar o tempo todo junto com ele e, de repente, não estar mais. Mas em nenhum momento eu penso em não voltar a trabalhar. Não sei. Pode ser que eu tenha essa sensação um pouco mais pra frente, quando eu estiver perto de... não me vejo nesta vida o tempo inteiro, nesta vida em que eu tô. Não vejo a longo prazo isso... não consigo me ver. Tem mulher que não, né? Tem mulher que tem filho e fala "ah, eu trabalho por obrigação, se eu pudesse, eu ficava"... eu não consigo me ver nessa situação por muito tempo.*

Pode ser frequente as mulheres se sentirem sobrecarregadas com uma série de questões para as quais não encontram saída fácil. Algumas voltam a trabalhar, o que pode ser fonte de prazer, mas podem sentir que são mais exigidas, tentam conciliar tudo o que já existia antes com a preocupação com a saúde do bebê, o que se intensifica quando há alguma intercorrência.

Suponho que todas essas questões as angustiam muito, mesmo que algumas delas não consigam entrar em contato com isso, no entanto isso pode pressionar a dinâmica da relação que estabelecem com os filhos que chegam. Uma delas vai dizendo do excesso a que se sente sujeita:

> *Eu tô muito cansada, muito cansada, eu tô exausta!! Eu não aguento! Eu não aguento mais ir em pediatra, eu não aguento mais ir em médico nenhum. Mas a gente tá… A GENTE NÃO AGUENTA MAIS… E assim, nisso tudo, eu tô com muito leite, graças a Deus! Não afetou em nada… E voltar a trabalhar, uma supercorreria, né?*

Pode ser frequente a idealização da maternidade também para as mulheres, e temos visto quão difícil pode ser a experiência na realidade, ou pelo menos em parte. Algumas mulheres que idealizaram muito a experiência de terem filhos e de serem mães, inclusive com uma grande exigência e expectativa de seu papel, podem sentir certa insegurança de ir testando o que fazer na realidade. Em algumas há uma ideia de ter que saber antes da experiência e de que esta tenha uma qualidade beirando os 100%:

> *É de ser uma coisa mais natural, de saber tirar de letra as situações. Eu ainda não sei fazer isso. Eu falo "ah, mas eu ainda não sei sair com ele, é melhor não ir" [risos]. Eu fico meio que me escondendo, sabe? Eu falo assim "é melhor não ir"…*

Muitas mães comunicam o duro aprendizado e o enfrentamento que o bebê traz na realidade. Algumas delas sentem como uma perda enorme não poder amamentar, e o plano de uma mãe que pretendia ser 100% precisa dar lugar a uma mãe que procura se adequar às necessidades do filho e às próprias. A mãe idealizada, cheia de leite – tanto leite que alguns bebês se engasgam no início –, dá vez a uma "mãe insuficiente", ou talvez a uma mãe real procurando se adaptar à realidade de que algumas não gostam, mas para a qual não vêm alternativa:

> *é que eu achava, quando eu tava grávida, que era tudo cor de rosa, né? Achava que tudo era perfeito e tudo ia ser assim, numeradinho – 1, 2, 3, 4, 5, 6 –, enfileiradinho, que não ia ter esses contratempos, mas... teve, e eu tô me adaptando, aos trancos e barrancos...*

A amamentação pode ser vivida de inúmeras formas e assumir várias nuances em diferentes momentos. Algumas mulheres podem experimentá-la como um ponto de conflito, e em muitas oportunidades ela pode simbolizar uma espécie de fantasia de esvaziamento:

> *E eu acho que amamentar te puxa muita energia, pelo menos pra mim. Depois que eu parei, eu engordei três quilos! Assim, eu percebo que é uma coisa que te... eu acho que algumas mais, e outras menos. Pra mim, é bem puxado, assim. O organismo, mesmo, te debilita mais. Então, eu acho que isso, assim... não é que... acabou, de certa forma, não melhorando – não dá pra dizer isso –, mas foi o que eu consegui fazer. Eu fui até onde deu, assim. Nossa, eu fui até o limite mesmo. Depois disso... eu não consegui...*

Suponho que esse é um exemplo em que a mamadeira passa a ser usada como um terceiro elemento: serve para intermediar uma relação na qual a mulher se sente muito requisitada e com receio de a "fome do bebê não ter limite", e não ser suficiente para ele. A introdução da mamadeira pode sinalizar certo alívio, e a relação pode seguir um rumo mais tranquilo. A mulher também não precisa ser "imprescindível" – pode ser, de certa forma, substituída, aliviando a angústia intensamente presente.

Apesar de serem sentidos como muito bonzinhos, alguns desses bebês ficam muito doentes, deixando suas mães e famílias exaustas. As mulheres sentem que a dependência e o risco ainda rondam o universo materno e que um excesso de pressão as fazem querer trégua. Uma dessas mães de um bebê que teve algumas intercorrências pulmonares diz: "Quero férias com chuva".

Muitas mulheres se sentem muito divididas e angustiadas nos cuidados com o filho, parece ser difícil encontrar um limiar e descobrir um equilíbrio. Em um desses exemplos:

> *Não, não... Mas tá indo, tô indo bem! Mas só queria que chovesse. [O bebê tosse.] Essa tosse, tá vendo? Tá muito seco! É engraçado porque inalação demais, diz que dá água no pulmão, e o vaporizador, minha pediatra não gosta muito! É engraçado... ou seja... toalha torcida e uma bacia. Outro dia, eu falei pra ela "Ah, eu liguei o vaporizador". Ela falou "Só por duas horas, e pode desligar, senão, fica úmido demais".*

Algumas mães procuram lidar com a angústia causada por um turbilhão de coisas organizando suas atividades, mas o ritmo não volta ao padrão antigo e parece não encontrar um novo:

> *Eu acordo e falo assim... Porque antes eu acordava falando "hoje, acho que eu vou fazer a unha, vou fazer..."*

> *Agora, eu acordo com toda a semana marcada. Senão, cê não faz nada! Se você não marca, não faz nada... É, senão, a semana acaba, e você não faz nada...*

Antes de passarem pela experiência de terem um filho na realidade, alguns casais imaginavam que teriam outro filho logo depois do primeiro. Em um desses casos, a mulher rejeita veementemente que essa ideia seja colocada em prática, alegando que seria insensato. Sua fala indica sobretudo que pode haver certa desorganização e despersonificação, uma vez que ela não é mais a mesma, foi profundamente atingida pela experiência da maternidade:

> *e realmente eu tinha pensado em ter logo em seguida. Agora, já mudei de ideia... Eu falei "porque não é você [o companheiro]... não é você"... Teu corpo – meu – não volta ao normal. Teu cabelo – meu – cai. Não é você!". Deixa eu me restabelecer um pouco mais, aí, eu penso no segundo... Porque, nossa! Não sei se é egoísmo meu, mas, assim . . . porque eu queria, sabe? Poder sair com seu marido... eu não...*

O encontro com um novo filho, quando já se tem um, pode trazer prazer, medos e surpresas. Em um desses casos, o segundo filho traz outros impactos e outras intensidades: come mais, chora mais e ri mais do que o filho mais velho, remetendo-a a um novo aprendizado: o de ser mãe desse bebê em particular.

Penso que em alguns casos, em função da complexidade das questões psíquicas envolvidas nesse período, pode haver a necessidade de aplacar a angústia com atividades, evitando certo desconforto:

> *Eu falei "não, é que eu sou de rua, ficar em casa... me... não sei, ficar em casa, mas desde... não sei, não sei ficar*

> *em casa. Eu gosto de rua, eu gosto de ver gente, eu gosto de ver coisa, não me deixa em casa! Eu não sei ficar em casa!". Cê vai me ver aqui com ele, aí, depois eu vou pra lá, eu vou pra cá. Ontem mesmo, parou de chover, eu falei "e aí? Vam'embora, vamo descer!". Fui, dei uma volta de quinze minutos e voltei! "Parou a chuva, parou a chuva! Vam'mbora!" E ele adora. Põe no carrinho, bate as pernas! Eu não sei se ele vai ser pior do que eu! [Risos].*

Vínculo com o bebê e suas representações

Depois de dois meses do nascimento, a possibilidade de perceber o desenvolvimento do bebê retroalimenta os pais e estreita o vínculo. O prazer que sentem na relação com os filhos faz com que algumas mães relatem que estão cada vez mais "apaixonadas" por eles. A percepção de uma dessas mães, de que seu filho está saudável, e de que em alguns momentos brinca sozinho, mas, quando seus pais chegam, prefere estar com eles, parece tranquilizá-la. Isso lhe permite começar a pensar em investir em outras coisas; por exemplo, pensa em voltar a fazer ginástica. Ela antecipa as mudanças que sobrevirão ao fim de sua licença-maternidade e consegue levantar e pensar as questões que a preocupam: elas adquirem mobilidade, e ela própria não fica paralisada com elas.

Não é apenas a primiparidade, a experiência de ter um primeiro filho, que impacta e reverbera nas vivências do puerpério, mas sobretudo a presença de um filho, que, em sua particularidade e por projeções maternas ou paternas, pode atingir seus pais de maneira diferente de um outro filho. Penso que, com o primeiro filho, a mulher precisa abrir em seu psiquismo as trilhas do descentramento psíquico imposto, mas isso não a isenta de sofrer novas mudanças com a vinda de um outro bebê, pois cada filho traz aos pais algo único.

Uma dessas mulheres exemplifica como um olhar pode comunicar, mas também pode ter características persecutórias – algo entre a paixão e a raiva. O vínculo cresce e a relação caminha, mas parece muito tingida pelas cores das projeções maternas e por uma qualidade fusional. Por exemplo, o filho tem que entender que ela não tem mais leite em excesso como antes. Ao falar para o filho, parece dizer a si mesma que é uma mãe apenas humana. Está-se construindo uma relação com o bebê real, mas ainda muito atravessada por projeções maternas. Suas falas apontam um desejo materno de não se separar de seu bebê, um filho que é um "grude"; ele não fica bem a não ser que esteja em seu colo e chora quando é posto em qualquer outro lugar. A participante brinca dizendo ao filho que vai colocar um velcro entre eles.

Uma dessas mulheres, que na gestação achava que sabia tudo sobre seu filho e o sentia como um velho conhecido, agora na realidade da experiência com ele se vê pressionada por essa certeza. Sair para o mundo implica várias questões: a perda do ambiente protegido, mas também a necessidade de perceber as necessidades reais do bebê, de ir conhecendo-o na realidade da experiência com ele, e construir paulatinamente um caminho de experiências que tem várias nuances:

> *Então, eu ainda não sei sair com ele. Essa é a realidade. Eu sei arrumar a mala e tudo, o que precisa ir, tal, não sei que... mas eu ainda não sei, assim, me portar, me comportar, levar ele e toda situação, sabe?*

As mães expressam a operação de descentramento psíquico necessária para exercer suas funções maternas, e que não podem mais considerar apenas a si próprias. Agora devem incluir o bebê em suas vidas, o que pode desencadear certa ansiedade:

> *É, então, aí, eu já não sei sair com ele, já não sei... porque agora eu tenho que me adaptar a ele. Já não sou mais eu só, que ia sozinha pros lugares. Agora, eu tenho que ir com ele e pensando nele, e eu ainda não sei sair, porque a gente começou a sair agora, e eu ainda me sinto toda troncha, sabe? Meio desconfortável. Mas não por ele, mas pela situação, por todo mundo que tá em volta. Ainda me sinto bem desconfortável.*

Por outro lado, percebo com algumas duplas que o desenvolvimento do bebê retroalimenta a mãe libidinalmente cada vez mais. A evolução das conquistas do bebê fortalece a confiança da mãe no papel materno, aumentando o regozijo materno e o amor pelo filho e fortalecendo o vínculo com ele. Ao perceber pequenas mudanças, entendem que pode haver alterações:

> *Eu acho que a grande mudança, da época em que você veio pra cá, acho que o grande marco é quando ele começa a dar risada, a tentar se comunicar, a balbuciar. Nossa! Isso é de uma semana pra outra. Assim, já muda tudo, né? Aí, cê começa a ficar cada vez mais boba, mais apaixonada, né? Cada vez mais é... eu agradeço todo dia a Deus, sabe? Por ele ter vindo, tal...*

Com a relação caminhando bem e com o bom desenvolvimento do bebê, as mulheres podem abrir espaço para suas próprias necessidades – algumas pensam em voltar a fazer ginástica ou voltar a trabalhar algumas horas. Em um desses casos, a mulher percebe que seu filho responde aos investimentos maciços dos pais e que ele não precisa dela como antes:

> *Tô tranquila assim. Eu acho que mais... o que às vezes acontece é eu ficar um pouco entediada de ficar em casa, porque agora eu já tô me sentindo bem. Agora, eu quero ir fazer minha ginástica, então, eu já fui ver as aulas da hidroginástica...*

É interessante que em algumas mulheres as falas que remetem às faltas e às perdas são pontuadas por falas sobre o amor que sentem pelo filho, levando a pensar no quanto a perda – muitas vezes momentânea – pode ser suportada pelos ganhos decorrentes da presença do bebê em suas vidas:

> *Ela pediu pra segurar o leite até o terceiro mês. Mais uma semana, semana e meia, faz três meses. Não custa esperar um pouquinho... Eu tô nessa: faltam três semanas só, duas semanas [risos]... Contagem regressiva! Então, assim... com ele, tô cada dia mais apaixonada... a gente sente aquele amor que a gente fala que até dói, que te faz chorar... É um amor tão intenso que – nossa! – te faz chorar, até... às vezes, eu abraço ele, à noite, e falo "meu Deus, que coisa maravilhosa!".*

Em algumas situações o filho foi-se tornando cada vez mais familiar, e a mulher, menos estrangeira como mãe. Muitas vezes a instalação de uma rotina e de ritmos no cuidado com a criança pode favorecer essa passagem do estranhamento inicial, característico dos primeiros dias do bebê, para esse tempo do conhecimento mútuo e da atenuação do impacto dos tumultos para a mãe. Uma dessas mulheres se autoriza a cuidar de seu bebê, a saber o que pode ser melhor para ele, e sente sua importância para o filho. Diz ter tido uma "surpresa positiva": imaginava que o filho exigiria muito mais dela. "Ele superou as expectativas" – considera-o um bebê bonzinho, fácil de lidar. Acha que teve muita sorte.

A rotina pode ser uma estratégia para ajudar as mães a conhecerem seus filhos. Ela é especialmente valiosa quando pode ser fruto de uma conexão viva com a criança, e não a aplicação de um gesto mecânico, vindo de fora – de um livro ou até mesmo de um pediatra. A rotina também pode ajudar a instituir ritmos para o bebê – e para os pais – e é fundamental nos primeiros momentos da constituição de seu psiquismo. De certa forma, é um ordenador do caos inicial para todos os envolvidos. Pode ainda facilitar a instalação da presença-ausência materna, e também pode propiciar muito prazer.

Sabemos que a amamentação pode representar uma boa oportunidade e ser facilitadora e enriquecedora do vínculo com o bebê, mas em algumas duplas, apesar de a amamentação seguir seu curso, a relação com o filho pode ser atravessada por algumas questões que fazem a mulher ficar sobrecarregada e ter dificuldades de entrar no ritmo do bebê, e em algumas situações querer que ele cresça rápido:

> *É muito fofinho assim... Mas não vejo a hora de [ele] crescer!*

Para muitas mulheres, amamentar é uma experiência em grande parte prazerosa, no entanto, algumas sentem que seria melhor fazer uma amamentação mista, entre leite materno e leite em fórmula, para terem mais "independência", caso precisem sair. Por outro lado, algumas parecem sentir como uma perda o fato de deixar de amamentar seu filho:

> *Ah, ela falou que atualmente podia dar o [marca do leite]... se precisasse... [mas que] devia dar de preferência*

> *tirar o meu leite e dá, mas – tirar o leite dá tanto trabalho! Tanto trabalho que eu prefiro dar, estar aqui, presente nas mamadas dele e tal, e dar... é mais... assim, eu tenho que tomar... tô tentando tomar coragem. Eu vou sair e vou demorar mais. Vou deixar tudo preparado pra ele tomar o [marca do leite], mas eu não consigo!*

Uma dessas mães que valorizava muito o fato de poder amamentar observou melhor e levantou a possibilidade de que o choro incessante e a falta de sono do bebê fossem fome. Introduziu leite artificial para complementar o materno, e vem ocorrendo uma substituição gradativa. Agora, é o leite materno que complementa o outro, mas ela não deixa de amamentar para não ficar completamente sem leite. O bebê respondeu bem a essa substituição, com um sono prolongado, reverberando positivamente no descanso de todos.

As mães podem perceber que seu leite diminuiu a ponto de ser insuficiente, trazendo uma necessidade de mudança na amamentação. Uma mãe se mostra surpresa com o fato de esse bebê demandar mais dela do que o primeiro; ela o vê como uma criança mais intensa. Ela tinha a expectativa de que seus dois filhos seriam parecidos, o que não se confirmou, exigindo da mãe outro aprendizado, pois cada filho solicita os pais de uma forma diferente. Penso haver uma beleza nisso: mesmo com filhos de mesmos pais e mães, a relação é realmente única.

Na amamentação, as mães que já tiveram filhos podem perceber de forma clara a diferença entre os filhos. Em um desses exemplos sempre que sua mãe oferece, o mais novo quer mamar bem diferente do que acontecia com seu filho mais velho, que costumava mamar muito pouco.

Em algumas situações, o bebê ainda é um estranho para sua mãe, as relações ainda sofrem algum entrave, e a mãe tem dificuldade de aprender sobre seu filho, torná-lo mais familiar. Em alguns desses casos, os outros é que sabem mais sobre os bebês do que suas próprias mães, em virtude da sobrecarga à qual se sentem ainda sujeitas.

Nessa mesma linha, algumas mães não se sentem ainda minimamente seguras como mães, hesitam em reconhecer sua importância para o bebê – precisam que os outros a apontem –, possivelmente porque ainda não estão se sentindo livres o suficiente para se sentirem intimamente conectadas com seus filhos.

> *Pelo que eu percebo das pessoas, quando me veem e dizem "nossa, ele não tira os olhos de você". Mas eu acho que é por eu ficar com ele o dia inteiro, né? Então, assim, a referência dele é – ele sabe que eu sou a mãe – a mãe dele, mas ainda não... eu leio que [em dado momento] ele vai dar os bracinhos, né? Mas ainda não tá nesse período, assim...*

Falas como essas me fazem pensar que representam a dúvida quanto à força da ligação entre as mães e seus filhos. Os bebês parecem vinculados, mas suas mães, ainda sobrecarregadas, podem ter dificuldade de conseguirem sentir a intensidade da relação e se beneficiarem do encontro com eles.

Suponho que os impactos podem permanecer em algumas mulheres, e algumas delas podem apresentar certa dificuldade de estarem integralmente presentes no contato com seus filhos. E isso é visível, por exemplo, na impaciência que se manifesta nos atos e falas de algumas dessas mulheres, sugerindo certa pressa e uma necessidade de preenchimento de um espaço vazio.

Penso que um exemplo emblemático disso é o plano de atividades para si mesmas e para os filhos num futuro próximo:

> *Não sei se é muita atividade pra criança. Aí, não sei. Eu falei "vou pôr no berçário, e, de manhã, duas vezes por semana, vou ver natação". Não sei se é muito. Não sei, de manhã... O que a gente vai ficar fazendo?*

Certamente, há também o impacto negativo de uma rede de apoio insuficiente em casos como esses e uma comunicação de experiências de muita solidão, que podem ser frequentes nessa época. Isso alerta para a necessidade de se oferecerem melhores condições para as famílias nesse período.

As mães sentem uma diferença significativa quando as questões podem ser mais bem equilibradas, assim propiciando – ou propiciadas, uma vez que as questões são intrincadas umas às outras – também que o bebê possa dormir durante um bom tempo, o que também lhes permite descansar, melhorando o estado geral das mulheres, inclusive reverberando positivamente nas trocas da família.

O choro intenso é um fator que desorganiza sobremaneira as mães, e alguns bebês se sentem desamparados quando não estão grudados ao corpo de suas mães. Podemos também pensar que as mães se desamparam quando não têm os filhos colados ao corpo, como quando antes do nascimento.

> *só é que ele quer ficar grudado comigo no colo, mas, na medida do possível, eu tiro ele, deixo... enquanto ele não chora, eu deixo ele cinco minutos no berço. Aí, ele chorou no berço, eu ponho cinco minutos no trocador. Aí, ele chora no trocador, aí eu vou fazendo isso. Ponho um pouquinho na cama. Ele chorou na cama, eu ponho no bebê-conforto, e assim vai... Aí, tem hora que, assim, a maioria do dia, ele quer ficar comigo no colo...*

Penso que esses exemplos podem refletir como em algumas situações o choro do bebê pode ser uma comunicação bastante primitiva de um desconforto, incrementado por uma ambivalência materna de também se separar do bebê. Em um desses casos, havia certa insegurança de se separar do bebê desde o parto, o que se manteve em parte depois de um tempo de nascimento. A fala a seguir aponta para o caminho necessário, mas tortuoso, para uma paulatina separação e individuação:

> *eu vou pôr um velcro em você e pôr um velcro na mamãe, e vou grudar você comigo, porque assim, quem sabe? resolve o problema... mas achar ruim – dizer pra você que eu acho ruim –, eu não acho ruim, não! De jeito nenhum! Mas eu tenho... sabe assim, a gente fica naquela encanação "pô, até onde eu tô fazendo um bem pra ele, até eu tô fazendo um mal?".*

As relações com os bebês podem caminhar, mas algumas parecem ser fortemente tingidas com as cores das projeções maternas. O olhar é privilegiado nas trocas dos bebês com suas mães, porém em algumas oportunidades pode aparecer uma nuance persecutória, as mães podem projetar em seus filhos suas próprias questões e sentir o bebê como uma espécie de perseguidor. Em um desses casos parece haver uma espécie de indiferenciação entre a mãe e o filho, que ela acredita ser muito parecido com ela: é bravo como ela, não consegue disfarçar o que está sentindo e um grude. O amor também pode aparecer nessas trocas:

> *No peito mesmo, secava, parava, não tinha nada, ele franzia a sobrancelha. Eu falo "até nisso ele me puxou", porque eu não consigo disfarçar as coisas.*

> *Às vezes, eu quero disfarçar, mas eu faço caras e bocas sem perceber. E ele franzia o olho assim, e olhava com aquele olhar bravo, sabe? Tipo assim "por que você não me dá? Me dá, ele é meu!". Sabe? Então, já olhava, e hoje eu também percebo isso, que tem alguns horários que ele dá um olhar apaixonado, sabe? . . . Eu acho impressionante!*

Algumas mães conversam com seus bebês incrementando sua relação com eles, mas vão claramente contando como se sentem e como vem o filho e em qual o lugar que os colocam como as estivessem julgando:

> *Com o peito também, eu me sentia supermal, porque eu falava "mas, filho, você tem que entender que não é porque a mamãe não quer"... Eu ficava explicando pra ele, sabe?*

Algumas mães apontam para a importância da atenção às sutilezas e como a intimidade e o ritmo fazem diferença no encontro com o outro. Em suma, como é fundamental se conectar com as reais necessidades do bebê nesses primeiros tempos e que, apesar das dificuldades, estar ligada profundamente ao bebê faz real diferença.

Uma das mães que acompanhei também corrobora essa constatação ao contar que o filho responde a seus cuidados, da intimidade e do ritmo do encontro com ela. As sutilezas são levadas em conta, concorrendo para o bem-estar do bebê e para a boa relação entre ele e a mãe. O compasso entre eles se acertou com a melhora dos sintomas do retardo do esvaziamento gástrico que o bebê apresentou e subsequente normalização do sono da mãe. O fato de ter deixado de amamentar – algo que lhe exigia muito e a debilitava – e a retomada de atividades com o filho mais velho também concorreram para um acerto no ritmo.

Uma mulher, em outro vértice, vive de modo diverso o desenvolvimento do bebê e a instalação de uma rotina para ela e para o filho. Ela não nega o desenvolvimento da criança, mas esta não parece ser suficientemente competente aos olhos de sua mãe. Ela quer que o filho cresça depressa, vivendo os cuidados e esses primeiros tempos de forma terrorífica e ameaçadora. Suas falas reiteram continuamente o quanto se sente exaurida e roubada pelo bebê, mantendo na relação um tom de retroalimentação negativa.

Em alguns casos que acompanhei, a possibilidade da gradativa instalação de uma rotina para a dupla pôde facilitar o vínculo e é também um importante organizador, diminuindo a angústia materna, possibilitando que se encontre um *ritmo*. Em outros casos, as questões parecem diferentes: a rotina não se estabelece a partir do que as mães percebem como necessidade do filho, pois apresentam dificuldades de entrarem em uma relação íntima com eles, e a prioridade passa a estar na tentativa de livrá-las da intensa angústia, configurando certa "disritmia".

Uma dessas mulheres fala de uma construção mais harmônica da relação, pela via do prazer, a partir de experimentações do que pode ser bom para o filho. Conta que, com ele, instala gradativamente uma rotina viva de cuidados, e não puramente automática e réplica daquilo que leu ou ouviu da pediatra. Outras mulheres experimentam de forma menos viva e prazerosa a relação com os filhos, e alguns habitam os discursos de suas mães de maneira empobrecida. Em alguns desses casos, percebo haver uma forma mais distanciada e, se podemos dizer, mais mecânica de cuidados: a "cumpridora de ordens", o que parece refletir uma situação na qual muitas mães infelizmente se encontram, ao se revelarem sobrecarregadas, extremamente cansadas e ao tentarem amortecer os impactos aos quais se veem sujeitas em suas vidas.

O entorno e seus vértices

O entorno que serve de sustentação para a mãe é fundamental nesses primeiros tempos, e uma dessas mulheres ilustra claramente essa questão ao falar sobre como foi sofrido o momento em que o marido voltou a trabalhar e o impacto que sentiu com a total responsabilidade de cuidar do filho durante grande parte do dia, sem o auxílio de ninguém:

> *Nossa! No início, eu senti muito isso! Porque uma coisa é você ter alguém sempre com você, né? Principalmente o pai, que é alguém em que eu confio 100% para deixar com ele, e outra coisa é você estar totalmente sozinha, porque a minha mãe mora a duas horas daqui, a minha sogra também mora a duas horas daqui, irmão... todo mundo. Então, não tem ninguém, nem se eu quiser... Às vezes eu falo "não tem ninguém, nem se eu quiser ir lá à tarde só pra conversar", entendeu? Não tem ninguém também pra ajudar. Então, no início, eu senti muito.*

O olhar é alvo dos mais intensos investimentos, seja do bebê, seja de algumas mães. Uma dessas mulheres reconhece as necessidades do filho pelo olhar, apropria-se de seu papel materno, conhece seu filho e acredita nesse saber: seu bebê chorava muito e ficava incomodado após as mamadas. O médico dizia que eram cólicas, e ela acreditava que não. Isso fez o médico dar mais atenção às queixas e investigar melhor o motivo pelo qual o bebê chorava. Descobriu um distúrbio no esvaziamento gástrico, e a medicação diminuiu o brutal desconforto do bebê, o que afetava toda a família.

Esse depoimento parece ser um alerta importante de como as mães podem colaborar com os médicos, em função da observação privilegiada que algumas têm de seus filhos. Essa mãe, especificamente, pôde contar também com sua experiência de já ter um filho. E, por outro lado, os pediatras podem escutar de forma cuidadosa as mães e as famílias, levando a sério um saber sobre seus filhos. Esse exemplo ilustra de maneira clara que uma escuta pré-formatada dificulta uma abordagem mais interessante e cuidadosa, e prolonga um sofrimento que poderia ser atenuado com medidas simples, como nesse caso.

Os profissionais que atendem o bebê e sua família são parceiros essenciais nesse período, e pode fazer grande diferença que eles auxiliem os pais na construção da parentalidade, podendo suportá-los e apoiá-los.

Em algumas oportunidades podemos ver que o acerto nos passos na dança com o bebê pode ser refletido no prazer compartilhado no "manhês", e na satisfação da dinâmica do casal, que podem refletir o ritmo que se logrou estabelecer na família. Em um desses exemplos, o pai pôde estar mais tranquilo ao perceber que tudo corre bem, reflexo também de estar mais esperançoso com sua vida profissional, com a atividade sexual que vai voltando ao normal, com os acertos necessários para que haja maior harmonia entre todos. Entretanto, a mulher teve participação ativa na mudança da engrenagem familiar:

> *As coisas se ajeitaram, se ajeitaram. Já estamos numa rotina. Ele começou... Um mês atrás, a gente pensou em contratar uma babá de fim de semana, porque, nos fins de semana, ele falou que não conseguia descansar... teve um dia, teve uma época, teve um dia em que ele ficou irritado porque não conseguia ler o jornal. Eu falei "meu filho, mudou a sua rotina! Eu não consigo nem... eu deixei tudo, eu deixei meu trabalho, deixei de fazer tudo, você não pode deixar de ler seu jornal?".*

Os impactos sentidos podem ser lembrados e fazer parte das intervenções necessárias para procurar novos caminhos e tentar fazer os devidos ajustes:

> *Eu falei "só eu que me ferro? Pra você, nada mudou?". E olha que, perto dos outros, eu sei que ele era um bom pai, porque ele participava, trocava, fazia... Mas fazer essas coisas quando não está fazendo nada, agora, abre mão das coisas que você faz sempre!*

Alguns pais que estão no segundo filho têm um papel preponderante ao ficarem responsáveis pelo cuidado com os filhos mais velhos.

Por outro lado, algumas mulheres parecem estar num permanente teste de limites, e a impressão que passam é que estão tentando ver até onde conseguem suportar. Não contam com ajuda suficiente, não parecem satisfeitas com as pessoas que têm para auxiliá-las em casa. Em um desses casos o desamparo fica ainda maior, pois não conseguem pedir ajuda, e nem procurar alternativas.

Suponho que muitas mulheres ficam sobrecarregadas e sozinhas para lidarem com tantas atribuições, de várias ordens, que a vinda de um filho introduz. Muitas talvez apenas se vejam podendo contar com um berçário quando for uma hora propícia, e poderem retomar em parte suas próprias vidas, sendo o trabalho um fator importante.

Pessoas importantes para as mulheres podem servir de sustentação e estímulo para elas enfrentarem as inseguranças nessa nova função e fazerem face a alguns medos, podendo confiar na capacidade de construção de instrumentos na mulher. Este é um exemplo de um marido:

> *A gente ainda saiu muito pouco. O [nome do marido] fala assim, às vezes, por exemplo, "ai, precisa comprar*

> *margarina". Eu falo pra ele "precisa comprar margarina". Ele: "por que você não pega o carrinho e vai com ele no mercado? É bom, que você sai de casa, respira um outro ar, e tudo"... Eu falo "ó, uma, que o mercado deve tá cheio, ele vai ficar em contato com muita gente". Ele fala "não, cê vai num horário que tá vazio".*

Com a possibilidade de redimensionar gradativamente seu papel materno, as mulheres que idealizavam a si mesmas como mães, "mães 100%", podem incluir outras pessoas nos cuidados com os filhos, por exemplo, mães e sogras, abrindo a possibilidade de estas terem lugar na vida do neto e a mulher poder até mesmo incluí-las em seu projeto para quando voltar a trabalhar: pode deixar a criança ora com o marido, ora com uma das avós, o que antes era impensável.

Algumas mulheres vão sentindo uma satisfação enorme de se verem em um movimento mais harmônico com seus filhos mais velhos: conseguir encontrar um pouco mais de espaço para ficar com eles.

> *Eu tô conseguindo dar mais apoio, isso também me deixa mais tranquila, porque, antes, eu tinha uma saudade. Ele tava ali do lado, mas eu tinha saudade, sabe aquela saudade? Uma saudade absurda de ficar com ele, assim, e não conseguia, né? A palavra era mesmo saudade, um sentimento tão esquisito! Porque saudade se imagina uma pessoa longe, né? Não é? E ele do lado...*

A sensação de poder voltar a ter algumas coisas no lugar conforta as mulheres depois de tantas mudanças, e um desses exemplos pode ser ilustrado em alguns movimentos dos filhos mais velhos, que agora podem pedir a presença de suas mães normalmente. Uma mãe diz que seu filho não encontrava espaço nem para pedir, o que a deixava muito chateada.

Uma mulher viveu um caminho de alguns desencontros com o bebê, com o marido, com o filho mais velho, mas encontrou uma possibilidade de pensar os desencontros e os conflitos e considerar seu lado e o do outro, procurando soluções melhores, o que reverberou de maneira bastante importante na dinâmica da família. Conseguem abraçar um *disritmo* por certo tempo, para depois encontrarem um outro *ritmo*.

Penso que algumas mulheres atestam que encontrar um arranjo original e uma outra harmonia com os companheiros e imprimir à vida um novo ritmo traz a possibilidade de haver uma nova identidade para essas famílias e para cada um de seus membros. Pela possibilidade de se colocarem no lugar do outro sem menosprezarem suas próprias necessidades, podem juntos encontrar um caminho interessante.

Minha presença nas dores e amores

Os encontros que tive, e que tenho tido, com essas mulheres me fazem pensar quão importante pode ser uma escuta e disponibilidade interna para acolher e autorizar o contato e a expressão de tantos afetos que estão em jogo nesse momento da vida. Em alguns desses encontros realizados durante a época da minha pesquisa de doutorado, percebi em muitas oportunidades o quanto isso pôde ser satisfatório para as mulheres – elas os aproveitam, e eu também, somos nutridas mutuamente por esses momentos. Uma dessas mulheres me pergunta se há possibilidade de, em algum outro momento, fazer terapia comigo. Penso ser isso um dos representantes do que realmente se instalou entre nós, ressoando a imperiosa necessidade de oferecer cuidado e escuta de qualidade profissional para as mulheres e famílias na perinatalidade.

Em um desses casos no qual a mulher mostrava estar em dificuldades, e que reverberavam em um prejuízo no estabelecimento de uma troca prazerosa no contato com o bebê, se tornou visível no encontro comigo um raio de sol e de esperança, junto de uma outra nuance de emoção, quando ela me inclui e me mostra como seu filho agora interage mais, como sabe sentar e brincar etc, o que me parece também revelador da necessidade de suporte nesse período.

No contato com essas mulheres, percebo que elas podem fazer uma interessante transferência comigo, me torno uma presença importante e confiável. Uma delas parece sentir o término de nosso contato e tenta prolongá-lo com mensagens de texto depois de cerca de dois meses do nosso último encontro presencial: me conta algumas coisas sobre o bebê, entre eles, como tinham sido a passagem para a alimentação pastosa e a entrada no berçário. Depois disso, não recebo mais notícias dela. Antes disso, me enviara mensagens desejando *Boas Festas*.

O desejo de prolongarem o contato comigo aparece em outros casos. Em um deles isso era frequente, e quando digo que aquele seria nosso último encontro, a mulher me diz que sentirá minha falta, pois acha muito bom quando eu vou lá. Ela me convida para "aparecer pra tomar café quando quiser" e diz ainda: "quem sabe não passamos com você qualquer dia...", querendo dizer de um dia, ela e o bebê poderem ser meus pacientes.

Outra mulher que acompanhei me pergunta no último encontro como estava minha tese. Respondo que estou trabalhando bastante e que aquela seria nossa última entrevista. Ela diz que isso é bom e ruim. Bom para mim, para terminar o trabalho, mas ruim porque não nos veríamos mais. Esse é mais um exemplo que demonstra a importância da minha presença para servir de continente e suporte para possíveis transformações nesse período.

Percebo que, gradativamente, meus encontros com essas mulheres vão ficando mais íntimos, e algumas delas parecem estimar cada vez mais a hora que passamos juntas, abrem espaço e investem especialmente esses momentos. Pois são espaços privilegiados, nos quais recebem suporte e podem ficar em contato, ao serem autorizadas por mim, com reflexões a respeito de um universo de questões das suas vidas nesses momentos, o que parece ser transformador.

Percebo que algumas mulheres, além de sentirem prazer no encontro com seus bebês, estabelecem com eles uma comunicação delicada, sutil e que passa também pelo olhar.

> *Então, o olhar dele, eu falo que é o que mais me... o que mais me chama atenção nele são os olhos, porque ele... principalmente quando ele não tá bem, ele olha no meu olho, sabe uma coisa assim, de meio pedir socorro? É uma coisa tão estranha, Cris! Tão assim... E isso já faz um tempo. É muito forte, sabe? Parece que ele procura o meu olhar e faz uma carinha de pedindo socorro pra mim, sabe? [Risos] Então, o olhar...*

Penso que, de maneira análoga, algumas vezes o olhar dessa mulher também foi um pedido de socorro para mim... e acredito que ela seja uma representante das mães nesse período.

As mulheres se mostram gratas nos encontros comigo, e, nesse que seria o último, uma delas disse que tinha sido um prazer muito grande me conhecer. Reiterou-se minha impressão – agora confirmada por sua fala – de que essa mulher esperava o encontro comigo, foi gradativamente se aproximando de mim e aproveitou nossas conversas para pensar sobre as questões que a impactaram após o nascimento de seu filho, e parece ter vivido uma experiência de continência comigo.

As discussões a respeito da minha presença em todos os momentos ao longo do trajeto se revelaram um ponto alto do meu trabalho, me levando a constatar como é fundamental que as mulheres e homens recebam de forma consistente um espaço de olhar sensível, de escuta e continência para a dimensão emocional implicada na parentalidade.

Caminhos da tristeza

O percurso do contato com as mulheres junto a seus bebês me mostra que, de modo geral, as mães passam por períodos de extrema intensidade e de mudanças significativas, e reagem a isso não só por meio da tristeza, mas com todas as alterações e adaptações resultantes desse grande impacto que é a maternidade. Isso pode suscitar reações ansiosas e, eventualmente, o desenvolvimento de quadros depressivos latentes. Pelas delicadezas envolvidas nessa trajetória, acredito que muitas mulheres se beneficiariam de ajuda terapêutica.

> *Cada vez mais... eu agradeço todo dia a Deus, sabe? Por ele ter vindo, tal... Já mudou aquela sensação do primeiro mês, aquela sensação de que... Nossa! O que que eu fiz com a minha vida? [Risos] Tava tão bom, né? [Risos] Cê fica com aquelas duas sensações: é meu filho, eu amo ele, mas minha vida, nossa! Cadê aquela vida que eu tinha? Aquela fase de transição, né? Agora já passou... Agora, a gente não consegue nem imaginar como seria nossa vida sem ele, né?*

Penso que esta é a questão central: "O que é que eu fiz da minha vida?". Essa pergunta seria uma das representantes da tristeza puerperal, do *blues* materno, que uma das mulheres que acompanhei ilustra de maneira muito pertinente, conseguindo se questionar profundamente sobre uma perda que ocorreu no horizonte materno: "onde está a vida que eu tinha antes?". A experiência pode ser vista, assim, como um *abalo sísmico* sentido com a transformação de si, e de sua vida, somada à necessidade imperiosa de ter que fazer viver seu filho, as quais parecem brutais para as mães/pais no início da vida do bebê.

No caso da mulher citada anteriormente, apesar de ter sentido tudo isso, ela parece conseguir entrar em contato e elaborar essa perda da vida anterior, talvez de parte de seu próprio narcisismo, que pode ser atenuado pelo ganho de prazer sentido com a presença da criança e com o fortalecimento do vínculo. É interessante a imagem da "fase de transição" que ela própria usa; penso que a travessia dessa ponte realmente é desafiadora. No entanto, ela indica que sente ter realizado essa travessia, sente que está do outro lado. E parece ter sentido nossos encontros como *farol* nessa travessia, assim como outras mães o demonstram.

Por outro lado, algumas mulheres apresentam mais dificuldade nessa travessia. Algumas dessas complicações persistem, podendo abrir caminho e sedimentar um sofrimento psíquico bastante acentuado. E aos poucos podem aparecer e se instalar de maneira duradoura sinais de característica mais ansiosa, numa tentativa de talvez driblar o aparecimento de uma depressão, entre outras manifestações.

De qualquer forma, parece importante considerar a expressão de caráter insidioso, pois ela pode aparecer não apenas em uma apresentação grave, com uma tristeza contundente, inibições de várias ordens, ou recusa de cuidar do bebê, entre outras, como em algumas manifestações mais conhecidas das depressões, mas de maneira latente e mascarada. Isso sempre requer um olhar profissional cuidadoso no acompanhamento e discriminação fina dessas manifestações.

Mesmo após algum tempo do nascimento dos bebês, algumas mulheres não sentem uma diferença significativa. Parece não haver mudança no rumo das coisas, e elas continuam bastante impactadas.

> *eu continuo supercansada, assim... Não voltei a ter vida ainda, ele vai fazer seis meses!*

Certas mulheres testemunham a dor de se sentirem esvaziadas por seus filhos, como se eles lhes arrancassem a vida, dificultando uma retroalimentação libidinal, na qual seu narcisismo não transvasa facilmente. Isso parece confirmado também nesse encontro: "Eu tô louca pra voltar a ter vida!". Há a presença de uma angústia desorganizadora com a vinda do bebê, refletida na perda de sua identidade anterior e talvez numa dificuldade de construir uma nova, sem tanta dor.

Algumas mulheres que talvez apresentem uma personalidade que se sustenta num padrão de força e potência podem repetir uma forma de se defender dos profundos impactos aos quais se sentem sujeitas, negando uma espécie de tristeza, que seria salutar, apoiando-se no discurso médico, na realização de uma "tarefa" e em outros elementos para dar conta das angústias às quais se vêm submetidas. No entanto, devo destacar que isso pode dificultar um contato maior da mãe com a criança, privando-as do que Winnicott chamou de *preocupação materna primária*, a qual tem um papel importante no desenvolvimento psíquico do bebê e no acerto da dança com ele.

Penso que a transição para a parentalidade é bastante difícil e pode desafiar as condições emocionais das mulheres, uma situação que para algumas parece se agravar por conta de uma rede de sustentação insuficiente. Não tendo sido suficientemente amparadas, as mulheres vivem essa transição muito mais duramente, sem poder contar com alguma ajuda para, por exemplo, ressignificarem e transformarem seu desejo de ter um filho em um desejo de serem mães de seus filhos. E ganharem com a presença do bebê, e com a parentalidade.

Isso indica como, para algumas mães, é penosa a necessidade de uma gradativa separação e individuação do bebê. Estas parecem ter de ocorrer em dois níveis: do bebê em relação à mãe, e dela em relação ao bebê. Um desses casos que acompanhei me ensinou que o desejo materno de ficar grudada, negando de certa forma a separação de corpos imposta pelo parto, talvez informe certa dificuldade de fazer o luto por uma parte de si mesma – o bebê ideal que viveu em seu ventre e em seu psiquismo. A duras penas, ela tenta elaborar uma perda narcísica importante, metaforizando a dificuldade de se separar do ideal narcísico, e ainda a perda da imagem de uma mãe plena de leite que amamentaria seu filho exclusivamente no peito.

Talvez a dificuldade que algumas mães tenham de amamentar seus filhos reflita o impacto de ter que fazer viver um filho – como dito antes. Em um desses casos, porém, também pode estar a serviço da exigência de se separar de seu bebê, ao tomá-lo como alguém diferente dela mesma, uma outra pessoa, apesar de ter nascido dela. Ela conta como a rotina e o ritmo dos cuidados com o bebê se dão a partir de um descentramento psíquico: agora, ela não está mais sozinha e precisa considerar as reais necessidades do bebê, algo que deve aprender na relação real com ele, pois não estava dado desde o início.

Para algumas mães, o bebê passa a ser um estranho – diferente do filho idealizado, que era um "velho conhecido" – e agora demanda ser conhecido de fato. As mães precisam ser apoiadas nessa tarefa de ir conhecendo seu filho na relação diária com ele, concomitante à instalação de um ritmo particular a cada dupla; algumas têm mais facilidade e outras precisam de mais tempo para fazer a torção necessária de desidealização tanto do bebê quanto de si mesmas como mães.

Nos encontros com as mulheres posso acompanhá-las e perceber as sutis alterações de seus estados emocionais: com uma delas percebo uma mudança em seu tom de voz, mais baixo do que nos outros encontros, e, junto com outros sinais, penso que pode refletir talvez um movimento mais saudavelmente deprimido. Esse movimento não configura uma patologia, e sim faz com que fiquemos mais em contato com os estados internos capazes de favorecer uma vivência mais integrada e integradora, podendo refletir um processamento e elaboração das experiências, mesmo as mais desafiadoras.

Nos caminhos das perdas que a maternidade comporta, a experiência de uma dessas mulheres remete às vezes a tentar bravamente resistir aos extravios, mas, outras vezes, a perceber que algumas perdas podem ser a outra face de ganhos genuínos:

> *É uma adaptação que eu vou ter que fazer comigo, e depois comigo e com ele. Então, é muita coisa [risos]... é muita coisa pra adaptar! Pra duas pessoinhas! É muita coisa! Eu falo assim "antes era eu. Eu e eu. Era o meu mundo. Agora, é o mundo de [nome do bebê]", né? Porque eu... se eu vou num lugar, não dá pra ir por causa dele. Eu não vou, né? É o que eu tô te falando: eu nem sei sair com ele. Mas são adaptações que valem a pena. Quando eu vejo esse sorrisinho dele, vale a pena. Ele tá crescendo, tá ficando mais durinho, tá mais espertinho. Como eu te falei: tá tendo menos medo das coisas, tá reconhecendo, assim. A gente percebe que reconhece mais as pessoas. Então, por exemplo, as duas avós, que vêm mais aqui, então, ele tem mais contato...*

Vemos em algumas mulheres como a situação mais aguda vai mudando ao longo do tempo, e penso ser esse um importante sinal na observação das mulheres e das famílias no caminho da tristeza. Se o abalo vai se encaminhando e encontrando alternativas interessantes, ou se as dificuldades se fixam e solidificam. Em um desses casos, tentam-se novas acomodações a partir da percepção das perdas e da necessidade de uma reorganização da família e da expectativa de seu papel materno. O peso e a pressão de fazer o filho viver atenuaram-se ligeiramente, dando lugar a um melhor aproveitamento do contato com o bebê.

Vale ressaltar que o problema não está nas expressões de tristeza transitórias e elaborativas que o *baby blues* pode representar, e sim na negação dos abalos, na desvitalização ou no prejuízo do vínculo mais vivo com o bebê, como um parceiro importante da relação. Outro ponto de atenção são as mães que se sentem esvaziadas, sugadas e que não encontram alento nem um novo ritmo ao longo do tempo.

9. Tecendo e bordando os ritmos da parentalidade: tramas continentes

Todas as mães têm encontros e desencontros com seus bebês – é natural. Mas, a partir destas experiências que tive com as mulheres e seus bebês, vê-se que instalar uma rotina, um ritmo alinhado às necessidades que a mãe percebe na criança, pelos sinais que ela dá, aumenta a possibilidade de haver encontros e eles serem mais prazerosos. Acerta-se mais quando se conhece o filho, e uma rotina plástica e que emerge dos sinais que o bebê dá concorre para isso.

Além de ser um momento de passagem, o início da vida pode remeter a uma vivência de caos e desamparo. Vimos que o estabelecimento de uma rotina viva é capaz de ajudar a dar um contorno a essa situação disforme do começo de vida do bebê, e me parece que isso vale também para a mãe e a família. Todos os envolvidos têm acesso a terras desconhecidas, ou pouco exploradas, e, assim, configura-se uma novidade por excelência, podendo ser uma experiência fronteiriça e potencialmente desorganizadora.

Pudemos ver que uma rotina viva e a capacidade da mãe de se conectar sensivelmente ao filho concorrem para que a dupla encontre um lugar de abrandamento do desamparo materno.

As questões apontadas convergem para o tema do ritmo e levam a pensar que, no início da vida, ele é importante não só para o bebê, mas para a família. A partir da análise do material, suponho que o nascimento de um bebê quebra o ritmo anteriormente estabelecido e atinge a mãe e todos da família.

A esse respeito, Victor Guerra (2010, p. 280) sublinha que o ritmo está presente desde a sonoridade da língua materna, ajudando a formar "parte do itinerário existencial do ser humano". Assim, podemos pensar que desde o ventre o bebê escuta a música contida na fala da mãe. O autor também sugere que o ritmo estaria ligado e significaria:

> *reiteração de uma experiência de forma cíclica e com certo grau de previsibilidade . . . organização temporal da experiência . . . [uma das] primeiras formas de inscrição da continuidade psíquica, um* núcleo primário de identidade *(*identidade rítmica*) . . . A* vitalidade rítmica *que estabeleceria essa indicação primária de* "estar com" outro ser humano estabelece, além disso, uma forma primária de identidade no interior do bebê. *(Guerra, 2010, pp. 281-282, grifos nossos e do original)*

Esses três vértices do ritmo nos levam a pensar que a experiência dos cuidados, a alternância da presença-ausência materna e o respeito às reais necessidades do bebê instalariam um *núcleo primário de identidade rítmica* (Guerra, 2010, p. 282).

Por outro lado, a perda de ritmo sentida pelas mulheres indica o quão violenta a ruptura do ritmo pode ser, como se se tratasse de algo ligado à própria identidade do indivíduo. Perde-se muito quando se perde o próprio ritmo – é isso que parece indicar o sofrimento dessas mulheres. E, incluída no exercício do papel materno, essa perda é sentida mais duramente, pois atinge algo basal na vivência da mulher.

Assim, todos esses elementos apontam para a necessidade de harmonização dos ritmos entre o bebê e os pais, e o *atropelo* do ritmo destes no nascimento de um filho desencadeia o que temos visto no material analisado: uma importante desorganização da antiga identidade da mulher, do homem e do casal, sem falar em quando há outros filhos.

A perda do ritmo tem um grande impacto na questão identitária, o que explica a violência com a qual ela é sentida. É como se o chão fosse perdido, mesmo que temporariamente e mesmo que haja recursos atenuantes individuais e da família.

Se, em algum tempo, o casal, e/ou parceria, for capaz de *corrigir a rota* e *acertar os passos dessa dança* com o bebê, estabelece-se um elemento fundamental para o bom andamento das relações da família, depois da necessária desestabilização com a chegada de um novo membro. Essa chegada pode, inclusive, ser entendida como uma possibilidade de encontrarem um novo ritmo.

A "troca de pele", para usar as palavras de Prat (2008), impõe uma séria questão para a saúde pública: como podemos ajudar crianças e bebês se não nos dispomos a prevenir e cuidar na família da desorganização inerente a esses primeiros tempos? Vejo pediatras muito preocupados em ajudar seus pequenos pacientes sem ter um olhar mais amplo para esses desajustes iniciais quando da chegada de um novo membro à família.

Mas não acredito que só os pediatras devem estar implicados nessa questão, e sim todos os profissionais envolvidos nos cuidados com a gestante, a puérpera, a família e a criança. Sabemos que, muitas vezes, o que não se previne com uma assistência ampliada e cuidadosa pode prolongar e aumentar sofrimentos e limitações importantes.

Cada vez mais observamos avanços na pesquisa e na assistência em diversos aspectos dos cuidados com as pessoas. O que parece ainda faltar é alinhar os conhecimentos das disciplinas envolvidas, a fim de oferecermos um cuidado amplo e de qualidade, enriquecido pelo olhar da psicanálise que se mostra particularmente sensível aos estados emocionais, sua continência e possíveis elaborações.

Assim, mesmo com uma gestação desejada e um bebê nascido a termo e sem anomalias, como foi o caso das mulheres discutidas nesse trabalho, o nascimento de um bebê na família implica um extremo desamparo inicial.

O puerpério representa um período de transição, que demanda a doação de parte do narcisismo da mulher para seu filho viver. Isso me leva a pensar que esse momento do pós-parto imediato pode ser representado como um rito de passagem, sucedido por uma identidade nascente.

Penso que o desamparo sentido com o total remanejamento e com as perdas que decorrem da vinda de um filho pode ser atenuado, mas não extinto da vivência materna. Em alguns casos, o abrandamento se deveu a uma rede de apoio que se mostrou eficiente, inclusive pela especificidade da minha presença interessada, atenta e sensível às delicadezas desses estados emocionais, somada a certos recursos psíquicos de algumas mulheres, sobretudo com a possibilidade de entrarem em contato com suas perdas e de instalar ritmos na rotina do bebê, em suas próprias e na família. Isso parece ter sido fundamental, pois permitiu que se contivessem o estranho representado pela figura do bebê e por ela mesma no papel de mãe. O ritmo pode facilitar e dar um contorno ao que se apresenta, a princípio, disforme e sem garantias: a vida humana de um ser que precisa de investimentos por tempo indeterminado.

Demanda latente de cuidado e continência emocional

Acreditamos que haja uma espécie de triagem natural dos participantes de um dado estudo; no mínimo, pode-se pensar que, quando alguém se dispõe a fazer parte de uma pesquisa, tem algumas razões para isso. Cada uma dentre as mulheres que compuseram nossa amostra teve seus motivos íntimos e pessoais.

Eu temia que fosse difícil compor minha amostra da pesquisa de doutorado, pois supunha uma resistência sobretudo ao encontro na primeira semana após o nascimento do bebê. Pensava: "Quem, em sã consciência, abriria a porta de sua casa a uma desconhecida, uma semana após o nascimento de seu filho?".

Uma forma de contornar esse problema era conhecer as mulheres ainda na gestação. Isso também me permitiria observar como caminhava a gravidez do ponto de vista psíquico, a relação que a mulher estabelecia com o bebê em seu ventre e em que circunstâncias da vida da mãe e do casal chegava a criança. Esse elemento se mostrou valioso para a pesquisa, como veremos.

Entendemos que o aceite da participação tem a especificidade de como cada mulher significou internamente o pedido, mas todas, de alguma forma, com mais ou menos resistência, não só aceitaram participar como aproveitaram esse espaço, que perceberam ser de escuta e atenção, nesse momento específico de gestar um bebê e dos primeiros tempos da relação com ele.

Assim, ao contrário do que eu receava, algumas participantes atenderam ao pedido de saída, por entendê-lo como uma grande oportunidade. Outras pareceram hesitar um pouco no começo, provavelmente pelo que a experiência tinha de nova e desconhecida, mas gradativamente foram usufruindo desse lugar que lhes é oferecido. Não me escapa a diferença entre o que eu temia e o que acabou acontecendo: parece que havia uma *demanda latente* dessas mulheres, que queriam ser ouvidas e acolhidas em suas mais íntimas angústias e incertezas. Entendo que essa demanda se deva à *escassez de mecanismos de suporte social* na atualidade nesse período particular da construção ou da ampliação de uma família.

Largamente discutida na literatura, a percepção de suporte social pela mulher desde a gravidez é considerada um importante fator de proteção contra a depressão pós-parto (Konradt et al., 2011). Os autores também destacam a necessidade de atuarmos preventivamente desde a gestação, oferecendo às gestantes uma atenção ampliada, isto é, não só médica, mas também de psicólogos e enfermeiros, cujo papel é igualmente fundamental. Essas três modalidades profissionais são capazes de propor eficientes programas preventivos em saúde pública.

O apoio social percebido pela mãe também é destacado no estudo de Fonseca et al. (2010): quanto mais amparada afetiva e materialmente pelo entorno, mais ela é capaz de organizar os cuidados com a criança e de respeitar suas necessidades individuais, e maior é também a responsividade do bebê; além disso, os autores mencionam a função protetora desse apoio contra sintomas depressivos.

Outro estudo importante no tema é o levantamento bibliográfico realizado por Schwengber e Piccinini (2003), que destacam a combinação de fatores de risco para a ocorrência da depressão puerperal, sendo estes de ordem biológica, obstétrica, social e psicológica (Cooper & Murray, 1995; Reading & Reynolds, 2001, como citado em Schwengber & Piccinini, 2003). Os autores citam vários estudos que enfatizam a associação do quadro com a fragilidade do suporte oferecido pelo meio, pelo companheiro ou por outras pessoas (Beck, 2002; Beck; Reynolds & Rutowsky, 1992; Brown et al., 1994; Deal & Holt, 1998; Kumar & Robson, 1984; Pfost & Stevens; Lum, 1990; Romito; Saurel-Cubizolles & Lelong, 1999, como citado em Schwengber & Piccinini, 2003).

Visando identificar os fatores de risco associados à depressão puerperal, Cruz et al. (2005) encontraram apenas correlações positivas no que tange à questão do suporte social e emocional no importante momento de transição que representa a maternidade. Concluíram que o suporte social e emocional é relevante como fator de proteção nesse momento de transição que a maternidade representa.

Soma-se a tal importância o viés destacado por Rochette (2003), como vimos, sobre o relevante papel que o grupo exerce na transição da gestação para o puerpério, assim como na transição do nascimento para o acolhimento da mulher e do novo membro na sociedade. Igualmente importante é que esse acolhimento se faça por meio de rituais ou de novos dispositivos forjados pela cultura, de modo a cuidar da família nesse período de passagem.

Além de todos os sentidos que o *blues* pode assumir, talvez ele possa significar ainda um pedido especial e latente de *cuidado* e de *sustentação* nesse momento delicado, quando têm lugar um importante remanejamento psíquico na mulher e o impacto do nascimento de um bebê na família.

Lembrei-me da *reclamação* destacada por Alvarez (1994): diz a autora que, com crianças gravemente enfermas, o trabalho do psicanalista muitas vezes é o de resgatá-las psiquicamente, *reclamá-las* e "trazê-las de volta" ao contato, e não apenas contê-las. Embora se trate aqui de algo bastante diverso, essa associação vem demonstrar que a mãe e a família demandam de forma latente a continência de suas angústias, mas muito raramente pedem cuidado emocional. Isso provavelmente ocorre em razão da idealização do papel materno em nossa cultura, ou por uma certa falta de "significação psíquica" para os fenômenos na atualidade. Hoje, dificuldades ou desequilíbrios soem ser explicados preferencialmente por carências bioquímicas.

Szejer (1999a) menciona a necessidade de acolhermos essas demandas latentes e indica um necessário desvelamento do que seria esse trabalho de continência das angústias suscitadas na perinatalidade.

É interessante pensar que, ao acolher meu pedido, as mulheres talvez tenham ido ao encontro de sua própria necessidade de acolhimento, e podemos supor ainda que os diferentes graus de resistência talvez sejam movimentos naturais de toda mulher que gesta e cuida de um bebê nos primeiros tempos de vida. Esses movimentos ocorrem em virtude de fatores diversos, como vimos, mas fundamentalmente em decorrência do estado de hipersensibilidade materna que Bydlowski (2002; 2007) chama de *transparência psíquica*, além de todos os remanejamentos a que a mulher fica sujeita na gestação, no puerpério, na construção da parentalidade e na administração da *transmissão psíquica entre as gerações* que se dá quando surge um novo membro.

Ao longo das entrevistas, a fala das participantes deixa evidente que os impactos não se centram apenas em sua vivência e que realmente há um total remanejamento familiar com a vinda de um bebê. O pai e os outros filhos são profundamente afetados por essa chegada, dado este que foi reiteradamente encontrado na pesquisa.

A hipótese da existência de uma demanda latente de cuidados, de escuta e de continência de angústias nesse momento da perinatalidade também foi confirmada ao longo do contato com as participantes, como vimos no material discutido.

As experiências aqui testemunhadas refletem e reiteram que as mulheres, nos ritmos da parentalidade, se beneficiam enormemente da presença profissional continente e sensível no acompanhamento da travessia implicada nos primeiros tempos de vida do bebê e da família – o que pode servir de instrumento valioso e profilático nos cuidados às famílias, e não só quando existem indícios de psicopatologia.

10. Considerações finais

Eis uma palavra boa em nossa língua: CURA. Se essa palavra pudesse falar, esperar-se-ia que ela contasse uma história. As palavras têm esse tipo de valor: têm raízes etimológicas, têm história. Como os seres humanos, às vezes têm que lutar para estabelecer e manter sua identidade . . . Acredito que "cura", em suas raízes, signifique cuidado. Mais ou menos por volta de 1700, ela começou a degenerar, passando a designar um tratamento médico . . . O século seguinte acrescentou-lhe implicação do desfecho bem-sucedido. O "cuidar-curar" pode ser mais importante para o mundo do que a "cura-tratamento" e do que todo o diagnóstico e prevenção que acompanham aquilo que geralmente se denomina abordagem científica.

Winnicott, 1970

É frequente em nosso fazer nos dedicarmos a trabalhos como esses, especialmente pesquisas científicas, por diversas razões, mas fundamentalmente um trabalho é disparado por uma questão pela qual nos sentimos interpelados, e é ela que norteia e marca as trilhas que se seguem.

Assim, o envolvimento com a questão pela qual nos intrigamos nos aponta um norte. No caso deste trabalho, foi um caminho de atenção às sutilezas exigidas pela perinatalidade e pela construção da parentalidade – um trabalho marcado pela delicadeza implicada no encontro com o universo dos cuidados e dos impactos do nascimento de um bebê na família. Mais especificamente, é da elaboração das dores e dos amores nesse percurso que nasce a possibilidade da genuína parentalidade. E a falta ou a insuficiência dessa elaboração pode acabar resultando num quadro depressivo mais sério, como acontece com muitas mulheres.

A escrita é uma tentativa de dar significado ao impacto e às vivências sentidas ao longo do processo de gestação dessas questões e, pela possibilidade de pensá-las, transformar sua complexidade inerente em pensamento e talvez numa contribuição efetiva a esse campo do saber.

Acredito que a pesquisa tem interface com a assistência, e com a clínica: não se pesquisa academicamente apenas para satisfazer a curiosidade e o desejo do pesquisador de saber mais – embora isso dê à pesquisa um caráter vivo e pulsante. Para enriquecer o campo do fenômeno estudado, a pesquisa deve proceder a um giro de perspectiva, no sentido de *afinar seus instrumentos* para que os achados se convertam em subsídios para pensarmos de outra forma a assistência oferecida às pessoas. Esse é sempre meu desejo primário.

Assim, depois de condensar os achados e as reflexões que me foram possíveis, destaco os pontos que me pareceram mais relevantes.

O mergulho que fiz neste estudo mostrou a importância de se valorizar os fenômenos do *gestar* e do *cuidar* e de dar-lhes a devida atenção, não a partir de medidas controladoras ou normatizadoras, mas no que elas têm de mais específico: a hipersensibilidade materna e o impacto do nascimento naqueles que geram e cuidam de um bebê em seus primeiros tempos.

Desde a confirmação da gravidez, mesmo planejada, há um susto, anúncio do que estará por vir. Esse susto já anuncia uma transição, o impacto que sobrevém quando o projeto de um filho aponta para a realidade da experiência.

Na antecipação do bebê e do papel materno, em certa medida esperada e desejável, podemos ter indícios de como se processa essa transição, em curso desde a gestação. Trata-se aí de como a mãe pode ir gradualmente desinvestindo de sua vida anterior para passar a investir em seu bebê e em seu lugar materno e na paulatina construção do seu tornar-se mãe.

Há aí uma importante questão: a regressão típica desse período pode ser experimentada como brutal por algumas mulheres, por sua dificuldade de desinvestir da vida anterior para investir na nova que se anuncia. Isso se pode apresentar como uma resistência para regredir e, consequentemente, para entrar nesse estado mais sensível, desde a época da gravidez, prejudicando a instalação da capacidade do que Winnicott (2000a) denominou *preocupação materna primária*. Essa dificuldade pode também inibir a saudável depressividade que permitiria dar um melhor contorno e elaborar as perdas e os impactos a que a mulher se vê sujeita.

Por outro lado, o investimento num bebê e num papel materno extremamente idealizados pode indicar uma dificuldade de elaboração psíquica no período do pós-parto, com a chegada do bebê real. Torna-se necessário acompanhar como essa travessia vai sendo feita e, se possível, uma discriminação mais delicada, se a presença do bebê de "carne e osso" está sendo experimentada pelos pais, especialmente pela mãe, com uma nuance traumática. Torna-se assim possível oferecer intervenções a tempo que possam auxiliar nesse atravessamento.

Em relação ao momento do parto, ele se mostra transbordante por excelência, pois invade a mulher e exige dela a criação de um ambiente que possa acolher as angústias inerentes ao evento, que, uma vez mais, podem ser significadas muitas vezes como terroríficas e/ou ameaçadoras.

Apesar de ter partido da observação das mulheres e da relação que estabelecem com seu filho (desde a gestação), notei que os impactos não são sentidos só pela mãe. As fronteiras psíquicas são lábeis; os conflitos e as angústias se refletem em todo o ambiente familiar e podem talvez se estender ao longo da vida de todos os envolvidos.

Como pudemos acompanhar, todo o entorno se desestabiliza, e mais especificamente os pais são vistos por suas companheiras como "enlouquecidos".

Assim, é fundamental ampliar ou abrir um outro campo de cuidados, contra o risco de fazer julgamentos e favorecer medidas culpabilizadoras da mãe ou da família, nesse momento ou até mais tarde, na vida. Sabemos o quanto as famílias são acusadas de serem responsáveis por supostos desvios das crianças, por exemplo, na idade escolar ou na adolescência.

Com uma compreensão mais ampla das questões envolvidas no impacto da vinda de um novo ser na vida de quem o acolhe, podemos ultrapassar certo reducionismo na abordagem desses fenômenos e oferecer um ambiente mais propício tanto para a criança que chega quanto para quem a acolhe, com a possibilidade de oferecer um cuidado mais alinhado às reais necessidades da família.

O impacto decorre de uma particularidade do psiquismo de quem gesta e dá à luz: pelo afrouxamento da repressão, a pessoa fica *hipersensível*, e seu psiquismo, *transparente*, deixando emergir conteúdos que normalmente não estão acessíveis à consciência, o que pode deflagrar estados extremamente difíceis e/ou delicados nesse momento de vida da mulher.

Outra exigência desse momento é que a mãe abandone algumas crenças idealizadas para tomar consciência do que lhe traz a realidade. Isto é, ela deve lidar com um bebê que, apesar de ter sido antecipado como alguém que tem várias capacidades – algumas das quais ele pode ter realmente –, precisa ser ajudado a viver.

Destarte, o nascimento se revela em sua face mais difícil – a de transbordamento e de certa impossibilidade de conter e metabolizar facilmente tamanho impacto. Vimos que a dificuldade de se metabolizarem essas tensões que sobrevêm ao nascimento pode concorrer para a instalação de quadros preocupantes no puerpério.

E, mais do que isso, esses estados caóticos podem se prolongar se a família não conseguir sozinha digerir esses profundos excessos a que fica sujeita, o que se refletirá em cada um de seus membros de maneira particular.

O estudo mostrou que é fundamental acolher o que se mostrou uma demanda latente de cuidados no tempo da gestação e no puerpério. Por um lado, sofremos hoje a escassez de suporte social para esses tempos, e, por outro, reiterou-se a necessidade desse suporte, pois tudo parece sair do lugar: abalam-se as identidades e se perdem os ritmos; tudo transborda e exige dos envolvidos que contenham e transformem as dores sentidas. E isso fica muito mais difícil sem o devido suporte, que a cultura parece negar reiteradamente.

Nesses termos, é fundamental pensarmos e trabalharmos no sentido de construir programas preventivos de saúde e olhares que contemplem a oferta de cuidado ampliado de qualidade, ouvindo e acolhendo a mulher e a família nos primeiros tempos de um bebê que nasce, como vimos de forma contundente na discussão realizada.

Quando as dores puderam ser experimentadas e compartilhadas – comigo–, abriu-se a possibilidade de contê-las. Mesmo que não fosse o objetivo primeiro intervir nos fenômenos, o não tão simples fato de eu estar na cena e me mostrar interessada, atenta, disponível e continente nesse momento difícil parece ter feito uma real diferença para algumas mulheres. Talvez meu genuíno interesse por elas, suas dores e também seus amores tenha favorecido uma espécie de contorno para esse momento de transição que representam a gestação e os primeiros dias do bebê na família.

Por isso, penso que se fazem necessárias uma conscientização e uma formação permanente e consistente dos profissionais ligados ao atendimento à família, que, num trabalho conjunto e forçosamente interdisciplinar, desmistifiquem a crença de que a tarefa da maternidade é "natural" e se disponham a prestar à mãe – e à família do bebê – a ajuda qualificada de que elas de fato precisam. Ajuda qualificada especialmente adicionada ao olhar sensível que a psicanálise pode oferecer.

Vimos, ao longo deste trabalho, que há um necessário trabalho de processamento das dores vividas nesse período e que, para além das razões hormonais às quais comumente se atribui o *blues*, existem lutos a serem elaborados que evocam sentimentos de dor e de tristeza, ao lado de todas as alegrias associadas à chegada de um novo bebê. Admitir tal sentido a essa experiência implica considerá-la também como um pedido latente, uma demanda de cuidado e sustentação nesse momento delicado.

Entretanto, cumpre observar que, nessa administração dos sofrimentos e das dores que devemos ajudar a conter, sustentar e revestir de sentido, não podemos cair no polo oposto, qual seja, o de sua patologização.

Vimos que, apesar de reverberar em todos os envolvidos, a depressão puerperal é muitas vezes latente, e seus sinais podem ser tomados por uma manifestação comum, por exemplo, do grande cansaço que as pessoas sentem nesses primeiros tempos da vida do bebê.

São as sutilezas da relação estabelecida com a criança que nos informam e dão elementos para acompanhar como ela caminha.

Uma relação tingida por certo automatismo dos cuidados merece atenção, e a possibilidade de a mãe ir conhecendo seu filho na experiência desses cuidados diários e estabelecendo ritmos alinhados às reais necessidades do bebê se mostrou um indício interessante da qualidade do vínculo. Além disso, ela própria conseguir, depois de um tempo, confiar em sua capacidade de cuidar de seu bebê também indica uma acomodação satisfatória desses primeiros tempos.

Penso que só se pode descartar a possibilidade de um estado mais sensível, característico da acomodação emocional que o *blues* materno adquire, para um quadro mais sério de depressão, mesmo latente, depois de acompanhar atentamente a dupla mãe-bebê durante algum tempo. Ou seja, não se pode fazê-lo numa consulta rápida e sem a devida atenção. Assim, a ajuda de um acompanhante pode ser fundamental não só como um apoio necessário nesses tempos, como vimos, mas para obter mais elementos sobre como caminha a relação entre a mãe e o filho.

O estudo mostrou que a tristeza materna demanda uma escuta atenta e que essa compreensão orientará o cuidado e o apoio à família nesses tempos. Também devemos estar atentos à dupla mãe-bebê a fim de prevenir transtornos que podem se instalar em um ou outro ou na relação entre eles. Além disso, há que se considerar os efeitos no casal e na família, que se podem refletir em desarmonia e, se prolongados, ter consequências deletérias. Acresce-se que olhar, escuta e atenção permitem identificar sinais de que algo não vai bem e, assim, acusar dificuldades específicas da família e propor um trabalho terapêutico adequado.

Isto tudo posto, a título de conclusão, acredito que o trabalho de parentalidade é o trabalho de assimilação e elaboração das vivências trazidas pelo encontro com o bebê real e a maternidade e a paternidade reais, o que implica processar as perdas e os impactos na transformação do desejo de ter um filho para o de ser mãe desse filho, bem como enfrentar o desamparo e os conflitos decorrentes da permeabilidade das fronteiras psíquicas.

Trata-se de um movimento que pode transformar a experiência e levar à vivência *dos amores,* fruto não de idealizações, mas da possibilidade do encontro de uma mãe real, apenas *suficientemente boa*, com um bebê também real e demandante.

Nesse ponto, a *teoria geral do cuidar* dá um contorno e sintetiza o que nos ensinou todo esse percurso: a importância da tarefa ética nos cuidados que se devem dispensar à família nos primeiros tempos do bebê.

> *Fazer sentido implica estabelecer ligações, dar forma, sequência e inteligibilidade aos acontecimentos que ao longo de uma vida evocam e provocam o retorno às experiências da loucura e da turbulência emocional. Em outras palavras: fazer sentido equivale a constituir para o sujeito uma* experiência integrada, *uma* experiência de integração. *Tais experiências não se constituem se não puderem ser primeiramente exercidas, ensinadas e facilitadas pelos cuidados de que somos alvo . . . consideremos o "fazer sentido" em oposição às falhas, excessos e faltas traumáticas com que a vida inevitavelmente nos desafia. (Figueiredo, 2009, p. 134, grifos do original)*

E também parece nos favorecer uma atribuição de sentido alinhada ao que acredito ter sido minha experiência com este estudo aprofundado que tive a grata oportunidade de fazer:

> *Muitas vezes, cuidar é, basicamente, ser capaz de prestar atenção e reconhecer o objeto dos cuidados no que ele*

> *tem de próprio e singular, dando disso testemunho e, se possível, levando de volta ao sujeito sua própria imagem. (Figueiredo, 2009, p. 138)*

Foi Winnicott (1975) quem primeiro nos ensinou sobre a essencial importância que a mãe adquire, ao refletir em seu rosto, seu filho. Esse é um emblema do que para sempre iremos buscar, nos relacionamentos importantes que travamos ao longo da vida, especialmente em momentos difíceis, a nossa singularidade.

Por último, o mergulho nos *ritmos do blues materno* me fez compreender que, apesar de ser tratado como benigno, quase sem importância - pois, não tendo uma característica patológica, não desperta muito interesse –, o *blues* tem importância ímpar porque reflete um trabalho rico de elaboração psíquica da parentalidade.

E, como vimos, esse estado não se reduz a desequilíbrios hormonais, e sim deriva de um total remanejamento psíquico que é deflagrado pelo nascimento de um filho. Dessa forma, deve ser entendido como expressão de um sofrimento, fruto de um transbordamento, além de ser uma demanda latente de cuidado a que se deve especial atenção.

Para concluir, ainda que de maneira momentânea, esse caminho que deseja iluminar a importância de se dar tempo, espaço e companhia de qualidade continente para que, na construção da parentalidade, possam se dar as necessárias elaborações, junto da aurora da vida, uma imagem:

> *Um grupo visita uma tribo indígena do Pantanal. Caminham pela mata, na companhia de um índigena. Descontinuam a jornada para o exame de algumas árvores, aproveitam para descansar, sentados num tronco. Logo*

> *querem retomar o passo e chegar ao destino combinado. Levantam-se, mas o índio não se move. Ao ser convidado a continuar a jornada, o índio responde:* "Preciso ainda sentar para esperar minha alma chegar". *(Montagna, 2017, p. 113, grifo nosso)*

Referências

Alvarez, A. (1994). *Companhia viva: psicoterapia psicanalítica com crianças autistas, borderline, carentes e maltratadas*. (M. A. V. Veronese Trad.). Artes Médicas Sul.

Alvarez, A. (2021). *O coração pensante: três níveis de terapia psicanalítica com crianças e adolescentes*. Blucher.

Alves, A. P. A. (2011). Do blues ao movimento pelos direitos civis: o surgimento da "black music" nos Estados Unidos. *Revista de História*, *3*(1), 50-70.

Aragão, R. O. (2011). Narcisismo materno e criação do espaço psíquico para o bebê. In R. O. Aragão, *Tornar-se mãe de seu próprio filho*. Honoris Causa.

Aulagnier, P. (1990). *Um intérprete em busca de sentido*. (R. Steffen, Trad.). Escuta.

Aulagnier, P. (1999). Nascimento de um corpo, origem de uma história. *Revista Latinoamericana de Psicopatologia Fundamental*, ano II, (3), 9-45.

Beck, C. T. (2002). Postpartum depression: a metasynthesis. *Qualitative Health Research*, (12), 453-472.

Beck, C. T., Reynolds, M. A., & Rutowsky, P. (1992). Maternity blues and postpartum depression. *Journal of Obstetric. Gynaecologic and Neonatal Nursing, 21*(4), 287-293.

Ben Soussan, P. (2003). Le blues de la faculté ou tout ce que vous avez toujours voulu savoir sur *le baby blues*. In *Le baby-blues n'existe pas*. (pp. 41-54). Érès. https://www.cairn.info/le-baby-blues-n-existe-pas--9782749201849-page-41.htm&wt.src=pdf

Berlinck, M. T., & Fédida, P. (2000). A clínica da depressão: questões atuais. *Revista Latinoamericana de Psicopatologia Fundamental, 3*(2), 9-25. https://doi.org/10.1590/1415-47142000002002

Bleger, J. (1985). *Temas de psicologia: entrevistas e grupos*. Martins Fontes.

Bleichmar, S. (1994). *A fundação do inconsciente: destino de pulsão, destino do sujeito*. (K. B. Behr, Trad.). Artes Médicas Sul.

Boukobza, C. (2000). Como um náufrago sobre um rochedo: a depressão materna do pós-parto. *Revista da Associação Psicanalítica de Curitiba, 4*(4), 16-27.

Boukobza, C. (2002). O desamparo parental perante a chegada do bebê. In L. M. F. Bernardino, & C. M. F Rohenkohl (Orgs.), *O bebê e a modernidade: abordagens teórico-clínicas*. Casa do Psicólogo.

Bowlby, J. (2006). *Formação e rompimento dos laços afetivos* (4ª ed.). Martins Fontes.

Brazelton, T. B., & Cramer, B. G. (1992). *As primeiras relações*. (M. B. Cipolla, Trad.). Martins Fontes.

Brown, S., Lumley, J., Small, R., & Astbury, J. (1994). *Missing voices: the experience of motherhood*. Oxford University Press.

Bydlowski, M. (2002). O olhar interior da mulher grávida: transparência psíquica e representação do objeto interno. In L. Corrêa Filho, M. E. G. Corrêa, & P. S. França (Orgs.), *Novos olhares sobre a gestação e a criança até os 3 anos: saúde perinatal, educação e desenvolvimento do bebê*. LGE.

Bydlowski, M. (2007). *La deuda de vida: itinerario psicoanalítico da la maternidad*. (I. M. y Pablo Marinas, Trad.). Biblioteca Nueva.

Bydlowski, M. (2013). *Psychopathologie périnatale: du "blues" à la dépression maternelle postnatale*. Disponível em: www.maman-blues.org/rencont/bydlowski3.htm.

Ceccarelli, P. R. (2010). A patologização da normalidade. *Estudos de Psicanálise*, (33), 125-136.

Cintra Ulhôa, E. M. (2002). Reseña de "Dos benefícios da depressão: elogio da psicoterapia" de Pierre Fédida. *Psychê*, *6*(10), 207-210. https://www.redalyc.org/articulo.oa?id=30701014

Coelho Junior, N. E., & Figueiredo, L. C. (2012). Figuras da intersubjetividade na constituição subjetiva: dimensões da alteridade. In N. Coelho Junior, P. Salem, & P. Klautau (Orgs.), *Dimensões da intersubjetividade* (pp. 19-35). Escuta/Fapesp.

Cooper, P. J., & Murray, L. (1995). The course and recurrence of postnatal depression: evidence for the specificity of the diagnostic concept. *British Journal of Psychiatry*, (166), 191-195.

Correa, O. B. R. (2003). Transmissão psíquica entre as gerações. *Psicologia USP*, *14*(3), 35-45.

Cruz, E. B. S., Simões, G. L., & Faisal-Cury, A. (2005). Rastreamento da depressão pósparto em mulheres atendidas pelo Programa de Saúde da Família. *Revista Brasileira de Ginecologia e Obstetrícia*, *27*(4), 181-188.

Cymrot, P. (1997). *Elaboração psicanalítica: teoria e clínica psicanalítica*. Escuta.

Dayan, J. (1999). Post-partum blues. In J. Dayan, G., Andro, & M. Dugnat (Orgs.), *Psychopatologie de la perinatalité* (pp. 52-66). Masson.

Dayan, J. (2008). *Les depressions périnatales: evaluer et traiter*. Elsevier Masson.

Deal, L. W., & Holt, V. L. (1998). Young maternal age and depressive symptoms: results from the 1988 National Maternal and Infant Health Survey. *American Journal of Public Health*, *88*(2), 266-269.

Debray, R. (1988). *Bebês: mães em revolta* (L. M. V. Fischer, Trad.). Artes Médicas.

Deutsch, H. (1951) *La psicologia de la mujer* (Vol. 2). Losada.

Dolto, F. (1996). *No jogo do desejo: ensaios clínicos*. Ática.

Drossart, F. (2004). Résurgences archaïques chez la mere en période périnatale. *Topique*, *2*(87), 207-214.

Dunker, C. (2021). *Uma biografia da depressão*. Planeta.

Faisal-Cury, A. et al. (2008). Maternity "blues": prevalence and risk factors. *The Spanish Journal of Psychology*, *11*(2), 593-599.

Fédida, P. (2002). *Dos benefícios da depressão: elogio da psicoterapia*. Escuta.

Feliciano, D. S. (2009). *Para além do seio: uma proposta de intervenção psicanalítica pais-bebê, a partir da escuta dos sentidos ocultos nas dificuldades de amamentação, como auxiliar do desenvolvimento* [Tese de Doutorado]. Universidade de São Paulo.

Feliciano, D. S. et al. (2007). Método Canguru como resgate do vínculo da mãe com o bebê prematuro. In A. S. Gueller, & M. C. V. M. Dittimar (Orgs.), *Psicanálise com crianças na contemporaneidade: extensões da clínica*. Dimensão.

Ferreira, A. B. de H. (2008). *Minidicionario da língua portuguesa.* Aurélio Buarque de Holanda Ferreira. Positivo.

Figueiredo, B. (2003). Vinculação maternal: contributo para a compreensão das dimensões envolvidas no processo inicial de vinculação da mãe ao bebê. *International Journal of Clinical and Health Psychology*, *3*(3), 521-539.

Figueiredo, L. C. (2009). A metapsicologia do cuidado. In L. C. Figueiredo, *As diversas faces do cuidar: novos ensaios de psicanálise contemporânea.* Escuta.

Figueiredo, L. C. (2011). Cuidado e saúde: uma visão integrada. *Alter – Revista de Estudos Psicanalíticos*, *29*(2), 11-29.

Figueiredo, L. C., & Minerbo, M. (2006). Pesquisa em psicanálise: algumas ideias e um exemplo. *Jornal de Psicanálise*, *39*(70), 257-278.

Folino, C. S. G. (2008). *Encontro entre a psicanálise e a pediatria: impactos da depressão puerperal para o desenvolvimento da relação mãe-bebê e do psiquismo infantil* [Dissertação de Mestrado]. Universidade de São Paulo.

Fonseca, V. R. J. R. M., Silva, G. A. & Otta, E. (2010) Relação entre depressão pós-parto e disponibilidade emocional materna. *Cadernos de Saúde Pública*, *26*(4), 738-746.

Freud, S. (1992). Luto e melancolia (M. C. Trad.). *Revista Novos Estudos*, *1*(32). (Trabalho original de 1917)

Freud, S. (2010a). *Introdução ao narcisismo: ensaios de metapsicologia e outros textos (1914-1916)* (Vol. 12, P. C. de Souza, Trad.). Companhia das Letras.

Freud, S. (2010b). Luto e melancolia. In S. Freud, *Introdução ao narcisismo: ensaios de metapsicologia e outros textos (1914-1916)* (Vol. 12, pp, 170-194, P. C. de Souza, Trad. e Notas). Companhia das Letras.

Gennep, A. V. (2011). *Os ritos de passagem: estudo sistemático dos ritos da porta e da soleira, da hospitalidade, da adoção, gravidez e parto, nascimento infância, puberdade, iniciação, coroação, noivado, casamento, funerais, estações, etc.* (3ª ed.). Vozes. (Trabalho original publicado em 1909)

Golse, B. (2003a). Será que existe para a criança uma ligação entre depressão e hospitalização? In M. L. Gille (Org.), *Boi da cara preta: crianças no hospital* (H. L., Trad.). EDUFBA/Ágalma.

Golse, B. (2003b). *Sobre a psicoterapia pais-bebê: narratividade, filiação e transmissão* (I. Catão, M. A. Fernandes, J. Castilho e R. Aragão, Trads.). Dirigida por Claudia Mascarenhas Fernandes Rohenkohl. Casa do Psicólogo.

Green, A. (1988). A mãe morta. In *Narcisismo de vida, narcisismo de morte.* Escuta.

Guerra, V. (2010). O ritmo na vida psíquica: entre perda e re-encontro. In S. M, A. J. Zornig, & R. O. Aragão (Orgs.), *Nascimento: antes e depois, cuidados em rede.* Honoris Causa.

Henshaw, C. (2003). Mood disturbance in the early puerperium: a review. *Archives of Women's Mental Health*, *6*(2), 33-42.

Herrmann, F. (2004). Pesquisa psicanalítica. *Ciência e Cultura*, *56*(4).

Hinshelwood, R. D. (1992). *Dicionário do pensamento kleiniano* (J. O. de A. Abreu, Trad.). Artes Médicas.

Hornstein, L. (2008). *As depressões: afetos e humores do viver.* Via Lettera: Centro de Estudos Psicanalíticos.

Houaiss. (n.d.). Involução. In *Dicionário Houaiss da língua portuguesa.* https://houaiss.uol.com.br/corporativo/apps/uol_www/v6-1/html/index.php#0

Iles, S., Gath, D., & Kennerley, H. (1989). Maternity blues. II. A comparison between post-operative women and post-natal women. *The British Journal of Psychiatry*, *155*, 363-366. https://doi.org/10.1192/bjp.155.3.363

Jouppe, J. (2007). À propos du post-partum blues. Annales Médico-psychologiques. *Revue Psychiatrique*, *165*(10), 749-767.

Kennerley, H., & Gath, D. (1989). Maternity blues. I. Detection and measurement by questionnaire. *The British Journal of Psychiatry*, *155*, 356-362.

Klein, M. (1991). Sobre a saúde mental. In L. P. Chaves (Coord.), *Inveja e gratidão e outros trabalhos (1946-1963)* (E. M. da Rocha, Trad.). Imago. (Trabalho original publicado em 1960)

Klein, M. (1996a). Contribuição à psicogênese dos estados-maníacos depressivos. In *Amor, culpa e reparação e outros trabalhos (1921-1945)* (A. Cardoso, Trad.). Imago. (Trabalho original publicado em 1935)

Klein, M. (1996b). O luto e suas relações com os estados maníaco-depressivos. In *Amor, culpa e reparação e outros trabalhos (1921-1945)* (A. Cardoso, Trad). Imago. (Trabalho original publicado em 1940)

Klein, M. (1997). Os efeitos das situações arcaicas sobre o desenvolvimento sexual da menina. In *A psicanálise de crianças*. Imago. (Trabalho original publicado em 1932)

Konradt, C. E. et al. (2011). Depressão pós-parto e percepção de suporte social durante a gestação. *Revista de Psiquiatria do Rio Grande do Sul*, *33*(2).

Kreisler, L. (1966). La clinique psychosomatique de l'enfant. À propôs dês troubles fonctionnels du norrison. *Psychiatrie de l'Enfant*, *9*(1), 138-156.

Kreisler, L. (1999). *A nova criança da desordem psicossomática* (C. Berliner, Trad.). Casa do Psicólogo.

Kumar, R., & Robson, K. (1984). A prospective study of emotional disorder in pregnancy and the first postnatal year. *British Journal of Psychiatry*, (144), 35-47.

Labaki, M. E. P. (2008). Ter filhos é o mesmo que ser mãe? In S. L. Alonso, D. M. Breyton, & H. M. F. M. Albuquerque (Orgs.), *Interlocuções sobre o feminino na clínica, na teoria, na cultura* (pp. 273-284). Escuta/Instituto Sedes Sapientiae.

Langer, M. (1986). *Maternidade e sexo.* Artes Médicas. (Trabalho original publicado em 1978)

Laplanche, J., & Pontalis, J. B. (1986). *Vocabulário da psicanálise.* Martins Fontes.

Leão, M. R. C. et al. (2013). Reflexões sobre o excesso de cesarianas no Brasil e a autonomia da mulher. *Ciência & Saúde Coletiva, 18*(8), 2395-2400.

Lebovici, S., Solis-Ponton, L., & Barriguette, J. A. (2004). A árvore da vida ou a empatia metaforizante, o enactment. In M. C. P. Silva (Org.), & L. Solis-Ponton (Dir.). *Ser pai, ser mãe – parentalidade: um desafio para o terceiro milênio* (pp. 41-45). Casa do Psicólogo.

Longman Dictionary of Contemporary English. (1978). Longman Group Limited.

Maldonado, M. T. (2002). *Psicologia da gravidez, parto e puerpério* (16 ed.). Saraiva.

Martinet, S. (2008). As depressões psiquiátricas do pós-parto. In S. Martinet, & F. Bayle, *Perturbações da parentalidade* (pp. 199-207). Climepsi.

Mazet, P., & Stoleru, S. (1990). *Manual de psicopatologia do recém--nascido*. Artes Médicas.

Mezan, R. (2006). Pesquisa em psicanálise: algumas reflexões. *Jornal de Psicanálise, 39*(70), 227-241.

Missonier, S. (2004). O início da parentalidade, tornar-se mãe, tornar-se pai. As interações dos pais e da criança antes do nascimento. In M. C. P. Silva (Org.), & L. Solis-Ponton (Dir.), *Ser pai, ser mãe – parentalidade: um desafio para o terceiro milênio* (pp. 115-122). Casa do Psicólogo.

Montagna, P. L. K. (2017). Alma migrante. *Revista USP*, (114), 109-118.

Montagna, P. L. K. (2019). Psicanálise e o conceito de resiliência. In P. L. K. Montagna, *Alma migrante*. Blucher.

Monteiro, D. S. F. (2003). *A amamentação e seus enredamentos psíquicos* [Dissertação de Mestrado]. Universidade de São Paulo.

Moro, M. R. (2005). Os ingredientes da parentalidade. *Revista Latinoamericana de Psicopatologia Fundamental, 8*(2), 258-273.

Naffah Neto, A. (2006). A pesquisa psicanalítica. *Jornal de Psicanálise, 39*(70), 279-288

Naffah Neto, A. (2022). Darkness visible: uma interpretação da patologia depressiva a partir de D.W. Winnicott. In A. P de Almeida, & A. Naffah Neto (Orgs.), *Perto das trevas: a depressão em seis perspectivas psicanalíticas*. Blucher.

Nascimento, C. (2016, 19 de fevereiro). Mulher que rejeitou desafio da maternidade tem perfil no *facebook* bloqueado e se defende: "não é depressão". *Extra*. https://extra.globo.com/mulher/mulher-que-rejeitou-desafio-da-maternidade-tem-perfil-no-facebook-bloqueado-defende-nao-depressao-18692046.html

Ocampo, M. L. S., et al. (1986). *O processo psicodiagnóstico e as técnicas projetivas* (M. Felzenszwalb, Trad.). Martins Fontes.

O'hara, M. W. (1997). The nature of postpartum depressive disorders. In L. Murray, & P. J. Cooper, *Postpartum depression: causes and consequences* (pp. 3-31). Springer-Verlag.

Palmeira, R. (2011). Quatro tipos de ênfase melódica inicial no blues tradicional e suas formas de prolongação. In *Anais do segundo encontro internacional de Teoria e Análise Musical Unesp-USP-Unicamp*. https://www.eca.usp.br/sites/default/files/2022-08/Anais%20EITAM2.pdf

Parker, R. (1997). *A mãe dividida: a experiência da ambivalência na maternidade*. Record/Rosa dos Tempos.

Pereira, M. E. C. (2008). *Pânico e desamparo: um estudo psicanalítico*. Escuta.

Pfost, K. S., Stevens, M. J., & Lum, C. U. (1990). The relationship of demographic variables, antepartum depression and stress to postpartum depression. *Journal of Clinical Psychology*, (46), 588-592.

Pitt, B. (1968). "Atypical" depression following childbirth. *The British Journal of Psychiatrics*, (114), 1325-1335.

Pitt, B. (1973). Maternity blues. *The British Journal of Psychiatry*, (122), 431-433.

Prat, R. (2008). Entre demais e muito pouco: a quadratura do círculo da parentalidade. *Revista Brasileira de Psicanálise*, *42*(4), 125-137.

Raphael-Leff, J. (1997). *Gravidez: a história interior.* Artes Médicas.

Raphael-Leff, J. (2017). *Gravidez: a história interior* (B. A. Berger, Trad.). Blucher.

Reading, R., & Reynolds, S. (2001). Debt, social disadvantage and maternal depression. *Social Science & Medicine*, (53), 441-453.

Rey, G. (2002). *Pesquisa qualitativa em psicologia*. Pioneira Thompson Learning.

Rochette, J. (2003). Le ritual, la mere et le bébé: un dispositive de soin en périnatalité, les groups de présentation de bébé. *Revue de Psychothérapie Psychanalytique de Groupe*, *1*(40), 93-126.

Rochette, J. (2005). Le temps du post-partum immediate. Une Clinique du "qui-vive" et de l'après coup. *Neuropsychiatrie de l'Enfance de l'Adolescence*, (53), 11-18.

Rochette, J. (2007a). La mélodie des émotions dans le post-partum immédiate: quarante jours pour accorder les violins. *Spirale*, (44), 85-93.

Rochette, J. (2007b). Transformation des souffrances de la dyade mère-bébé dans la première année post-partum: stratégies préventives pour um travail em réseau. *Devenir*, *19*, 81-108.

Rochette, J., et al. (2010). "Hunting for butterflies" in the immediate post-partum: reinforcing the framework of inter-agency care using observation according to Esther Bick's method. *Infant Observation: International Journal of Infant Observation and Its Applications*, *13*(2), 179-187.

Rohde, L. A., et al. (1997). Maternity blues in Brazilian women. *Acta Psychiatrica Scandinavica*, (95), 231-235.

Romito, P., Saurel-Cubizolles, M. J., & Lelong, N. (1999). What makes new mothers unhappy: psychological distress one year after birth in Italy and France. *Social Science & Medicine*, (49), 1651-1661.

Schwengber, D. D. S., & Piccinini, C. A. (2003). O impacto da depressão pós-parto para a interação mãe-bebê. *Estudos de Psicologia*, *8*(3), 403-411.

Silva, M. C. P. (Org.), & Solis-Ponton, L. (Dir.) (2004). *Ser pai, ser mãe – parentalidade: um desafio para o terceiro milênio*. Casa do Psicólogo.

Soifer, R. (1992). *Psicologia da gravidez, parto e puerpério* (6ª ed.). Artes Médicas. (Trabalho original publicado em 1980)

Stern, D. (1997). *A constelação da maternidade: o panorama da psicoterapia pais/bebê*. Artes Médicas.

Stern, D., & Bruschweiler-Stern, N. (1998). *La naissance d'une mere* (C. Joly, Trad.). Odile Jacob.

Szejer, M. (1999a). *Palavras para nascer: a escuta psicanalítica na maternidade*. Casa do Psicólogo.

Szejer, M. (1999b). A escuta psicanalítica de bebês em maternidade. *IV Encontro Brasileiro para o Estudo do Psiquismo Pré e Perinatal*. ABREP. Associação Brasileira para o Estudo do Psiquismo Pré e Perinatal. Casa do Psicólogo.

Szejer, M. (2002). Uma abordagem psicanalítica da gravidez e do nascimento. In L. Corrêa Filho, M. E. G. Corrêa, & P. S. França (Orgs.), *Novos olhares sobre a gestação e a criança até os 3 anos: saúde perinatal, educação e desenvolvimento do bebê*. LGE.

Szejer, M., & Stewart, R. (1997). *Nove meses na vida de uma mulher: uma abordagem psicanalítica da gravidez e do nascimento*. Casa do Psicólogo.

Taborda, W., & Deutsch, A. D'a. (2004). (Cons. Eds.). *A bíblia da gravidez*. (E. Piereck, Trad.). CMS.

Tesser, C. D. (2006). Medicalização social: o excessivo sucesso do epistemicídio moderno na saúde. *Interface, 10*(19), 61-76.

Trinca, W. (2002). Considerações sobre um modelo de pesquisa em Psicanálise. *Psyché*, ano IV, (10), 195-204.

Turato, E. R. (2005). Métodos qualitativos e quantitativos na área da saúde: definições, diferenças e seus objetos de pesquisa. *Revista Saúde Pública, 39*(3), 507-14.

Winnicott, D. W. (1975). O papel de espelho da mãe e da família no desenvolvimento infantil. In D. W. Winnicott, *O brincar e a realidade*. Imago.

Winnicott, D. W. (2000a). A preocupação materna. In D. W. Winnicott, *Da pediatria à psicanálise: obras escolhidas*. Imago.

Winnicott, D. W. (2000b). A posição depressiva no desenvolvimento emocional normal. In D. W. Winnicott, *Da pediatria à psicanálise: obras escolhidas*. Imago.

Winnicott, D. W. (2000c). Agressividade em relação ao desenvolvimento emocional. In D. W. Winnicott, *Da pediatria à psicanálise: obras escolhidas*. Imago.

Winnicott, D. W. (2000d). Desenvolvimento emocional primitivo. In D. W. Winnicott, *Da pediatria à psicanálise: obras escolhidas*. Imago. (Trabalho original publicado em 1945).

Winnicott, D. W. (2005a). Agressão, culpa e reparação. In D. W. Winnicott, *Tudo começa em casa*. Martins Fontes.

Winnicott, D. W. (2005b). A família afetada pela patologia depressiva. In D. W. Winnicott, *A família e o desenvolvimento individual*. Martins Fontes.

Winnicott, D. W. (2005c). O valor da depressão. In D. W. Winnicott, *Tudo começa em casa*. Martins Fontes.

Yalom, I. D., Lund, D. T., Moss, R. H., & Hamburg, D. A. (1968). "Postpartum blues" syndrome: a description and related variables. *Archives of General Psychiatry*, *18*(1), 16-27.